왜? 복음은
믿을 수 없는 이야기가 되었나
The Unbelievable Gospel

ⓒ 2014 by Jonathan K. Dodson
Originally published in English as With: *The Unbelievable Gospel* by Zondervan,
Nashville, TN, USA.
All rights reserved.

This Korean translation edition ⓒ 2017 by CUP, Seoul, Republic of Korea.
Published by arrangement with The Zondervan Corporation L.L.C., a division of HarperCollins
Christian Publishing, Inc. through rMaeng2, Seoul, Republic of Korea.

이 한국어판의 저작권은 알맹2 에이전시를 통하여 Zondervan과 독점 계약한 도서출판 CUP에 있습니다. 신 저작권법에 의하여 한국 내에서 보호 받는 저작물이므로 무단 전재와 무단 복제를 금합니다.

왜? 복음은
믿을 수 없는 이야기가 되었나

2017년 2월 22일 초판 1쇄 발행
2022년 12월 7일 초판 3쇄 발행

지은이 조나단 도슨
옮긴이 김재영, 박일귀
만든이 김혜정
기획위원 김건주

책임편집 송복란 교정 김문숙 일러스트 김홍
표지디자인 홍시 송민기 본문디자인 책과나무
마케팅 윤여근 정은희

펴낸곳 도서출판 CUP
출판신고 제2017-000056호(2001.06.21.)
주소 (04549) 서울특별시 중구 을지로 148, 803호(을지로3가, 중앙데코플라자)
전화 02-745-7231 팩스 02-6455-3114
이메일 cupmanse@gmail.com 홈페이지 www.cupbooks.com

ISBN 978-89-88042-80-9 03230   Printed in Korea.

파손된 책은 구입하신 서점에서 바꾸어 드립니다.

왜? 복음은
믿을 수 없는 이야기가 되었나

The Unbelievable Gospel

조나단 도슨 | 김재영 박일귀 옮김

미국 CT
크리스채너티 투데이
★★★
올해의 책

추천의 글
복음을 전하는 놀라운 방법

- 이 책은 전도에 관한 신선한 통찰을 제공한다. 관습적인 전도 방식을 재고하게 해주며 예수 중심의 전도, 인격적 전도, 변증적 전도의 가능성을 설득력 있게 제시한다. 아울러 전도에 관한 담대한 책이다. 저자는 전도가 불편한 모양새를 지니는 요즘 시대에 전도의 매력적인 근거와 동기를 자신의 풍부한 경험과 더불어 재확인시켜 준다. 그래서 이 책이 반갑고 고맙지만, 한편으로 고민도 된다. 명색이 전도학자인 나의 집필 계획에 차질이 빚어졌기 때문이다. 이 책을 읽는 내내 저자의 주장에 동의할 뿐만 아니라 아니라 내 구상보다 더 깊고 생생한 논리에 어느덧 열심히 배우는 독자가 되어버렸으니 말이다. 하지만 고민은 잠시뿐 결국 남은 것은 새로운 복음 사역을 위해 의기투합할 동지를 발견했다는 기쁨이다.
  김선일 | 웨스트민스터신학대학원대학교 실천신학 교수

- 조나단 도슨은 오늘날의 세속 문화 속에서 복음을 어떻게 전해야 하는지 깊이 있게 조언해 준다. 그의 조언은 정곡을 찌르고 정직하다. 21세기를 위한, 나아가 전 세대를 위한 복음 전도다!
  로버트 E. 콜먼 | 고든 콘웰 신학교 복음전도학 및 제자도 전공 석좌교수, 《주님의 전도 계획》 저자

- 왜 우리 문화는 복음을 나쁜 소식이라며 거부하는가? 이 책에서 조나단 도슨은 이 복잡한 문제를 풀어헤친다. 이 책을 읽으며 나는 자신감도 얻고, 상상력도 마음껏 발휘했을 뿐 아니라, 말과 삶으로 보여주는 복음 전도의 방법을 알게 되었다. 놀랍도록 명쾌한 책이다.
  데이비드 피치 | 노던 신학대학원 복음주의신학 교수, 《탐자 기독교》 저자

- 믿을 수 없는 점은, 이 책의 메시지가 너무나도 필요했는데 지금까지 이처럼 훌륭한 책을 만나지 못했다는 사실이다. 조나단 도슨은 교회가 세상에 어떻게 복음을 전하는지 진심으로 관심을 갖고 있다. 그만큼 자신의 경험담을 솔직담백하게 이야기한다. 도슨은 기준이 높아서 교회의 양적 성장을 성공으로 받아들이지 않을 것이다. 그는 교회에 정말로 필요한 이야기, 세상에 어떻게 복음을 전해야 사람들이 들을 수 있는지를 말해준다. 이 책으로 성도들에게 복음 전도 교육을 한다면 세상에 나아가 복음을 효과적으로 전할 수 있을 것이다.
  빌 헐 | 《온전한 제자도》 《사람을 변화시키는 멘토》 저자

- 복음은 변하지 않는다. 하지만 어떻게 해야 각 세대에 복음을 잘 전할 수 있을지 늘 신경 써야 한다. 이 책에서 조나단 도슨은 다시 한 번 그 일을 해냈다. 그는 점점 더 포스트모던화 되어가는 세상에 복음을 효과적으로 전할 수 있는 방법을 아는 선구적인 지도자다. 이 책을 강력히 추천한다!
  티모시 C. 테넌트 | 애즈버리 신학교 총장, 세계선교학 교수

- 복음에 대한 열정은 있는데 예수님의 소식을 전하기 어려워 절망하고 있다면, 이 책이 바로 당신을 위한 책이다. 이 책은 오늘날 서구의 도시 문화 속에서 신앙을 나눌 수 있도록 용기를 불어넣는 믿음직한 가이드다.
  마크 세이어즈 | 레드 교회 시니어 리더, 《세상을 바꾼 로드 트립》 《리바이어던 마주하기》 저자

- 우리는 미국 사회에 복음을 전하는 방법에 대해 다시 생각할 필요가 있다. 지금까지 복음 전도에는 잘못된 증거들이 상당히 많이 포함되어 있었다. 하지만 이 훌륭한 책이 뛰어난 해독제이자 좋은 길잡이가 되어줄 것이다. 온전한 복음이란 무엇이고 복음을 어떻게 전해야 하는지 관심 있는 사람은 이 책을 꼭 읽어보길 바란다.

  앨런 허쉬 | 포지 선교훈련 네트워크, 퓨처 트래블러스 설립자, 《야성 그대로》《바로 여기 지금》 저자

- 우리는 복음을 새로운 세대가 이해할 수 있는 언어와 형태로 전해야 한다. 예수님을 전하고자 하는 열정을 품고 있다면 이 책을 보라.

  다린 패트릭 | 더 저니 교회 목사, Acts 29 부대표, 세인트 루이스 카디널스 구단 소속 목사

- 지난 10여 년간 내가 살펴본 복음 전도 관련 책들은 자그마치 몇 트럭은 될 것이다. 이 주제에 관해 인기 있는 책들을 꼼꼼히 읽어보았지만 늘 뭔가 부족했다. 그런데 이 책은 내가 목말라 하던 부분을 채워주었다. 이 책은 모든 그리스도인이 읽어야 할 복음의 선언문이다. 지금까지 내가 읽은 복음 전도 관련 책 가운데 단연 최고다.

  매트 브라운 | 복음주의자, 씽크 이터니티 설립자, 《영적 각성》 저자

- 일상에서 비그리스도인들을 만날 때 이러저러한 이유로 복음을 전하는 데 실패한다. 예수님을 전하지 못하는 이유가 따로 있는 것이다. 조나단 도슨은 우리의 영혼을 점검하게 하고, 예수님의 인격과 사역에 사로잡힐 때 복음 전도가 매력적이고 재미있는 일임을 깨닫게 해준다. 복음 전도의 은사가 없는 사람도 믿을 만한 복음을 전할 수 있는 용기를 얻는다. 복음 전도는 내가 누구이며 무엇을 하는지와 상관없다. 오로지 위대하신 구원자께서 우리를 위해 일하신다.

  로리 포추낙 니콜스 | EMQ 편집장, 휘튼 대학 빌리그래함센터 커뮤니케이션 책임자

- 아주 놀라운 책이다. 나는 이 책을 반복해 보면서 스스로 각성할 생각이며, 다른 사람들에게도 기쁜 마음으로 추천하고 싶다. 이 책은 목회자나 사역자뿐 아니라 모든 그리스도인을 위한 책이다. 조나단 도슨은 당신이 위대한 복음 전도자가 아니라고 해서, 뭔가 부족하고 빈약하다고 해서 죄책감이나 수치심을 느끼게 하지 않는다. 오히려 복음 전도에 대해 새롭게 생각하게 하고 누구나 도전할 수 있도록 용기를 북돋아준다.

  제람 바즈 | 커버넌트 신학교 프란시스 쉐퍼 연구소 소장, 《예수님에게 배우는 복음 전도》 저자

- 이 책은 왜 우리가 복음을 힘써 전해야 하는지 알려주고 예수님의 진리가 필요한 사람들에게 효과적으로 복음을 전할 수 있는 방법도 전수한다. 이 책을 만나게 되어 참 기쁘다. 조나단은 우리 시대에 교회를 섬길 훌륭한 도구를 제공해 주었다. 이 도구는 틀에 박히거나 경직되어 있지 않고 알맹이가 꽉 차 있으면서도 유연하다.

  제프 밴더스텔트 | 소마 공동체 목사

- 복음을 들어야 하는 사람들은 어리석지 않다. 우리가 그들에게 진심으로 다가가는지, 아니면 단순히 프로젝트의 대상으로 생각하는지 다 알고 있다. 이 놀라운 책에서 조나단 도슨은 잘못된 복음 전도에 대해 명쾌하게 비판한다. 그리고 아름답고 놀라운 복음에 눈을 뜨게 하며 그리스도를 전하는 데 필요한 실제적이고 성경적인 메타포를 제공한다. 매력적이면서도 계획적으로 복음을 전할 수 있는 방법을 소개한다. 예수님을 믿는 사람이라면 이 책을 반드시 읽어야 한다!

  앨빈 L. 레이드 | 사우스이스트 침례신학교 복음전도학과 학장, 복음전도와 학생사역 전공 교수

차례

추천의 글 복음을 전하는 놀라운 방법 – – – 4
머리말 거리낌이 되어버린 전도 – – – 10
1장 사람들이 더 이상 복음을 믿지 않는다 – – – 17

1부 전도는 왜 어려워졌나 – – – 36

2장 비인격적인 접근에 상해버린 마음 – – – 40
3장 설교조로 잘난 체한다고 오해받기 싫다 – – – 66
4장 하나님께 이르는 길은 많지 않을까 – – – 81
5장 많이 모르는데 어떻게 전도를 – – – 107

2부 무엇을 전해야 할까 – – – 124

6장 역사적이고 개인적이며 우주적인 복음의 재발견 – – – 128
7장 각 사람에게 맞게 전하라 – – – 154
8장 기독교적 문화가 복음은 아니다 – – – 165

3부 어떻게 전해야 할까 --- 174

9장 자신을 증명하려고 분투하는 사람에게 --- 178

10장 실패하고 상처받고 망가진 인생에 소망을 --- 188

11장 친밀함을 원하는 외로워하는 사람들에게 --- 199

12장 기독교를 편협하다고 비난하는 이들에게 --- 214

13장 사람들 인정에 목매다는가 --- 226

14장 공동체 안에서의 복음 전도 --- 239

맺음말 모두를 위한 좋은 소식 --- 250

감사의 말 하나님께서 먼저 나를 사랑하셨기에 --- 257

주 --- 260

찾아보기 --- 271

머리말
거리낌이 되어버린 전도

'전도'라는 말은 이젠 낡은 상투어가 되어 기독교 어휘 목록의 한구석에 처박히고 말았다. 어떤 사람은 시궁창에 앉아 그것을 보고, 어떤 사람은 전혀 의식조차 못하고 지나친다. 어떤 이는 그 단어를 '미션얼missional'로 바꾸었다. 혹자는 '사회 정의'라는 말과 맞바꾸었다. 상당수 사람들은 아직 그 말이 있음을 의식은 하고 있지만 교묘하게 그 말을 피하고 있고, 또 그럴듯한 이유로 피한다.

복음과 사회 사이의 엄청난 간극

'전도'는 많은 그리스도인들이 벗어나기를 원하는 단어다. 그 단어는 여러 차례 반복 연습했던 전도 방법, 낯선 집의 문을 두드렸던 어색한 가정방문 전도, 부흥회 비슷한 시간에 억지로 회개하라는 말을 들어야 했던 기억들을 떠올리게 만든다. 거기에는 '가짜 세례'도 있다.[1] 하나님은 분명 이러한 일들을 사용하실 수 있겠지만, 흔히 주장하듯 그런 정도로 사용하시는 것 같지는 않다.[2]

사실 이러한 종류의 전도들은 실제로 전도에 지장을 초래했다. 이성적으로 여러 차례 연습했던(종종 강요하는 면이 있고 대결적이었던) 전도가 교회 밖의 문화를 적으로 돌렸던 것은 아니다. 다만 교회 바깥 문화와 접목을 시도했다. 할리우드에서는 〈지저스 캠프Jesus Camp〉 같은 다큐멘터리와 〈데어 윌 비 블러드There Will Be Blood〉〈세이브드Saved!〉〈필로미나의 기적Philomena〉〈나를 믿으라Believe Me〉 같은 영화를 만들어 전도 메시지를 담았다.

대중은 우리의 전도에 호의적이지 않았다. 의도한 것은 아니지만 '현대적' 형태의 전도는 복음 증거를 비인격적이며, 설교투에다 편협하고, 정작 사람들이 묻는 것에는 그다지 알려주는 게 없는 식으로 만들어버렸다. 이런 식으로는 복음 증거를 이루어내지 못한다. 그런 경험을 반복하게 되면 비그리스도인들뿐 아니라 그리스도인들까지도 전도를 짜증스럽게 여기게 된다.

많은 그리스도인들은 장황하게 설교하거나, 비인격적이거나 편협하면서 내용은 없다는 인상을 주지 않기 위해 복음 전도에서 많은 것을 희석시킨다. 그들은 복음이 오해받지 않기를 원한다.

나는 특정 전도 방법을 공격하는 데는 관심이 없다. 다만 잠깐 멈추어서 우리가 물려받은 전도 방식과 현재 우리의 문화를 반성하고, 오늘날 사람들이 왜 전도라는 말을 혐오하는지 고찰해 보는 일이 중요하다고 생각할 따름이다.

이를 위해서, 우리는 20세기 미국 전도가 가능했던 것은 그 문화가 기독교에 익숙했기 때문임을 인정할 필요가 있다. 20세기 미국 문화는 절대 진리라는 기본 사실, 천국과 지옥의 실재(그 점에서는 하나님의 존재도), 죄가 하나님과 우리의 사이를 벌려놓는다는 개념을 전반적으로 받아들이고 있었다.

하지만 이제는 아니다. 오늘날 많은 기독교적 가르침은 흐릿하며 대부분의 사람들에게 의문 사항이기도 하다. '회개하고 예수를 믿으라'라고 외치면, 사람들은 '나쁜 짓거리들을 멈추고 (예수님이 했듯이) 선행을 하라, 그러면 하나님이 구원해 주실 것이다'라는 식으로 오해한다. 물론 이런 식의 오해는 복음과 전혀 상관이 없다. 그리고 우리를 우리가 살아가고 있는 사회와 단절시킨다. 복음을 전하는 입장과 받아들이는 사회 사이에는 엄청난 간극이 존재한다.[3] 벌어진 이 틈 사이에, 신학적 오해와 도저히 믿을 수 없는 방식의 전도 방식을 포함해서 효과적인 복음 증거를 가로막고 있는 온갖 것들이 채워져 있다.

어떻게 하면 우리가 현재 행하고 있는 전도와 관련된 잡음을 없애고 사회의 혼돈을 뚫고서 복음 메시지를 명확하게 전해 사람들을 얻을 수 있을까?

사회의 신뢰를 회복하고, 전도를 가다듬고, 개인적인 전도 문제를 반드시 해결해야 한다. 만일 우리가 신뢰를 되찾고 사람들이 다시 전도에 따뜻한 마음의 문을 열게 하려면, 전도를 가로막는 이런 문제점들을 해결하고(1부), 참복음의 성격을 회복해야 하며(2부), 더 지혜롭고 더 인내해야 하며, 분별력 있는 길을 제시해야 할 것이다(3부).

복음은 믿을 만한 가치가 있나

지난 30년간 나는 지구촌 여러 곳에서 복음을 증거하고, 온갖 전도 방법을 훈련받고, 지역 교회에서 제자 삼는 일을 했다. 그리고 나자 자주 간과되는 근본적인 문제 하나에 부딪쳤다.

"어떻게 복음이 좋은 소식이 되게 할 수 있을까?"

좋은 소식이 무엇인가가 아니라 우리가 전하는 복음이 사람들한테 얼마나 좋은가 하는 것이다. 그리스도인들은 복음에 들어 있는 내용을 말로 전달하는 데 매우 능숙하다. 그러나 다른 사람들의 삶에 그 복음을 연결시켜 주는 능력은 없다. 어떤 이유에서인지 복음을 일상생활에 연결시키고, 매일의 불신앙에 다리를 놓아주는 일을 어렵게 여긴다.

우리가 전도의 장애물들을 극복할 수 있으려면, '1세기의 한 유대인 메시아의 죽음과 부활이 21세기 사람들과 무슨 관계가 있는가?'라는 질문에 대답할 수 있어야 한다. 복음은 자기 의self-righteousness에 빠져 있는 선행가나 회의적인 교외 지역 사람들, 냉정히 거리를 두고 있는 배우자, 성공한 전문직 종사자, 마약중독에 빠진 사람들을 어떻게 변화시키는가?

이들도 우리처럼 그리스도인이 될 수 있다. 그리고 다른 사람들처럼 될 수도 있다. 만일 우리가 이 곤경 속으로 복음을 가지고 들어가기 힘겨워한다면, 어떻게 우리가 예수님의 구원의 소망을 비슷한 상황의 다른 사람들에게 전해줄 수 있겠는가?

내 말을 오해하지 말기 바란다. 내 말은 구원의 소망이 우리 손에 달렸다는 게 아니다. 복음이 좋은 소식임을 다른 사람들에게 확신하게 하는 일은, 결국 성령께서 결정하신다. 그러나 그렇게 하실 때 성령께서는 우리가 하는 말을 사용하신다.

복음은 누군가가 자기에게 좋은 것으로 여기든 그렇지 않든 좋은 소식이다. 그러나 복음이 좋다는 것을 아는 유일한 이유는, 그것을 우리가 일상생활에서 경험하고 있기 때문이다. 우리는 이론으로만이 아니라 고난, 부모 노릇, 데이트, 일하기 등의 경험에서 복음이 좋다는 것을 안다. 복음이 우리를 다른 사람들 의견의 노예가 되지 않게 해주기 때문에 복음이 좋다는 것을 안다. 그리스도에 대한 믿음을 통해 가장 중요한 의견이 무엇인지 알게 되었기 때문에 복음이 선하다는 것을 안다.

하나님 아버지께서 "너는 내 아들이라, 내가 너를 기뻐하노라!"라고 말씀하셨다. 그것이 가장 중요한 의견이다. 하나님 아버지의 이 깊고 꺼지지 않는 사랑과 인정을 통해, 우리는 다른 사람을 기쁘게 하려고 애쓰고, 과도하게 일하고, 배우자를 압박하고, 자기를 흠모하는 생활에서 자유를 얻게 되었다. 복음은 우리를 자유하게 한다!

물론 이러한 복음의 권능을 아직 모르는 사람들이 너무 많다는 게 문제다. 그들은 복음이 어떻게 자신에게 좋은 소식이 되는지를 모르고 있다. 만일 예수님이 진정으로 세상을 위해 죽으시고 부활하셨다면, 복음이 어떻게 그리고 왜 좋은지 다른 이들에게 전하는 것은 주님을 따르는 우리의 몫이다. 예수께서 죄를 위해 십자가에 달려 죽으셨다는 사실을 외워서 직장 동료에게 읊조리는 것은 복음이 왜 중요한지를 혹은 복음이 어떻게 그들의 삶을 변화시킬 수 있는지를 말하지 않는 것이다. 이러한 내용을 열정 없이 전하는 것으로 사람들을 설득할 수는 없다.

사람들이 알고자 하는 것은 복음이 어떤 내용인가 하는 것뿐 아니라 복음이 어떤 일을 하느냐다. 그것을 알지 못하면, 아무런 명백한 이유 없이 고문당했고 지금은 볼 수 없는 한 유대인 메시아를 믿으라는 말은 믿을 수 없는 것이다. 그러므로 우리가 맞닥뜨린 문제는 단지 내용의 문제가 아니라 어떻게 말하느냐의 문제다. 우리는 우리 자신에게나 타인에게 믿을 가치가 있게끔 복음을 전해야 한다.

그러므로 나의 목적은 믿을 만한 전도를 회복하는 것이다. 그것은 우리가 현대 전도 방법들 가운데 세워놓은 개인적이며 문화적인 장벽들을 넘어서서, 성경적인 복음의 권능을 회복하는 쪽으로 이동하는 것을 말한다.

믿을 만한 복음을 회복하기 위해서는 첫째, 우리가 전도를 왜 회피하게 되었는지 고찰해야 한다. 이 책에서 우리는 예수를 진정으로 사랑하는 많은 그리스도인들이 자신의 신앙을 나누는 일을 회피하게끔 만든 믿을 수 없는 네 가지 전도 방식을 살펴볼 것이다. 나는 이 네 가지 방식을 전도를 좌절시키는 것들이라고 부른다.

둘째, 우리 주위의 절실한 필요와 고통을 향해 복음을 전하도록 하나님이 마련해 놓으신 다양한 방식을 회복하기 위해, 복음 그 자체를 더 깊이 살펴봐야 한다. 복음을 믿을 만한 것으로 만들어주는 것은 과연 무엇일까?

셋째, 다섯 가지 복음의 메타포인 칭의, 그리스도와의 연합, 속량, 양자됨, 새 창조를 살펴볼 것이다. 그리하여 이 메타포들이 다른 상황과 다른 사람들에게 어떻게 적용될 수 있는지 배우기를 바란다.

복음이 믿을 만한 것이 되기 위해서는 전도 자체가 성경적이어야 한다. 그래서 은혜의 복음을 전달할 때는 반드시 성경의 진리와 스토리, 이미지들을 끌어와야 한다. 하지만 만약 여기서 그친다면, 복음이 사람들에게 좋은 소식이 되도록 효과적으로 전하지 못할 것이다. 훌륭한 상담가들처럼 우리는 다른 사람들의 말에 귀 기울여야 한다. 그래야 그들만의 삶을 통해 말씀하시는 그리스도의 다함없는 부요함을 효과적으로 전달할 수 있다.

나는 주님이 이 책을 사용하셔서 복음이 왜 좋은 소식인지를 망각해 버린 그리스도인들에게 복음에 대한 새로운 믿음의 불길을 타오르게 하시기를 원한다. 나는 또한 이 책이 아직 그리스도 안에 있지 않은 이들에게 다함없는 그리스도의 부요함을 더 잘 전해주는 데 도움이 되기를 바란다. 하나님의 은혜로, 이 보잘것없는 일이 '전도'가 쓸모없는 단어에서 믿을 수 있는 단어가 되게 해, 길을 잃고 혼란에 빠진 세상에 은혜와 소망을 참으로 전해주는 일에 도움이 되기를 바란다.

1장
사람들이 더 이상 복음을 믿지 않는다

나는 전도자는 아니다. 수천 명을 그리스도에게 이끈 적이 없다. 새예루살렘의 황금문 앞에 내게 감사를 표하고 나를 환대하기 위해 길게 줄 서 있는 영생 얻은 영혼들은 없을 것이다. 이 사실에 나는 신경이 좀 쓰였다.

나는 동부 텍사스의 깊은 소나무 숲의 한 복음주의 가정에서 자랐다. 마을에는 부흥회 날짜를 알리는 교회의 대형 현수막이 걸리곤 했다. 사람들이 친구들을 데려와서 부흥강사의 설교를 듣게 하려는 것이었다. 그가 설교하면 사람들이 예수님에게로 나아온다는 것이다.

동부 텍사스에서 제단 초청은 긴 역사를 갖고 있다. 그곳은 바이블 벨트의 '버클'로 알려진 곳이다. 경건하며 신실한 침례교 설교자였던 나의 할아버지는 많은 이들을 제단 앞으로 불러내어 머리를 숙이고 손을 들게 했고, 예수를 따를 결단을 내리라고 했다. 그리스도를 통해 하나님이 주시는 놀라운 제안에 내가 이런 식으로 응답한 것은 아니다. 하지만 어릴 적 그 복음을 들었을 때, 부르심은 아주 명료했다. 그래서 내 할아버지는 몇 주 뒤에 내가 공적으로 내 신앙을 표명했을 때 침례를 베풀어주셨다.

그 후 나는 예수님에 대해 전하기 위해 지구촌을 여행할 기회를 갖게 되었다. 그러나 내가 텍사스를 떠나려 하자마자 (상당히 놀랍게도) 도로 텍사스로 끌려오게 되었다. 아내와 더불어 우리는 오스틴에 교회를 개척했다. 오스틴은 보수적인 텍사스 주의 반문화적 수도였다. 어떤 사람은 오스틴을 '바이블 벨트의 구멍'이라고 부른다. 오스틴은 독특하고 첨단산업으로 연결된 도시다.[1] 최근에 죽기 전까지 풍만한 가슴에 짧은 발레 치마를 입고 있던 홈리스 노인 레슬리 코크랜Leslie Cochran, 그는 여장 남자였다—옮긴이이 이 도시의 비공식적인 아이콘이었다.

오스틴은 델컴퓨터, AMD, 애플, 구글, 드롭박스 같은 많은 테크놀로지 기업들이 입주해 있다. 이 도시는 창의성과 반문화, 그리고 놀라울 정도로 다양한 하위 문화를 갖고 있다.[2] 텍사스 대부분 지역이 우측으로 기울어져 있는데, 오스틴은 '붉은 주 가운데 자리한 파란 점'이다.

오스틴은 지금 내가 사는 도시다. 우리는 오스틴에 복음을 심기 위해 이사를 왔고, 교회가 자리 잡고 성장하게 해달라고 하나님께 간구했다. 이사 올 당시 아내는 둘째 엘리를 임신하고 있었다. 지금 우리는 우리 두 사람의 혈육들에 더해 영적인 자녀들의 새 공동체를 맞이하는 복을 받았다. 그 과정에서 지극히 중요했던 것은, 어떻게 적절하고 효과적으로 전도하는지를 배우는 일이었다.

우리는 그저 그리스도인들을 다른 교회들로부터 모아들이기 위해 보스턴에서 오스틴까지 이 넓은 미국 땅을 가로질러 내려온 것이 아니었다. 우리가 여기 온 이유는 오스틴이 결정적으로 기독교적이지 않은 도시였기 때문이다. 우리는 오스틴 사람들을 섬기고 그들에게 예수님에 관한 멋진 소식을 전해주고 싶었다. 그것은 우리가 오스틴이라는 도시를 알아야 하고, 사랑해야 하며, 의미 있고 분별력 있게 이 도시에 섞여들어야 함을 의미했다.

나는 대학에서 문화인류학을 전공했다. 그래서 오스틴 시의 다양한 하위 문화에 대해 많이 배워야 한다는 것을 알고 있었다. 우리는 공부했고, 관찰했고, 대화를 나눴다. 그렇게 연구 조사를 펼친 결과, 오스틴 시 도심에 살고 있는 76퍼센트의 사람들이 예수 복음을 믿을 만하지 않은 것으로 여긴다는 사실을 알게 되었다.[3] 이는 마음을 겸손하게 만들면서도 고무적인, 유익한 발견이었다. 우리가 그저 '교회를 떠난' 사람들이 아니라 교회에 저항하는 사람들과 살고 있음을 인식하게 되면서, 전도가 필요하다는 사실을 깨달았기 때문이다. 그것은 내가 어린 시절에 경험한, 강대상 앞으로 나오라는 초청과는 매우 다른 방식이어야 한다는 사실도 알게 되었다.

전도가 실패하는가

오스틴에서의 첫 해 동안, 딱 한 사람이 그리스도를 영접했다. 작은 성공이었다. 그러나 그 성공은 오래가지 않았다. 그는 자기 신앙을 고백한 뒤 곧바로 그다음 4년간 자기가 새로 갖게 된 신앙을 버리고 나가는 것 같았다. 감사하게도 그는 다시 교회로 돌아와 그리스도 안에서 잘 성장하고 있다. 그런데 인구 170만의 도시에서 1년 동안 한 사람이었다. 좋은 출발은 아니었다.

당시 나는 우리 교회가 아직 진짜로 시작한 것은 아니라고 나 자신에게 말함으로써 우리의 형편없는 기록에 대해 약간의 위안을 받곤 했다. 아직 배워나가는 중이었다. 오스틴 시에 이사 와서 자리 잡는 일, 이 도시의 문화를 공부하는 일, 일주일에 한 번 우리 집에 소규모의 사람들을 초대해서 식사를 대접하는 일 등 단계를 밟아나가고 있었다. 그러니까 진짜로 시작했다고 말하는 것은 공평하지 못하다. 그렇지 않은가?

우리가 맞이했던 소규모의 사람들은 하나의 공동체로 성장했다. 그리고 함께 하나님의 선교를 재발견했다. 우리는 이웃들을 알게 되었고, 그리스도의 사랑을 눈에 보이게 드러내며 복음의 소망을 제시하는 여러 방식으로 이 도시에 개입했다. 우리 공동체 안에 비그리스도인들의 수가 꾸준히 증가했다. 그렇지만 2년을 사역한 후에도 여전히 새 제자 딱 한 명에게만 세례를 준 상태였다. 우리는 수천 명은 못되어도 수백 명은 전도할 수 있으리라는 희망을 품고 오스틴에 온 터였다.

단 한 사람! 나는 낙심했다. 우리가 실패로 가고 있다고 느꼈다.

몇 해가 지나면서는, 복음의 부름에 응답하는 사람들이 조금씩 생겨나기 시작했다. 그리하여 이제는 1년에 3–5명에게 세례를 베푼다. 그렇지만 새로운 질문이 마음속에 떠올랐다. 우리가 할 만큼 충분히 일을 하고 있었는가? 우리 교회에서 일어나는 '회심 비율'이 교회를 개척하면서 우리가 개인적으로나 재정적으로 지출했던 비용을 정당화해 주었는가? 우리 가족이 오스틴까지 와서 자리를 잡고 극심한 영적 싸움 가운데 처하면서 그 싸움을 치른 것은 그만한 가치가 있는 일이었나? 내가 우리 교회를 올바르게 이끌고 우리 교인들을 잘 준비시켜 주었다면 더 좋은 결과를 얻지 않았을까? 내가 잘못한 것은 무엇일까?

나는 전도에 대한 압박감을 느꼈다. 아마 당신은 그게 뭔지 알 것이다. 나는 그 압박감이 어디에서 오는지 잘 몰랐다. 하지만 나는 20대 초의 분위기로 들어갔다. 그 당시에는 내가 어디를 가든 전도의 '영빨'이 나를 따라오는 것 같았다. 다른 사람들의 영원한 운명에 대해 걱정하면서, 복음을 나누지 않을 수 없다는 강박감을 여러 번 느꼈다. 그리고 만일 내가 기회를 놓치면 번개가 내리칠 것 같은 느낌을 받았다. 내가 소심해져서 복음을 전하지 않았을 때마다 죄책감이 내 등골을 오싹하게 만들었다. 비행기에서 얻게 되는 기회를 회피할 경우에는 특히 용서할 수 없었다.

나는 예수님에 대해 전하면서 사람들과 이야기를 나누고, 피상적인 짤막한 대화에서부터 인생의 깊은 주제로 들어가면서 이야기하는 것을 즐겼다. 나는 틀에 박힌 전도 내용을 강요하지 않았다. 나는 거리의 모퉁이에 서서 종말을 외치는 선지자도 아니었다. 하지만 어디를 가든지 압박감을 느꼈다. 그것은 내 신앙을 나누라는 지속적인 압력이었다.

어떤 의미에서 이런 압력이 있다는 것은 좋은 일이다. 결국 우리는 우리의 믿음을 전하고자 하는 욕망을 느껴야 하지 않는가! 만일 그리스도인이 예수께서 가르치신 바를 진정으로 믿는다면, 즉 믿지 않는 자들에게는 맹렬히 타오르는 지옥이 영원히 기다리고 있고 영생은 믿는 자들에게 임할 것이라는 가르침을 믿는다면, 다른 사람들에게 하나님의 구원의 은혜를 나누지 않는 것은 잔인한 짓이다. 코믹 마술사 듀오인 펜과 텔러Penn and Teller 가운데 무신론자인 펜 질렛Penn Jillette은 이 딜레마를 다음과 같이 예리하게 표현한다.

> 만일 당신이 천국과 지옥이 있다고 믿는다면, 그리고 사람들이 지옥에 가거나 혹은 영원한 생명을 얻을 수 있다고 믿는다면, 그리고 사람들에게 이 사실을 말하는 것이 사회적으로 매우 어색한 일이기 때문에 말할 값어치가 없다고 생각한다면, (……) 누군가를 개종시키지 않기 위해서는 당신이 그를 얼마나 미워해야 하는지, 영생이 가능하다고 믿으면서도 그 사실을 얘기하지 않으려면 그 사람을 얼마나 증오해야 하는지 아는가?[4]

복음을 나누지 않는 것은 다른 사람들을 미워하는 것, 혹은 증오하는 것과 마찬가지라는 소리다. 예수님은 우리에게 이웃과 낯선 이들과 심지어 원수까지도 사랑하라고 분명히 가르치셨다. 그리고 바울은 '그리스도의 사랑이 우리를 강권하여' 다른 사람들을 하나님과 화목하게 한다고 말한다.고후 5:14, 20 심지어 비그리스도인들도 이를 이해하고 있다. 뱀파이어 위켄드Vampire Weekend라는 밴드의 프론트맨인 에즈라 코에닉Ezra Koenig의 말을 생각해 보라.

"우리는 불신자들에게 화염이 기다리고 있음을 안다. 우리는 작은 은총의 말을 원한다. 그러나 누가 나를 위해 은총의 한 마디를 해줄 것인가?"[5]

만일 복음이 참이라면, 그들이 은혜를 받지 못한다면, 불신자들에게는 화염이 기다릴 것이다. 그리스도인들이 이 사실을 믿는다면, 그들에게 은총을 전해야 한다는 압력을 받아들여야 하지 않겠는가? 이 압박감이 좋은 것이 아니겠는가?

자, 그것은 좋은 일이기도 하고 아닐 수도 있다. 당신의 믿음을 나누고, 예수님에 대한 복된 소식을 다른 이들에게 전하고, 예수께서 우리를 위해 행하신 일을 전하는 것은 좋은 일이다. 하지만 많은 경우 전도는 부담스럽다. 특히 다른 사람들을 우리가 원하는 대로 끌어오려 하거나 회심을 강요하려 드는 것은 좋지 않다.

강요가 되어버린 전도

보험이든, 냉장고든, 자동차든, 집이든 '압력을 가해 판매' 한 결과가 어떤지 아는가? 그런 압력을 받았을 때 어떤 느낌을 받았는가? 아마도 누군가의 목적에 이용당했다고 느꼈을 것이다. 어쩌면 물건 취급을 받고 인간 대접을 받지 못했다고 느꼈을 것이다. 세일즈맨이 당신에 대해서는 사실 별 관심이 없음을 느꼈을 것이다. 세일즈맨은 당신의 유익에 관심이 없고, 어떻게 해서든 거래를 성사시키기만 바랐을 것이다. 이것이 바로 우리에게 전도를 받을 때 사람들이 느끼는 것이다. 그들은 우리가 우리 자신의 영적인 혜택을 누리기 위해 자기들을 이용한다고 느낀다. 마치 우리가 어떤 거래를 성사시키려고 애쓰고 있는 것처럼 느낀다.

몇 해 전 아내가 집집마다 방문을 하면서 전화번호부에 광고를 내도록 광고 따내는 일을 한 적이 있었다. 그것은 정말 비참한 경험이었다. 방문하는 집 현관에서 아내는 매일 모욕을 당하고 조롱을 당하고 배척을 당했다. 그렇게 3개월이 지난 후, 나는 아내에게 그 일을 그만두라고 말했다. 생활비를 마련하기 위해 우리는 무슨 일이든 해야 하지만 그 일은 그럴 가치가 없다고 했다.

아내는 왜 모두가 싫어하는 사람이 되었는가? 그것은 개인적인 그녀와는 전혀 무관한 일이다. 아내는 사교적이고 유쾌한 사람으로, 만약 다른 상황에서 만난다면 대부분은 그녀와 아주 잘 지낼 것이다. 그러나 아내는 거절당했으며 심지어 미움을 받았다. 문 건너에 있는 사람들은 그녀가 판매를 강요한다고 단정하고 있었다. 그들은 자기들이 어떤 목적을 위한 수단이 되었음을 즉시 알았고, 그래서 그 일을 경멸했다. 그들은 아내가 입을 열자마자 그 압력을 느꼈다. 아내는 종종 입을 열기도 전에 거절당했다.

우리가 믿음을 전하려고 할 때 많은 이들이 바로 그렇게 느낀다. 복음을 전해야 한다는 우리의 압박감은, 사람들에 대한 우리의 사랑과 관심에서 나온다. 하지만 그 압박감은 판매 강요처럼 흘러나가서 사람들로 하여금 이용당하는 것 같은 느낌을 갖게 한다. 우리가 말하는 것이 사실이고 우리가 아무리 좋은 의도를 가졌다 해도 우리가 말하는 방식은 우리가 전하는 것을 사람들이 원치 않도록 만들 수 있다.

사영리 제시가 전도는 아니다

압박해 들어가는 전도가 어떤 점에서 잘못되었는가? 모든 게 잘못되었다. 우선, 압박 전도는 잘못된 동기에서 나온다. 곧 그리스도 안에서 갖는 평안과 만족감으로부터 흘러나오는 타인에 대한 사랑으로 복음을 전하지 않는다. 다른 사람들의 영원한 운명이 결국 우리의 노력에 달려 있다는 잘못된 인식을 갖고 자신을 증명하기 위해 전도한다. 그것은 사랑에서 전하는 것이 아니다. 멋지게 해내야 한다는 압력은 마음과 생각을 강하게 내리눌러서 우리가 전하는 메시지를 왜곡시킨다. 우리는 아주 부자연스럽게 말하고 행동한다. 때로는 우리가 말하는 내용을 우리가 진정으로 믿지 않는 것 같은 느낌을 준다. 우리가 전하는 복음은 믿지 못할 내용이 된다.

지난 수십 년간 유행했던 전도 방식에는 몇 가지 공통점이 있다. 이 얘기를 하는 이유는 그 전도 방법들을 깎아내리거나 하나님의 쓰임을 받지 못한 것이라고 말하기 위해서가 아니다. 그 방식들에서 전하는 메시지의 내용은 참이다. 하지만 그 맥락이 무시되고 있다. 신학교 시절 성경 해석을 가르쳐준 교수님이 말했듯이 '맥락이 가장 중요하다!' 오늘날 대부분의 전도 기술들은 마치 규격품으로 짜 맞춘 것 같은 느낌을 준다.

예를 들어 전도 폭발의 경우 아웃라인을 암기해야 한다. 사영리 전도의 경우, 나중에는 그 소책자를 따라 읽어주고 페이지를 넘긴다. 이러한 과거의 전도는 전도를 받는 사람을 이해하는 데 초점을 맞추기보다는 프레젠테이션 자체에 초점을 맞춘다. 그래서 메시지를 전해 듣는 사람은 자신이 일종의 프로젝트 대상이라는 느낌을 받게 된다. 이는 이러한 전도 방식들이 의도하는 목표가 아니다. 물론 여전히 이 전도 방법들을 효과적으로 사용할 수 있는 사람들이 많다고 확신한다. 그러나 내 경험상 가장 일반적인 결과는 꽉 막힌, 딱 짜인 복음 제시다. 하나님의 복된 소식을 믿을 수 있는 방식으로 소통하고 있지 못한 것이다.

지금은 크루Cru라고 불리는 대학생선교회C.C.C.에 나는 깊은 빚을 지고 있다. 하지만 거기서 받은 전도 훈련 몇 가지는 꺼림칙하다. 내 믿음이 크게 성장하기를 너무도 바랐기 때문에, 나는 캘리포니아 주의 산타크루즈에서 열리는 여름 프로젝트에 참석했었다. 그 해 여름 동안 우리는 피터팬 모텔을 빌려 사용했다. 다행히 스태프들이 먼저 도착해 각 방에서 주삿바늘과 콘돔들을 수거해서 버렸다. 그 여름 동안 어둠의 요새였던 곳이 빛의 등대로 탈바꿈했다. 나는 우리가 하게 될 일을 아주 사랑했다. 물론 하양과 파랑 줄무늬 유니폼에 거기 어울리는 파란 모자를 쓰고 디퍼 다이너Dipper Diner, 햄버거 가게—옮긴이에서 일했던 것은 나를 상당히 겸손하게 만드는 경험이었음을 인정할 수밖에 없지만 말이다.

내 생각에 우리 대부분은 순번에 따라 차례가 다가올 '해변 전도'에 겁을 먹고 있었다. 우리는 해변에서 사람들을 끌어모을 수 있는 장면을 연출하고 낯선 사람들을 향해서 미소를 날리며 시간을 끌다가, 바지 뒷주머니에 집어넣고 나간 사영리 소책자를 읽어주라는 명령을 받았다. 나는 꺼리는 마음으로, 사람들을 끌어들이는 그 게임에 어쩔 수 없이 참여했다. 나는 친구와 함께 해변을 헤매고 다녔다. 우리는 해변에서 배구를 하고 있던 몇몇 사람들을 만났는데, 그 중의 한 명과 특히 어울리게 되었다. 마침내 대화가 영적인 문제로 돌입했다.

나는 사영리 소책자는 뒷주머니에 그대로 둔 채, 이 친구가 살아가면서 대면하게 된 문제에 그리스도를 연결시켰다. 놀랍게도 그는 예수를 알고 싶고 자기 죄에서 건짐을 받고 싶다고 말했다. 우리는 그와 함께 기도했고, 그는 회개하고 예수를 믿었다. 내 친구는 나를 향해 말했다. "와우, 네가 그렇게 전도할 수 있다니, 몰랐어. 사영리를 사용하지도 않고 말이야!" 나는 이렇게 대답했다. "만약 우리가 사영리 소책자를 끄집어냈다면, 곧바로 그의 관심을 놓쳐버렸을 거야."

내가 왜 이 이야기를 하는가? 크루를 비판하기 위해서가 아니다. 말했듯이, 나는 그들로부터 많은 것을 배웠다. 특히 담대하게 전도하는 일을 배웠다. 이 책의 감사의 말에는 나의 캠퍼스 책임자였던 제리 매큔Jerry McCune이 언급된다. 이 이야기를 한 이유는 전도가 기계적인 행위가 되어서는 안 된다는 점을 강조하기 위해서다. 전도는 직관적일 수도 있고 관계적일 수도 있다. 그러나 압박감에 못 이겨서 전도하거나 이벤트 중심으로 전도가 이뤄져선 안 된다. 우리는 자연스럽고 편하게 사람들과 이야기를 나누면서 복음을 잘 전할 수 있는지 분별할 수 있다. 어떤 전도의 틀에 맞출 필요가 없다.

우리는 선택할 수 있다. 어떤 도구와 훈련은 압박 전도에 비옥한 땅을 만들어낼 수도 있다. 그러나 그 동기가 무엇이냐 하는 것이 우리의 마음 깊이 뿌리박고 있다. 우리는 다른 사람들이 우리를 어떻게 생각하는지에 사로잡혀 있다. 우리의 영적인 멘토들, 동료들, 심지어 하나님에게 인정받고 싶은 욕구 때문에 우리는 깊은 인상을 남기기 위해 전도를 한다. 마치 부모의 인정을 받고 싶어서 좋아하지도 않는 스포츠를 아주 열심히 하는 십대 학생과 같다. 우리는 노력으로는 얻을 수 없는 하나님 아버지의 총애를 얻으려고 애쓰는 것이다.

그 결과 우리의 복음은 믿을 수 없는 것이 된다. 왜? 우리의 동기가 믿음과 일치하지 않기 때문이다. 우리는 우리가 전파하고 있는 바를 그대로 실천하지 못하고 있다. 다른 사람들에게는 하나님 아버지께서 우리를 온전히 사랑하시며 구원은 그리스도께서 행하신 일에 근거하지 우리 자신의 업적에 근거하지 않는다고 말하면서도, 여전히 하나님의 총애를 얻고자 하는 욕망에 따라 움직이는 것이다. 교회 개척자로서 나는 낙심했다. 내 전도의 기준들에 부합하는 삶을 살지 못했기 때문이다. 하나님의 주권적인 은혜에 의지하기보다는, 나는 일을 잘 수행하고 더 많은 사람들을 얻고 나 자신을 정당화시키고 싶어 했다. 만일 우리 교회가 회심을 통해 더 빨리 성장했다면 나 자신에 대해서, 내가 쌓아온 실력에 대해서 좋은 감정을 느낄 수 있었을 것이다. 내 가치는 그리스도의 확실하고 소중한 자리에서 자신을 숭배하는 자리로 미끄러져내렸다. 나는 하늘 아버지의 지속적인 승인보다는 조작된 인정을 선호했다.

인정받고 싶은 욕구에서 전도가 시작될 때 전도 기회의 순간은 이런 식이 된다. '만약 내가 이걸 하지 않으면 후회하게 될 거야.' (이것은 내 실적에 초점이 있다.) 그러나 이렇게 생각해야 한다. '이 사람에게 복음의 소망이 필요하군. 다음 기회까지 기다릴 수 없어.' (사랑이 동기가 된다.) 해 보이려는 동기와 인정받고자 하는 우상은 사랑의 동기에 못 미친다. 사람들이 우리의 전도를 믿지 못하겠다고 여기는 것은 전혀 놀랍지 않다. 전도를 잘하는 것처럼 보여서 하나님의 인정을 받고 싶어 하는 노력의 제단에 전도 받는 사람들이 희생제물로 바쳐지는 것이다.

마음 깊은 곳에서 우리가 믿어야 할 사실은, 하나님은 하나님의 일을 성취하기 위해 당신이나 나를 꼭 필요로 하시는 건 아니라는 점이다. 하나님은 조작하는 방식으로 우리를 사용하고 싶어 하지 않으신다. 하나님은 당신을 우리에게 주기를 원하신다. 사도들은 뼛속 깊이 이 사실을 알고 있었다. 그들은 자신이 그리스도에게 속했음을 알았다. 자신이 아버지 하나님의 사랑을 깊이 받고 있음을 알았다. 어떤 일이 일어나도, 성공하든 실패하든, 자신의 미래가 안전하게 확보되어 있음을 알았다. 그리스도의 사랑이 그들을 강권하셨기 때문이다. 사도 바울은 전도를 하는 자신의 동기를 명확히 밝히기 위해서가 아니라, 사역에 대한 자신의 동기를 설명하기 위해서 고린도 교회에 대한 그리스도의 강력한 사랑을 언급한다. 사도직에 대해 비난을 받으면서도, 그는 자기가 행하는 모든 일들―그의 모든 사역과 고난―을 예수님의 사랑에 근거해서 행한다. 바울은 살거나 죽거나 오직 단 한 가지만 중시한다. "우리가 생각하건대 한 사람이 모든 사람을 대신하여 죽었은즉 모든 사람이 죽은 것이라. 그가 모든 사람을 대신하여 죽으심은 살아 있는 자들로 하여금 다시는 그들 자신을 위하여 살지 않고 오직 그들을 대신하여 죽었다가 다시 살아나신 이를 위하여 살게 하려 함이라" 고후 5:14-15. 예수님의 죽으심과 부활은 단지 그의 메시지가 아니라 그의 동기였다.

바울이 온갖 상황 가운데서 온갖 종류의 사역을 감당하게 된 이유는 하나님 아버지로부터 칭찬을 받기 위해서가 아니라 예수께서 죽고 부활하사 완전히 새로운 종류의 인류를 일으키셨기 때문이다. "그런즉 누구든지 그리스도 안에 있으면 새로운 피조물이라 이전 것은 지나갔으니 보라 새것이 되었도다"고후 5:17. 바울은 연기를 하고 있었던 게 아니라 진짜 그렇게 살아갔다. 그는 자신이 아니라 자신을 위해 죽고 사신 메시아를 중심으로 이루어지는 전적으로 새로운 삶을 살았다. 그의 전도는 전적으로 그리스도 중심적이었다.

실적을 높이기 위해 연기하려는 동기에서 시작할 때, 우리는 자기중심적이 되며 불안에 얽매이게 된다. 예수께서는 이 저열한 생활 방식에서 우리를 해방시키기 위해 죽고 죽음에서 부활하셨다. 옛것이 가고 새것이 왔다. 당신은 새로운 피조물이다. 여기에서 끝내지 말고 새 피조물됨 가운데 눌어붙어서 그 안에서 생활하라. 당신의 값어치를 십자가에 달리시고 부활하신 그리스도라는 반석에 붙잡아매라. 그리스도를 바라보고, 다른 사람들을 새로운 안목으로 바라보도록 훈련하라. 그들을 새롭게 되고 있는 사람으로 볼 수 있을 때까지 훈련하라. 당신은 새것이다. 그렇지 못한 사람들이 수두룩하다. 예수께서는 그들을 위해서 죽으셨다. 그들은 실적을 올리기 위해서 연기하는 일과 수백만 가지의 다른 죄악에서 해방되는 게 어떤 것인지 모른다. 예수께서는 그들도 자유롭게 해주기 위해 죽으셨다.

우리의 비전은 예수님의 부활의 권능에 의해 새롭게 만들어질 필요가 있다. 부활하신 그리스도를 통해서 우리는 하늘과 땅이 서로 만나는 모습을 볼 수 있다. 바울은 이 변화가 자신에게 어떤 일을 해

주었는지 우리에게 말해준다. 더 이상 바울은 사람들을 "육체에 따라서" 보지 않았다. 즉 자신의 욕심을 만족시키거나 조작하려는 숫자나 대상으로 보지 않고, 하나님의 새 창조의 역사를 받아 누릴 잠재적인 수혜자들로 보았다. 죄인들을 바라보되, 하나님에 대항한 반역을 저지른 자들로 보지 않고, 그리스도 안에서 하나님의 그 의가 될 수 있는 자들로 보았다 고후 5:21.

단순히 영원을 균형 있게 바라보는 것으로는 충분하지 않다. 영원에 대한 수학은 계속해서 전도의 심장이 뛰도록 만들 수 없다. 우리에게는 하나님의 역사의 원천이자 목표인 예수를 계속 거듭해서 바라보는 일이 필요하다. 그리고 우리는 예수님을 새 창조의 새롭게 하시는 권능으로 바라보아야 한다. 예수님이 우리 전도의 동기다. 하나님 아버지께서는 우리에게 다른 무엇보다 그리스도를 의지하고 우리가 전도를 얼마나 했느냐에 대한 기록을 그리스도에게 맡기라고 요청하신다. 전도 방법이나 회심이나 문화적인 지혜나 혹은 당신의 교회에 의존하지 마라. 오직 그리스도를 깊이 의지하라. 그리하면 당신은 그리스도를 자유롭게 전할 수 있을 것이다.

전도를 좌절시키는 것들

진도를 나가기 전에, 전도에 대해 마땅한 정의를 내리는 것이 중요하다. 나는 개인적으로 선교학자인 데이비드 보쉬 David Bosch의 정의를 좋아한다.

"전도는 미션의 핵심, 중심, 혹은 센터다. 전도는 불신자들에게 그리스도를 통해 오는 구원에 대해 전파하고, 죄의 용서를 선포하고, 회개와 그리스도에 대한 믿음을 촉구하며, 이 땅에서 그리스도 공동체의 생명력 있는 지체로 살아가도록 초청하고, 성령의 권능으로 살아가기 시작하라고 초청하는 것이다."**6**

이 정의 안에 있는 다섯 가지 요점에 주목하라. 전도는 (1) 복음 중심이며 (2) 선포proclamation를 통해 이루어지며 (3) 응답을 촉구하며 (4) 교회를 포함하며 (5) 성령을 지향한다.

보쉬의 정의는 예수 그리스도라는 인물과 사역에 초점을 맞춘다는 점에서 복음 중심적이다. 그것은 20세기 전도 대부분이 그랬듯이 천국 중심적이 아니다. 목표는 그리스도이지 천국이 아니다.**7** 전도는 전도에 대한 많은 묘사처럼 행위가 아니라 선언을 통해 이루어진다. 복음은 행해야 할 선한 행위들이 아니라 나눠야 할 좋은 소식이다. 물론 전도가 놀라운 은혜의 행위들을 낳는 것은 사실이다.

보쉬는 또한 회개와 믿음이라는 응답 요청의 중요성을 말한다. 그리고 우리가 회심하여 교회에 들어가 그 일부가 된다는 점을 강조한다. 이 점은 현대의 개인주의적인 전도에서 너무나 자주 간과되고 있는 부분이다. 교회는 영적인 것을 추구하는 개인들을 느슨하게 모아놓은 단체가 아니다. 성부 하나님의 흔들림 없는 사랑으로 서로 엮여 있는 가족이다.

마지막으로, 이 정의는 우리의 새로운 삶이 우리 자신의 힘으로 살아내는 것이 아니라 성령의 권능으로 살아갈 수 있는 것이라는 점을 일깨워준다. 현대의 전도 방법들은 훈련의 90퍼센트를 머리에 두고 있으면서 성령님에 대해서는 립서비스만 한다. 이 정의는 전도의 명확한 타깃을 알려준다. 이 책이 전개되면서, 이 다섯 가지 특징이 계속 등장할 것이다.

그렇다면 우리는 어떻게 이 다섯 가지 특징을 중심으로 전도를 재고할 것인가? 새로운 방법들은 충분하지 않다. **전도에 대한 이해 전체가 바뀌어야 한다.** 우리의 동기와 방법과 심지어 전하는 메시지도 바뀌어야 한다.

이 책의 섹션들은 이 특징들을 다루고 있다. 물론 자연스럽게 중복되기도 하고 반복되기도 하지만 말이다. 1부는 우리의 동기를 다룬다. 우선 우리 마음과 생각, 즉 우리는 왜 전도하는가를 다룬다. 2부는 우리가 전하는 메시지, 즉 전하는 내용이 무엇인지를 다룬다. 3부는 우리의 방법들, 즉 우리가 말하려는 바를 어떻게 말하는지를 다룬다.

전도는 왜 어려워졌나	→	동기	→	마음과 생각
무엇을 전해야 할까	→	메시지	→	복음
어떻게 전해야 할까	→	방법들	→	말

우리의 동기, 메시지, 방법은 서로 엮여 있어서 우리를 선교에 임하도록 서로 당겨서 묶어준다. 묶여 있는 줄을 풀어 (선교에) 속하지 않는 몇 가지 줄은 빼내고, 없는 것은 몇 개 새로 집어넣으면, 새로운 전도가 무엇인지 알게 될 뿐 아니라 기독교 신앙에 새로운 생명력을 불어넣게 될 것이다.

복음은 우리가 어떻게 전도하며 왜 전도해야 하는지의 문제에서 중심을 차지한다. 사람들은 자신들이 처한 형편에 대해서 복음이 어떻게 말하는지 알 필요가 있다. 복음은 우리에게 필요한 것을 정확히 제공한다. 받아들여지고, 인정받고, 용서받고, 새로움을 얻고, 치유받고, 가치를 얻고, 목적과 기쁨과 소망과 평화 그리고 자유를 제공한다. 이 모든 것이 예수님 안에 있다. 그런데 사람들이 왜 이 복음을 믿을 수 없다고 여기는지를 정확히 살펴보면서 시작할 것이다. 그렇게 하지 않는다면, 우리 자신과 신앙 바깥에 있는 이들 사이의 먼 거리는 영원히 좁혀지지 않을 것이다. 분명히 전도를 좌절시키는 것들이 존재한다. 그리스도인들이 자신들의 신앙을 다른 사람들에게 전하지 않게 만드는 그런 이유들 말이다. 이러한 좌절 요인들 가운데 첫 번째부터 시작해 보자. 그 첫 번째는 바로 우리의 증거가 비인격적이 되어서는 안 된다는 순전한 우려다.

핵심질문

1. 전도를 떠올리면 어떤 감정이나 반대가 생각나는가?

2. 전도의 측면에서 실패라고 말할 수 있는 것에는 무엇이 있는가? 당신이 실패한 이야기를 나눠보라.

3. '전도하라는 압력'을 어떻게 처리하는가?

4. 만일 당신이 압력에 의해서가 아니라 그리스도의 사랑 때문에 전도하게 된다면 무엇이 바뀌겠는가?

1부
전도는 왜 어려워졌나

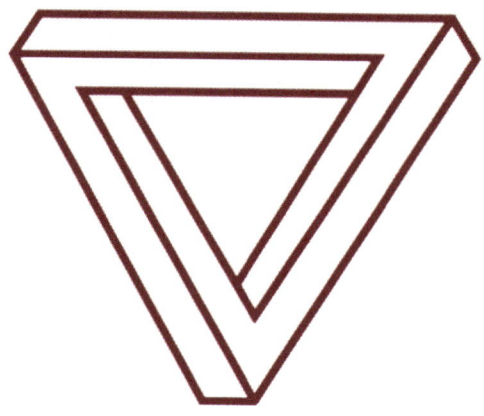

1부는 거꾸로 세워진 삼각형으로 표현된다. 이는 전도를 어렵게 만든 좌절 요인들의 아래로 끌어내리는 힘과 그 요인들을 해소하는 문제의 긴급성을 상징하는 것이다. 이 책에서 설명하는 것 이상으로 철저히 생각해 봐야 할 좌절 요인이 더 많다는 의미이기도 하다.

복음을 전하지 않는 이유에 초점을 맞추면서 전도에 대한 책을 시작하는 게 이상할 것이다. 그러나 이렇게 하는 두 가지 중요한 이유가 있다. 첫째, 공식적인 전도에서 비공식적인 전도로 문화가 바뀌면서, 일상을 살아가는 그리스도인들이 복음을 전하는 문제를 두고 묻는 질문들이 바뀌었다. '무엇을 바르게 말해야 할까?' 라고 묻는 대신, 많은 이들이 '무슨 말을 피해야 할까?'를 묻고 있다. 제시 presentations가 아니라 관계가 우선적인 가치가 될 때, 개인적인 질문들이 자연스럽게 전면에 부상한다.

둘째, 문화적인 단층들이 이동하면서 세계관들이 겹치며 균열이 일어난다. 개인의 권위와 이성, 실천을 중심으로 형성된 근대 세계관은 포스트모던 세계관과 잘 맞아떨어지지 않는다. 포스트모던 세계관은 공동체를 중심으로 형성된 권위, 상대주의, 그리고 체험 중심으로 이루어져 있다.

그래서 포스트모더니즘의 영향을 받은 사람들은 근대적인 전도 방법들이 당혹스럽고 비효과적이라고 여긴다. 관계에 더 예민한 사람들은, 이성적이며 제시 중심의 전도 방법이 포스트모던 문화에서는 더 이상 먹히지 않는다는 점을 즉시 알아차린다. 포스트모던 문화에서는 사람들이 정보를 듣고 프레젠테이션을 받기보다는 알려지고 사랑받고 존중받기를 원한다. 문화의 변화와 그러한 변화가 사람들에게 끼치는 영향 때문에 많은 이들이 자신의 믿음을 나누는 일을 중단했다. 실제로 삼십대에서 오십대 사이에서 전도를 하는 비율이 현저히 떨어졌다. 이들은 오늘날 활발하게 신앙생활을 하는 그리스도인 세 명 가운데 두 명에 해당한다.[8] 우리가 전도의 르네상스를 경험하고자 한다면 '어째서 이 인구가 전도에 적극적이지 않은가?'를 물어야 한다. 전도하라는 드럼을 더 크게 두드릴 게 아니라, 조용히 앉아서 그들이 전도에 대해 갖는 우려들을 경청해야 한다. 우리가 좌절 요인들이라 일컫는 이러한 우려들에 대해 경청한다면, 전적으로 새로운 이 시대에 어떻게 전도를 해야 할지 훨씬 더 큰 지혜를 얻게 되리라 믿는다.

 이러한 좌절 요인들에 대해 반성함으로써, 배우고 채택하고 심지어 회개할 기회를 갖게 될 것이다. 확실히 나는 회개했다.

 나는 두 가지 각도에서 각각의 좌절 요인들을 살펴보려 노력했다. 만일 그 좌절 요인이 맞는 것이라면 어떻게 그것을 극복할 것인가? 다른 말로 하면, 1부는 전도의 지혜를 얻기 위해 문화 비평을 연습하는 것이다. 비록 종합적이지는 않지만 더 큰 지혜와 분별을 주리라 희망한다.

2장
비인격적인 접근에 상해버린 마음

20세기 후반의 개인주의에서 21세기 초반의 소셜 미디어 시대로 돌입하면서, 관계는 일종의 공동 소모품이 되었다. 로버트 퍼트넘 Robert Putnam의 기념비적인 책 《나 홀로 볼링》에서 그는 20세기 후반기에 일어난 관계의 몰락을 상세히 보여준다.[1] 퍼트넘에 의하면, 이 기간에 다음과 같은 일이 일어났다.

- 클럽 미팅 참여율이 58퍼센트로 떨어졌다.
- 가족끼리 저녁식사를 하는 비율이 33퍼센트로 떨어졌다.
- 친구를 방문하는 일이 45퍼센트로 급감했다.

책 제목처럼, 클럽 팀으로 볼링을 하는 모습보다는 혼자서 볼링하는 모습이 더 흔해졌다. 이러한 관계의 몰락은 점점 심화되고 있다. 오늘날은 극단적인 개인주의로 생겨난 빈틈을 메우기 위해 소셜 미디어가 그 빈자리로 밀려들고 있다.

소셜 미디어의 부상이 우리의 관계에 어떤 영향을 미칠까? 《외로워지는 사람들》에서 셰리 터클Sherry Turkle은 퍼트넘의 견해에 동의하면서 소셜 미디어가 우리를 고립시키면서도 **함께한다**는 환상을 만들어낸다고 주장한다.² 조금도 깊은 우정 없이 우리는 수백 명의 페이스북 친구와 수천 명의 트위터 팔로어를 가질 수 있다. 세상에 대한 우리의 생각을 공유하고, 모든 사람이 볼 수 있도록 우리의 깊은 감정을 포스팅하지만, 우리 말을 경청하는 실제 인물은 한 사람도 없을 수 있다. 우리의 청중은 소셜 네트워크다. 육체를 가진 실제 친구 한 사람이 아니다. 소셜 미디어에서 일어나는 친구 맺기는 미약한 사회적 연결이다.³

퍼트넘은 진짜 공동체란 언제나 공동의 장소에 자리 잡는 법이라고 주장한다. 그는 "공동체는 **공동의 장소**에서 서로 교류하며 살아가는 사람들의 무리"라고 묘사한다.⁴ 가까이 사는 사람들과 온라인으로 교류할 수 있지만, 온라인 커뮤니티는 꼭 같은 장소에 있어야 할 필요는 없다. 우리가 삶의 궤적과 기쁨을 나누면서 지내는 진짜 관계에서 반드시 있어야 할 맞대면의 교류가 존재하지 않는다. 이모티콘은 진짜 허그의 대용품이 될 수 없다.

온라인에서 만들어진 습관들은 우리가 상호작용하는 방식을 바꾼다. 예를 들어 하루 종일 온라인으로 '화상 회의'를 해도, 한마디의 실제 대화를 끌어갈 수 없다. 한 사람의 고백을 블로그에서 읽고 그에 대해 깊이 알게 될 수도 있겠지만, 직접 만나서는 그 고백에 관해 말할 수도 없고 말하지도 않을 것이다. 우리는 **대화의 기술**을 상실해 가고 있다. 이유가 무엇일까? 온라인이라는 매체가 제 역할을 다하지 않기 때문이라고 여기는 건 너무 단순한 생각이다. 온라인으로 이루어지는 사회적 소통은 일방적인 독백이지 쌍방향의 대화가 아니다. 그 특성상 페이스북, 트위터, 유튜브, 블로그는 대체로 진정한 상호 의견 교환이 아니라 한 개인의 관점을 퍼뜨리는 것이다.

우리는 대화를 더 깊게 하는 질문을 하는 대신, 정보를 얻기 위해 서핑하는 서핑 피플이 되고 만다. 육체로 함께 있는 자리에서 디지털 공간으로 옮겨가는 이러한 변화 때문에 깊이 있는 관계가 드물어졌다. 이러한 현실은 전도에 엄청난 충격을 주고 있다. 신앙의 문제처럼 깊고 개인적인 일에 대해 대화하는 데 이르면, 우리는 친구의 감정을 상하게 하거나 친구를 잃을 것에 대한 두려움 때문에 주저한다. 우리의 관계는 살얼음 위를 걷는 것과 같다. 21세기 그리스도인들은 사람들이 하나님으로부터 사랑받고 있음을 알기 원한다. 하지만 그것으로 끝이다. 전도가 들어갈 틈이 없다.

전도는 프로젝트가 아니다

이처럼 관계를 맺는 방식의 변화는 전도에 대해 우리가 생각하고 생각을 개진하는 방식에 영향을 준다. 오늘날은 누군가에게 예수님에 대해 말하기에 앞서 그 사람을 알기를 원하는 게 전형적인 방식이 되었다. 우리는 우리가 하는 일이나 가족 혹은 음악과 영화에 대해 대화하기를 더 좋아한다. 더 깊은 진리의 산과 골짜기를 탐험하기 전에 사소한 일들을 놓고 계속 대화를 나눈다. 복음을 나누기 위해 우리가 이끌어가는 긴 진입로는 다른 사람들에게 베푸는 놀라운 은혜의 표현이다. 그것은 전형적인 딱딱한 개종 노력을 거부하고 실질적이며 사려 깊은 관계를 환영하는 것이다. 우리는 이웃과 지인과 직장 동료들에게 복음을 전할 때 서서히 접근한다. 사람들이 영적인 프로젝트 대상이 되는 것처럼 느끼게 되길 원치 않기 때문이다. 만일 누군가가 비인격적인 전도 행위 때문에 상처를 입었거나 감정을 상하는 경험이 있었다면 특히 그렇다.

예를 들어 일터에서 전도하는 사람이 비인격적으로 강요하는 자세로 전도할 수 있다. 직장에서 사람들을 진짜 알기 위해 시간을 들이지도 않고 예수님을 위해 캠페인을 벌일 수 있다. 열정에 (혹은 실적에) 눈이 멀어서, 다른 모든 사람이 보는 것을 보지 못한다. 사람들을 마치 해치워야 할 프로젝트처럼 대하고, 그 프로젝트를 얼마나 잘 수행하는지에 따라 자신의 등급을 매긴다. 등급은 이와 같이 매겨진다.

- 예수님에 대해 아무 말도 못하면, 마이너스.
- 예수님의 이름을 대화 중에 언급하면, 플러스.
- 예수님이 (우리의 죄를 위해 십자가에서) 행하신 일을 언급하면, 플러스.
- '복음 전체를 제시' 했을 때는 골드스타를 획득한다.

이런 종류의 전도는 역겨움을 일으킨다. 이런 전도는 진정성도 없고 신뢰도 없다. 영적인 가치를 위해 사람들을 활용하는 것이다. 대화 중에 예수라는 이름을 말하고는 그저 마냥 좋아한다. 무기력하게 물러났을 때는 의기소침해진다. 스스로 만들어낸 영성의 롤러코스터를 타고 오르내린다. 이것은 그리스도 중심의 신앙과는 완전히 동떨어진 것이다. 이러한 전도는 마치 소셜 미디어와 같아서 다른 사람들을 위한 것이 아니라 자기 중심이며, 전달되는 메시지의 진리를 구현하는 데 실패한다. 비인격적 전도자는 실적을 올리려는 행동을 하게 된다. 마치 자신의 전도에 대한 열정에 하나님의 총애가 달려 있다는 듯이 실적을 내려고 행동한다. 사실은 그리스도의 순종이 우리를 하나님 아버지의 은총으로 감싸주시는데 말이다. 비인격적인 전도를 하는 사람은, 사람들의 갈등과 공포와 희망과 믿지 못하는 이유들을 전혀 고려하지 않고 무턱대고 내친다.

케빈 스페이시Kevin Spacey와 대니 드비토Danny Devito가 주연한 영화 〈빅 카후나The Big Kahuna〉는 거의 전부 한 호텔 방에서 일어난 일로 이루어져 있다. 공업용 윤활제 회사의 영업 담당인 필과 래리는 호텔에서 모임을 열고 거기 참석한 엄청난 잠재 고객에게서 윤활제 공급 계약을 따내려고 한다. 그런데 신참 밥이 그 거물 잠재 고객과 죽이 맞게 되고, 필과 래리는 밥에게 결정적인 미팅에서 무슨 말을 해야 할지 코치해 준다.

드디어 그 시간이 되자, 밥은 아래층에서 여러 시간을 거물과 함께 보내게 되고 필과 래리는 위층에서 전전긍긍하며 결과를 기다린다. 마침내 밥이 돌아왔을 때, 필과 래리는 밥에게 질문을 퍼붓는다.

밥은 그와 함께한 시간이 얼마나 좋았는지를 이야기하고 대화의 깊이를 묘사한다. 그가 얼마나 웃기는 사람인지, 그 시간이 얼마나 중요했는지를 설명한다. 그러나 계약을 따냈는지 물었을 때, 밥은 예수님에 대한 이야기로 대화를 끝맺었다고 말한다. 그 뒤에 나오는 이들의 대화는 많은 통찰을 얻을 수 있는 매혹적인 내용이다. 나는 두 가지만 언급하려고 한다. 윤활제 얘기를 왜 안 했느냐는 물음에 밥은 자신은 자신과 자신의 영혼에 대해 솔직히 말했을 뿐이라고 답한다. 그러자 필이 대답한다.

"네가 스스로 물어야 할 질문은 이거야. 그 정직성이란 게 내 삶 전체에 적용되어 왔는가? 그 말은 네가 예수를 전하는 것이 우리가 윤활제를 선전하는 것과 다르지 않다는 뜻이야. 네가 예수를 팔든, 부처를 팔든, 시민의 권리를 팔든 아무 상관없어. 그런 게 너를 한 인간으로 만들어주는 게 아니야. 그건 너를 마케팅 사원으로 만들어주지. 만일 네가 누군가에게 한 인간으로서 정직하게 말하고 싶다면 (……) 그 사람의 자식들에 대해 물어봐. 그 사람의 꿈이 무엇인지를 알아보라고. 그저 알아봐. 무슨 까닭이 있어서가 아니라 그냥 물으란 말이지. 네가 대화를 이끌어가기 위해 손쓰는 순간부터는 그건 더 이상 대화가 아닌 거야. 그건 뭔가를 팔아먹으려는 수작인 거야. 너는 한 사람의 인간이 아니라 마케팅을 하고 있는 판매원인 거라고."

필이 밥에게 말한다. 자기 신앙을 비인격적인 방식으로 나눈다면 그건 판매에 나선 영업사원과 다를 바 없다고. 밥은 거물 잠재 고객의 자녀에 대해 묻지도 않고, 그의 꿈에 대해서 들어보지도 않으며, 동료 인간으로서 인간관계를 맺지도 않고 영혼의 문제를 치고 들어갔다. 슬프게도 이는 오늘날 이루어지고 있는 전도의 모습이다.

하나의 방법이나 프로그램으로서 전도를 행하라는 가르침을 받을 때, 어색한 여러 방식으로 예수를 전하게 된다. 그것은 마케팅 전략을 따라가는 것과 같다. 더 나은 방법은 없을까?

예수님은 우리에게 먼저 사람들을 사랑하라고 가르치셨다. 그리고 우리의 믿음을 전하는 일은 이웃사랑과 분리된 어떤 것이 아니라 이웃사랑의 일환이어야 한다. 예수님은 성육신하신, 즉 육체로 오신 하나님의 사랑이셨다. 상당한 사회적 지위의 부자 청년이 영생에 대한 답을 구하려 나왔을 때 예수님이 그와 어떤 식으로 대화하셨는지 살펴보자.[5] 예수님은 그 구도자를 닦아세우지 않는다. 그와의 대화에 돌입하신다. 질문을 던지시고 이야기를 하나 해주신다.눅 18:18-30. 그 모든 게 꽤 자연스럽게 보인다. 그 청년의 지력에 호소하시고 선에 대한 이해력과 법에 대한 지식에 호소하신다. 그 사람을 존중해주시고 개인적인 관심사를 갖고 대화를 나누신다. 대화를 나누는 과정에서 그 부자 청년은 완벽하게 전도의 찬스가 될 질문을 한다. "내가 무엇을 하여야 영생을 얻으리이까?" 대단한 질문이다. 예수님이 어떻게 대답하시는가? 즉답을 피하시고, 대신 다른 질문을 던지신다. 왜 그러시는가? 예수님은 복음을 전할 수 있는 완벽한 기회를 날려버리고 계신 걸까?

예수님은 한 가지 질문을 던지시는 것으로 그 청년에게 대답하시는데, 청년의 마음에서 참으로 그를 움직이는 내적인 동기와 욕망에 관심이 있으셨기 때문이다. 청년은 부자였지만 예수님은 그의 삶의 빈한함을 보셨다. 그래서 그 청년의 행복을 가로막고 있는 것이 진정 무엇인지 꺼내 보여주고 싶어 하셨다. 영생을 얻기 위해 청년에게 필요한 것은 단지 정답만이 아니었다. 청년은 그가 신뢰하는 그의 우상, 거짓 신들을 버릴 필요가 있었다. 그러나 그는 그 점을 보지 못한다. 자신의 진짜 상태에 대해 눈이 가려져 있다. 그래서 예수님이 이렇게 말씀하신 것이다. "네게 있는 것을 다 팔아 가난한 자들에게 나눠주라. 그리하면 하늘에서 네게 보화가 있으리라. 그리고 나를 따르라" 눅 18:22. 예수님은 왜 어떤 내용을 믿으라고 하지 않으시고, 구원을 위해 무슨 일인가를 행하라고 말씀하시는가? 이는 오직 은혜에 의한 구원, 오직 믿음을 통한 구원의 복음에 반대되는 게 아닌가?

아니다. 예수님은 그의 우상을 내놓으라고 요구하는 것이 바로 그의 마음을 달라는 것임을 알고 계신다. 예수님은 대화를 요리조리 이끌어 나가시되, 사랑으로 조절해 나가신다. 예수님은 그에게 훨씬 더 관심을 기울이신다. 그래서 프로젝트를 점검하듯이 하지 않으시고, 신중함과 지혜로 그에게 말씀하시는 것이다.

솔직해지자. 우리는 언제나 대화를 조절해 나간다. 거기에서 진짜 문제는 이것이다. 그렇게 하는 목적이 무엇인가? 예수님은 마음을 향해 대화를 해나가신다. 당신은 무엇을 위해 대화를 해나가고 있는가?

일터를 전도의 발판으로 삼지 말라

〈빅 카후나〉의 밥과 같은 그리스도인들은 일터를 전도의 발판으로 삼는다. 그러나 조심하지 않으면 복음을 위해 행하는 그 일을 무의미하게 만들고 만다. 그렇다면 우리는 어떻게 믿음과 일을 연결지어야 할까? 일터에서 하나님을 존경하고 높여드리는 방식으로 우리의 믿음을 전할 수 있을까?

예수님이 목수로서 만드신 가구를 손에 넣을 수 있다면 얼마나 좋을까? 아마 그 가구는 잘 만들어졌을 것이다. 그렇게 만드신 의자의 한쪽에 십자가가 새겨져 있다거나 익투스 물고기 문양이 새겨져 있지는 않을 것이다.[6] 히브리서 11장은 그리스도인들은 보지 못하는 것들에 확신을 갖고 있는 사람들(믿음을 가진 사람들)이며 그들이 이 확신에 근거해서 행동한다고 우리에게 전해준다. 믿음은, 믿음을 갖지 않은 사람들은 볼 수 없는 것들을 볼 수 있게 해준다. 그래서 당신은 다르게 살고 다르게 일한다.

예를 들어 노아를 보자. "믿음으로 노아는 아직 보이지 않는 일에 경고하심을 받아 경외함으로 방주를 준비하여 그 집을 구원하였으니" 히 11:7. 창세기를 보면 노아는 홍수가 닥칠 것을 알고 있다. 그것은 당시 사람들에게 "보이지 않는" 일이었다. 세상은 아주 악한 상태여서, 하나님은 대홍수를 통해 하나님의 창조 세계를 뒤집어엎을 것이라고 노아에게 약속하셨다. 비록 눈에 보이는 것은 그렇지 않았지만, 노아는 믿음을 발휘해서 하나님을 신뢰했다. 노아는 하나님의 말씀을 듣고 그 점에 대해 숙고한 다음 확신을 갖게 되었다. 그리고 그에 대한 반응으로 행동에 나섰다. 노아는 믿음을 가졌고 그래서 방주를 건설했다. 믿음이 없었다면 노아는 방주를 만들지 않았을 것이다.

한걸음 더 나아가보자. 만약 노아가 조잡한 방주를 만들었다면 어떤 일이 벌어졌을지 생각해 보자. 하나님의 경고에 대해 믿음으로 반응하기는 했지만, 대충 따르기로 결정했다면 어찌 되었을까? 그의 가족은 물에 빠져 익사했을 것이며 인류 전체의 미래도 그리 되었을 것이다. 노아의 믿음은 그로 하여금 선한 일을 하게 만들었고, 견고한 배를 건조하게 했다. 그래서 방주는 하나님의 구원의 은혜에 대한 증거로 우뚝 서게 되었다. 방주에는 범퍼 스티커도 없었고, 기둥에 물고기 상징도 하나 없었다. 노아의 삶과 그가 만든 작품이 하나님을 증거하는 일을 감당했다.

지금 우리에게는 일과 작품을 통해서 자기 신앙을 전파하려는 그리스도인들, 눈에 보이지 않는 하나님에 대한 신앙 때문에 하나님을 보이도록 만드는 사람들이 필요하다. 그 점을 예수님은 이렇게 표현하신다. "이같이 너희 빛을 사람 앞에 비치게 하여 그들로 너희 착한 행실을 보고 하늘에 계신 너희 아버지께 영광을 돌리게 하라"마 5:16. 예수님은 우리의 선행이 공개적으로 하나님께 영광을 돌리게 할 거라고 말씀하신다. 그 선행이 세계로 하여금 하나님께 주목하게 만들 거라는 말이다.

믿음으로 노아는 "방주를 만들었다." 그것은 어떤 옛날 배가 아니었다. 그것은 이전에는 없었던 형태의 배로, 문화적 혁신에 해당하는 일이었다. 그때까지 대부분의 배는 물고기를 낚기 위해 사용되었고, 길이도 10피트약 3미터-옮긴이를 넘지 않았으며, 짐승 가죽과 나무와 갈대로 만들어졌다. 이집트 시대가 되어서야 비로소 실제로 항해하는 배들이 만들어졌다. 그러므로 노아는 당시 문화에서 기대하는 바를 뛰어넘는 특별한 것을 만들었던 것이다. 노아의 방주는 직사각형 모양에 길이는 450피트약 137미터-옮긴이쯤 되었다. 지금으로 계산하자면 미식축구장의 1.5배가 넘는 크기였다! 안에 방이 여러 개 있고, 역청으로 방수 처리되었으며, 단단한 나무로 만들어진 이 배에 새 창조를 채우게 될 피조물들이 실렸다. 노아는 그의 시대를 앞서갔다. 그의 믿음은 하나님 계획의 영광을 위해 문화적 혁신을 일으켰다. 우리의 믿음도 그래야 마땅하다.

혹자는 하나님이 그런 특별한 약속을 노아에게만 하셨지 우리에게 하신 게 아니라고 지적하면서 이 모두에 반대할 수도 있을 것이다. 그 점에 대해서 생각해 보자. 하나님은 나무 십자가로 우리를 구출하여 우리에 대한 심판을 감당하시고 우리를 새 창조 세계에서 새로운 인류가 되게 하시겠다고 당신과 내게 약속하지 않으셨는가? 히브리서 11장은 노아의 믿음을 예수 그리스도를 믿는 우리의 믿음과 연결시키고 있다. "이 사람들은 다 믿음을 따라 죽었으며 약속을 받지 못하였으되 그것들을 멀리서 보고 환영하며 또 땅에서는 외국인과 나그네임을 증언하였으니 (……) 그들이 이제는 더 나은 본향을 사모하니 곧 하늘에 있는 것이라. 이러므로 하나님이 그들의 하나님이라 일컬음 받으심을 부끄러워하지 아니하시고 그들을 위하여 한 성을 예비하셨느니라"히 11:13, 16. 하나님에 대한 노아의 믿음은 심대해서 그의 일과 작업에 영향을 끼쳤다.

알다시피 노아의 시대에 인류는 반역에 빠졌다. 노아는 새로운 인류를 보지도 겪지도 못했다. 노아는 하나님이 약속하신 더 나은 나라, 새 창조 세계를 발견하지도 못했다. 그러나 우리는 그 세계를 약간 맛보았다. 만일 당신이 그리스도 안에 있다면, 옛 사람은 가고 성령의 선물을 통해 새 사람이 임했다. 예수님은 더 나은 노아이시다. 그는 하나님의 심판의 진노를 이기고 살아나 새 인류를 부활시키시고 새로운 도성, 하나님의 도시로 맞이해 주신다. 당신은 그리스도를 믿는 신앙을 가졌는가? 그렇다면 탁월하고 혁신적으로 일해야 하는 이유를 노아보다 더 많이 가진 것이다. 당신은 문화적 업적이 넘치는 장차 올 도성의 시민이다. 당신은 당신의 믿음이 발휘되도록 일하는가? 당신의 믿음이 하나님을 공경하고 다른 이들을 축복하는 작품들을 만들어내고 있는가?

도로시 세이어즈 Dorothy Sayers는 작품(일)을 "다른 이들을 섬기는 창의적 에너지를 은혜롭게 표현하는 것"이라고 묘사한다.[7] 그리스도인의 작업과 작품은 탁월하고 혁신적이어야 한다. 우리는 우리의 일을 통해 늘 개선을 추구해야 하고 다른 이들을 축복하고 섬겨야 한다. 그 첫걸음은 사무실에 꽃을 갖다놓아 일하는 분위기를 환하게 만든다든지, 시간을 충실하게 지키는 일처럼 단순할 수 있다. 그러나 여기에 제대로 된 일과 그 결과를 덧붙여야 한다. 《팀 켈러의 일과 영성》에서 팀 켈러 Tim Keller 목사는 비상 착륙을 한 신실하고 실력 있는 어느 비행기 조종사 이야기를 한다.[8] 당신이 비행기에 타고 있다면, 그 조종사가 그리스도인이라는 점과 실력 있는 조종사라는 점 가운데서 어떤 점이 더 중요하겠는가? 거기엔 선택의 여지가 없다.

그리스도인들은 예수님을 헌신적으로 믿기 때문에, 탁월한 조종사여야만 한다. 우리는 믿음으로 일을 해야 하며, 우리의 일은 동료와 고객들로 하여금 하늘에 계신 우리 아버지께 영광을 돌리게끔 만들어야 한다. 우리가 행하는 일은 영적으로 평범한 것들을 나누는 플랫폼이 아니라 사랑으로 역사하는 우리 믿음에 대한 증명이다. 우리가 일을 어떻게 하는지는 우리가 무엇을 보고 있는 사람인지를 사람들에게 말해준다.

만약 예수님을 크게 높이고 싶다면, 우리는 우리가 말하는 내용뿐 아니라 우리가 행하는 일에 주목하게끔 만들 것이다. 전도의 이름으로 자신의 직업을 비하하는 그리스도인들은 그리스도를 그릇되게 표현하는 것이다. 그런 사람들은 예수님의 메시지를 왜곡하고 있다. 이를 고칠 수 있는 최상의 방법은, 모든 피조물에 대한 구속을 말하는 스토리를 전하는 것이다.

단번에 복음을 제시하지 말라

우리의 일이 증거다. 우리가 무엇을 행하고 그 일을 어떻게 행하느냐 하는 것이 우리에 대해 무엇인가를 말해준다. 즉 우리가 무엇을 믿고 있으며 무엇을 가치 있게 여기는지를 전해준다. 그러나 우리의 일과 작업은 무엇인가를 말해주지만 전부를 말해주지는 않는다. 성경은 믿음이 들음으로, 즉 그리스도의 말씀을 들음으로써 임한다는 점을 분명히 한다. "그리스도의 말씀"은 무엇인가? 과연 우리가 이 말씀을 전하고 있는지 여부는 어떻게 아는가? 누군가를 진실로 전도하기 위해 우리가 알게 해야 할 핵심 교리가 있는가?

한 율법 교사가 예수님께 다가와 질문 하나를 했다. 그 질문은 부자 청년이 예수님께 했던 질문과 유사했다. "선생님, 내가 무엇을 하여야 영생을 얻으리이까?" 예수님은 이 '두 번째 기회'를 확 낚아채신다. 확실히 예수님은 이 기회를 놓치지 않는다. 예수님이 그 사람을 '로마의 길'로 데리고 가서 '사영리'를 가르쳐 주시고, '인생을 살아가는 두 가지 길'을 시전하시고, 그다음에 기도를 불러주는 대로 따라하라고 시킴으로써 한 건 하시리라 기대할 수 있을 것이다.[9] 그런데 예수님은 이렇게 하지 않으셨다. 아주 충격적인 사실은, 예수님은 **그 질문에 대답조차 하지 않으셨다는 것이다.**

다만 예수님은 그 율법 교사에게 몇 가지 질문을 던지는 것으로 응대하셨다. 왜 그러셨을까? 왜 예수님은 명확하고 분명하게 모든 걸 가르치고, 설명하고, 확인할 수 있는 엄청난 기회를 무시하시는 것일까? 그것은 대답해 주는 것으로는 충분하지 않다는 점을 아시기 때문이다. 예수님은 그 율법 교사의 마음속을 다른 '신'이 지배하고 있음을 알고 계시기 때문이다. 그 신이 다른 것으로 대체되기 전에 먼저 그 신이 제거되어야 한다. 그래서 예수님은 질문을 던지신다. 그 율법 교사가 어디에서 자신의 참 가치를 발견하게 되는지 드러내주기 위해서 질문을 던지시는 것이다. "율법에 무엇이라 기록되었으며 네가 어떻게 읽느냐" 눅 10:26.

예수님은 그의 율법 지식을 무시하시는 게 아니라 그 반대로 그 지식을 알고 싶어 하신다. 예수님은 그보다 더 많이 알고 계셔서 아마도 그 주제에 대해 50분 이상 강의를 해주실 수 있을 것이다. 하지만 그렇게 하는 대신, 예수님은 율법 교사를 존중해 주시고 그가 현재 처한 입장에서부터 그를 만나주신다. 예수님은 율법 교사에게 가장 중요한 것, 즉 율법을 끄집어냄으로써 핵심을 향해 들어가신다.

질문과 반론에 대해 논의할 때와 장소가 있는 법이다. 인격적이 된다는 것은, 성경에 대한 회의론자의 반론들을 회피하는 것이 아니다. 믿음에 대한 지적인 대화를 회피하고 가족과 대중문화에 대해 대화를 나눈다는 뜻도 아니다. 인격적이 된다는 것은 한 사람에게 중요한 것이 무엇인지 배우고, 그게 어떻게 중요한지 이해하고, 깊이 뿌리박혀 있는 신념과 욕망들을 부드럽게 표출하도록 하는 것이다.

율법 교사의 대답을 들은 뒤 예수님은 그의 대답에 긍정적으로 말씀하신다. "네 대답이 옳도다. 이를 행하라 그러면 살리라" 눅 10:28. 이 대답에서도 우리가 배울 것이 있다. 긍정해 주는 말에는 커다란 힘이 있다. 이런 말이 오늘날에는 참 드물다. 누구나 긍정적인 말을 원하지만, 긍정적으로 인정해 주는 말을 해주는 사람은 극소수다. 시간을 내서 사람들을 격려하고, 그들과 인생에 대해 얘기하면서 선하고 참된 것이 있을 때 그 점들을 긍정해 주어야 한다. 사람들의 선한 욕망과 사려 깊은 회의, 신실한 반론, 또 진실한 대답을 긍정적으로 받아주어야 한다.

우리 시티그룹City-Group 모임에서 아직 그리스도인이 아닌 사람들이 발언을 할 때, 그들은 종종 성경과 삶에 대해 훌륭한 통찰을 제시한다. 어느 날 저녁 이혼한 지 얼마 안 된 한 여성이 자신이 전남편의 꽉 막힌 태도와 비열한 태도를 어떻게 감당하고 나왔는지를 풀어놓고 있었다. 그녀가 말했다.

"나는 사람들을 신뢰할 수 없고 오직 하나님을 신뢰해야 한다는 것을 배우고 있습니다. 사람들이 아니라 하나님을 믿는 신앙 때문에 우리는 그런 고통을 잘 견딜 수 있습니다."

나는 즉시 긍정해 주는 말을 했다.

"안드레아, 그건 아주 중요한 진리예요. 우리 모두가 경청해야 할 진리입니다. 당신이 지금 힘겹게 그 교훈을 배우고 있다는 걸 알아요. 계속 그런 교훈을 받아들이시기 바랍니다."

예수님이 율법 교사의 말을 긍정적으로 인정해 준 것으로 그 대화가 끝이 난 게 아니다. 율법 교사는 자기가 옳음을 증명하고 싶어서 예수님께 다른 질문을 했다. "그러면 내 이웃이 누구니이까?" 예수님이 대답하신다. 그러나 딱딱한 말이나 성경 구절 인용이 아니라 스토리로 대답해 주신다. 이것은 천재적인 것이다. 스토리는 다른 관점들도 바라볼 수 있게끔 우리 눈을 열어준다. 우리 두뇌에서 창의적인 면인 상상력을 자극하기 때문이다. 이 때문에 루이스C. S. Lewis가 《순전한 기독교》와 《고통의 문제》 같은 책은 물론 공상과학소설과 판타지소설 《나니아 연대기》를 썼던 것이다.[10] 논증에 더 많은 가치를 부여하는 서구인으로서 루이스는 스토리를 쓰다가 성숙해져서 변증서들을 쓰게 되었다고 예상하겠지만, 정확히 그 반대였다. 루이스는 이런 말을 한 적이 있다. "신화를 이해하려면 더 많은 상상력이 필요하고, 신화는 우리에게 더 많은 실재를 전달해 주는 더 큰 힘을 갖고 있습니다."[11]

그래서 예수님은 율법 교사의 질문에 지혜롭게 답하기 위해 스토리를 하나 사용하신다. 바로 선한 사마리아인에 관한 스토리다.

사마리아인은 경멸당하던 존재였지만, 존경받는 유대인 제사장과 귀하게 여겨지는 레위인들보다 강도 만난 자에게 더 긍휼을 베풀었다. 예수님은 율법 교사에게 이렇게 질문함으로써 이야기를 끝맺으신다. "네 생각에는 이 세 사람 중에 누가 강도 만난 자의 이웃이 되겠느냐?"

단 하나의 대답밖에 없었다. 분명히 사마리아인이 그 이웃이었다. 율법 교사는 자비심에서 비롯된 행동이 한 사람의 신분이나 신념보다 훨씬 더 큰 사랑의 증거라는 피할 수 없는 진리를 인정하지 않을 수 없었다. 그러자 예수님은 이렇게 도전하신다. "가서 너도 이와 같이 하라" 눅 10:37.

이 스토리를 통해서 예수님은 율법 교사의 마음속 깊이 자리 잡고 있는 우상, 즉 그의 율법 지식을 끄집어내신다. 그의 지적인 자기 의가 특히 사회적·인종적으로 혐오받는 사람들을 향해서 연민을 느끼지 못하게 한다는 사실을 보여주신다. 예수님은 직접 그렇게 말하실 수 있었다. 회개하고 하나님을 신뢰하라고 하실 수도 있었다. 하지만 무엇을 믿으라고 말하지 않으시고 해야 할 일이 무엇인지를 말씀하셨다. 그리고 스토리를 사용해서 그 사람이 잘 보려고 하지 않았던 것, 즉 한 사람의 구주가 그 자신에게도 필요함을 볼 수 있게 도와주셨다.

나는 스토리텔링을 잘하는 사람이 아니다. 이야기를 하려면 엄청나게 노력해야 한다. 그러나 나는 이야기해 줄 스토리들을 갖고 있다. 하나님이 어떻게 나를 공급해 주셨는지, 힘든 시기에 하나님의 약속들이 어떻게 나를 일으켜 세웠는지, 하나님의 백성이 얼마나 격려의 큰 원천인지, 내가 시편을 읽거나 나의 교인들과 함께 찬양할 때 그 노래가 얼마나 큰 감동을 주었는지 이야기해 줄 수 있다. 셀 수 없이 여러 차례, 나는 하나님이 예상치 못한 자비를 통해서 우리 가족의 필요를 채워주셨음을 나누었다. 내가 단지 내 딸의 눈이 고쳐지기를 바라며 기도하기를 중단하고 내 딸이 치유되어 하나님께 영광을 돌리게 해달라고 기도했을 때 내 딸의 눈이 나았음을 여러 차례 나누었다. 그런 일이 일어났을 때, 나는 이웃에 살고 있는 이웃에게 그 이야기를 해줄 수 있었고, 은연중에 하나님의 치유의 권능과 은혜를 전할 수 있었다. 이러한 스토리들 속에서 우리는 인격적이 되며, 복음은 신성한 은혜가 된다. 우리 모두는 스토리를 사랑한다. 우리는 스토리들 속에서 그리스도를 바라보는 작업을 하고, 다른 이들을 돕고 그들에게 복을 주기 위해 스토리들을 다시 이야기해 주는 수고를 할 필요가 있다.

사람들의 마음을 얻기 위해서, 솔직하고 진실하며 믿을 수 있는 전도를 하기 위해서, 우리는 예수님께 배울 수 있는 게 많다.

믿을 만한 전도를 위한 5가지 실천

1. 질문을 던져라. 그렇지만 대답을 해주기 위해 질문을 던지는 것은 아니다.
2. 생각이 아니라 마음에 초점을 맞춰라.
3. 사랑과 지혜로, 마음속 깊이 지닌 신념과 욕망을 드러낼 수 있도록 대화를 이끌어가라.
4. 회의론자들과 구도자들의 통찰을 가치 있고 긍정적인 것으로 여

기고 칭찬해 주어라.
5. 마음으로부터 나오는 스토리들을 마음을 향해 전해라.

이 책의 나머지 부분에서는 이 5가지 실천이 계속 중요하게 등장할 것이다. 이 가운데 당신이 노력해야 할 것은 무엇인가? 지금 바로 하나를 짚을 수 있다면, 믿을 만한 전도를 행하도록 성장해 나갈 수 있을 것이다.

분명 복음을 전하는 것은 중요하다. 그러나 복음을 얼마나 나누어야 할까? 예수님도 전도자들에게 기대되는 일의 절반도 다루지 않으셨다. 나는 두 가지를 명심해야 한다고 본다. 첫째, 좋은 전도란 전해야 할 내용 전부를 전하지 못한다면 아예 하지 않는 그런 방식이 아니다. 예수님이 우리 대신 십자가에서 죽으셨으며, 우리 죄의 결과를 당신이 감당하시고, 다시 부활하사 새 생명을 얻으셔서 죄와 죽음과 악을 정복하셨으며, 우리에게 회개와 주님에 대한 믿음을 통해 용서를 제공해 주시며, 새로운 세상을 약속하신다는 진리를 명확하게 진술하는 법은 분명 배워야 한다. 하지만 이것은 부분적으로 전달될 수도 있다. 예수님의 사역에서 볼 수 있듯이, 전도의 목표는 단번에 복음을 제시하는 것이 아니다! 전도의 목표는 마음에 이르는 것이다. 그리고 그 일은 누군가를 처음 만났을 때 일어날 가능성이 거의 없다.

예수님은 질문을 하시고, 스토리를 전해주신다. 그렇게 사람들 내면의 소원과 욕망에 도달하는 데 대가셨다. 예수님은 정답을 주는 것으로 충분하지 않다는 사실을 알고 계셨다. 동시에 예수님은 진리를 피하지 않으셨다. 예수님은 자비와 율법, 하나님과 이웃을 사랑하는 일에 대해 말씀하셨다. 예수님의 대화는 신학적이었지만 공식을 외워 전달하는 식이 아니었다. 예수님은 율법 교사의 반론을 기꺼이 들으셨다. 너무나도 자주 그리스도인들은 자신의 견해를 이해시키기를 고집한다. 상대방과 진짜 의사소통을 하는 대신, 복음 제시를 하려고 열심히 노력한다. 그리고 일단 메시지가 전달되면, 하나님을 신뢰하는 대신 눈에 보이는 응답을 갖고 자신이 행한 전도의 효율성을 판단한다. 하나님은 언제나 일하고 계시다. 그리고 우리는 삶의 가장 깊고 가장 의미 있는 진리에 관해 사람들과 대화함으로써 하나님이 하시는 일에 가담하는 것이다. 그러나 만일 아무 일도 일어나지 않는다면 우리는 손을 깨끗이 털고 지나간다. "전도했음. 체크!"

이것은 전도가 아니다! 그런 전도는 믿을 만한 것이 아니다. 사람들은 짧은 길이로 딱 듣기 좋게 만든 내용보다 더 믿을 만한 것을 필요로 한다. 전도 대상으로 대해지기보다 더 의미 있게 대해지기를 원한다. 이 내용을 전했고, 저 내용을 전했다, 하면서 체크하는 체크 리스트에서 눈을 떼고 우리 앞에 마주 앉은 사람에게로 향할 필요가 있다. 미리 정해진 전도 내용을 전하지 못할까 봐 염려하지 마라. 전도 훈련을 받으면서 들었던 모든 사항을 다 전하지 못했어도 염려하지 마라. 하나님은 우리에게 그런 것을 바라지 않으신다. 비그리스도인들과 대화를 나누면서 '복음'을 전하지 못할 수도 있다. 하지만 하나님은 그것 때문에 당신을 낮춰보지 않으신다. 누가복음 10:25-37에 대해 코멘트하면서, 제람 바즈Jerram Barrs는 이렇게 묻는다. "우리는 그 사람에게 어떻게 하면 영생을 얻을 수 있는지 전해주지 않고서 그를 그냥 보낼 수 있을 만큼 주님을 신뢰하는가?"[12]

당신은 지금 무엇을 신뢰하고 있는가? 하나님인가? 단 한 차례의 요점 정리 복음 제시인가? 당신의 전도를 믿지 말고 하나님을 믿으라. 당신이 비그리스도인과 대화할 때 하나님은 당신의 지식 부족까지도 대화의 출발점으로 삼으실 수 있다. 비그리스도인들을 초대하라. 초대해서 의문점에 대해 더 탐구하자고 이야기하라. 그들의 의심을 주의 깊게 듣고 당신의 믿음을 심화시켜라. 당신은 함께 배워나갈 수 있을 것이다.

어느 정도로 복음을 전해야 하는가와 관련해서 두 번째로 명심해야 할 것은, **좋은 전도는 시간이 걸린다는 점이다.** 우리가 한 사람에 대해서 또 그의 희망과 걱정에 대해서 알고, 대화 중에 믿음에 대해 이야기하고, 다른 때 만나서는 죄에 대해 대화를 나누고, 그 후 세 차례의 만남에서 그리스도에 대해 이야기한다면, 시간이 걸릴 것이다. 마음에 도달하는 것은 과정이지 한 번 일어나는 이벤트가 아니다. 우리에게는 마이클 프로스트Michael Frost가 《느린 전도》 2장에서 말했던 것이 필요하다.[13]

많은 그리스도인들이 단 한 번의 대화에서 복음 전체를 다 전해야 한다고 느낀다. 이렇게 된 이유는 친구들이 전부 그리스도인들이기 때문에 낯선 사람에게 '전도할' 위치에 겨우 한 번이나 처할까 말까 하기 때문이다. (……) 복음의 넓이와 아름다움은 단 한 번의 성급한 전도가 아니라 천천히 드러나는 것이다.

한 번의 대화에서 복음 전체를 다 설명할 필요가 없다. 맞다, 압박감이 대단하다! 휴 홀터Hugh Halter 목사는 전도할 사람을 1년간 알고 사랑하고 섬긴 **다음에야** 복음을 전하라고 권한다.[14] 모든 상황에 해당되진 않을 테지만, 요즘의 문화적 상황과 전도에 대해 사람들이 갖고 있는 고정관념과 의구심을 생각해 보면 이해가 된다. 풍성한 관계를 형성하라. 삶을 나누고, 이웃들과 식사를 하고, 영화를 보러 가고, 가정에 초대해서 함께 어울리고, 동료와 좋은 시간을 보내고, 이웃을 **사랑하라**. 예수님이 그렇게 하셨다.

일상적인 대화로 시작하라. 질문을 하라. 상대방에 대해 알아가라. 시간이 흘러가면 그 사람은 삶의 진짜 문제들을 얘기해 달라고 할 수 있고, 그때 믿을 가치가 있는 복음을 나눌 수 있을 것이다. 혹은 그들이 삶에서 섬기는 우상을 들여다보고, 그 영역에 더 분명하게 복음을 적용할 수 있는 기회를 얻고, 더 확실하게 그리스도에게 인도할 수 있을 수 있다. 그때까지 시간을 갖고 먼저 다른 사람들을 사랑하고 그들과 즐거움을 나누는 법을 배울 필요가 있다.

우리도 역시 복음을 필요로 한다. 우리가 믿는 내용에 대해 생각해 보고, 복음이 우리 자신의 생활과 생각과 꿈과 욕망에 들어와 작용하도록 할 필요가 있다. 그렇게 할 때 우리의 믿음이 우리가 일을 하고 사람들을 사랑할 때 자연스럽게 흘러나오게 될 것이다. 우리가 속도를 늦출 때, 복음은 우리가 반복하는 메시지 그 이상이 된다. 복음은 우리 마음을 풍족하게 만들어주는 확신이 된다. 복음은 우리를 구원할 뿐 아니라 변화시킨다.

복음이 어느 부분에서 당신을 변화시키고 있는가? 어느 부분에서 당신에게 도전하고 있는가? 어느 부분에서 당신의 가슴을 탁 치는가? 어느 부분에서 당신을 격려하는가? 당신이 다른 사람들과 복음을 나누기 시작했다면, 그건 어떤 모습에 해당하는가? 당신이 할 수 있는 최선 가운데 하나는 복음에 대한 당신 자신의 필요를 다른 사람들과 진정성 있게 나누는 것이다. 나는 이를 자신에게 대입해서 복음을 당당히 나누는 것으로 본다.

우리가 매주 진저맨 펍Gingerman pub에서 갖는 밤들 가운데 하루였다. 데이브와 나는 꽤 철학적인 대화를 막 끝마친 다음이었다. 비가 내리기 시작해서 우리는 안으로 자리를 옮겼다. 자리를 잡고 앉자 데이브가 나를 쳐다보며 물었다.

"존, 너는 의심해 본 적이 없어?"

내가 대답했다.

"글쎄. 데이브, 네가 의심이라는 말을 어떤 의미로 썼는지에 따라 달라지지. 나는 그리스도에 대한 기본적인 주장들에 대해선 의심하지 않지만 불신앙 때문에 꽤 갈등하거든."

데이브는 궁금한 얼굴로 나를 힐끗 봤다. 예를 들어서, 오늘 트위터에 꽤 통찰력 있다고 생각되는 글을 올렸는데, 1시간 뒤에 보니 아무도 리트윗을 하지 않은 것이다. 나중에 다시 봤지만 그때도 아무 코멘트가 없었다. 그 뒤로 또 확인해 봤지만 역시 아무것도 없었다. 나는 침울해졌다. 이유가 뭐지? 나는 트위터 공간의 승인이 그리스도 안에서의 하나님의 승인보다 더 가치 있다고 믿었던 것이다. 나는 트위터보다 예수님이 더 좋다는 점을 믿지 않았다.

우리가 우리 자신에게 복음이 필요하다는 점을 드러낼수록, 복음은 더 분명해질 것이다. 그러나 우리가 예수님이 더 좋다는 걸 믿기 위해 싸우지 않는다면, 진정으로 그리스도인이 되기란 어려워질 것이다.

속도를 늦추고, 사람들이 진짜 믿고 있는 바에 대해 찬찬히 귀를 귀울여라. 표현되는 말의 배후에 깔려 있는 욕망이 무엇인지 잘 들어보라. 그리고 적절한 시점에서 이런 질문들을 던져보라. "어떤 느낌이죠? 진짜 원하시는 게 무엇입니까? 바꿀 수 있다면, 당신은 정확히 어떤 상황으로 바꾸고 싶나요?"

두려움, 기쁨, 불안, 희망, 낙심, 걱정, 분노를 암시하는 단어들을 찾아보라. 그런 다음 그리스도께서 그 필요를 어떻게 채우시는지 생각해 보라. 그렇게 해보면, 복음이 그 사람이 믿을 가치가 있다고 생각하게 될 무엇인가를 말하고 있음을 발견하게 될 것이다. 3부에서 이러한 사례를 풍부하게 나눌 것이다. 일단 복음은 우리가 끌어다 쓸 수 있는 풍부한 저수지다. 그리고 복음은 모든 문화와 세대에 걸쳐서 인간의 다양한 욕망에 대해 말한다.

오늘날 많은 이들은 예수님이 우리 죄를 위해 십자가에서 죽으셨다는 말을 듣는 것에 전혀 관심이 없다. 그것은 마음에 연결되지 않는 추상적인 개념이다. 복음이 어떻게 마음과 연결되는지를 그들에게 보여주는 것이 우리가 할 일이다. 사람들의 가장 깊은 욕망과 꿈, 희망, 그리고 두려움에 대해 말할 때 우리는 복음을 믿을 만한 것으로 만드는 것이다. 우리는 사람들에게 명제 이상의 것을 보여주어야 하며, 예수님이라는 인물과 그가 이룩하신 변화를 보여줄 수 있어야 한다. 우리가 사람들과 대화하면서 이 정도로 깊게 들어가면 전도가 비인격적이 될 수가 없다. 그러나 만일 전도가 그저 하나의 프로젝트이거나 프로그램의 일환일 때는, 복음을 진정으로 믿게 되는 자리인 사람들의 마음 중심에 닿을 수 있을 만큼 충분히 그들과 가까워지지 않게 될 것이다.

프랜시스 쉐퍼Francis Schaeffer는 만일 비그리스도인과 1시간 동안 지낸다면 무슨 일을 할지 묻자, 55분 동안 그 사람의 말을 경청하겠다고 대답했다. 그런 다음 남은 5분 동안 할 말을 하겠다고 했다.[15] 하지만 당신이 그 5분 동안 복음의 명제를 전하지 못한다 해도 괜찮다. 당신은 당신의 삶 가운데서 일하시는 하나님의 역사를 이야기해 주고, 그 사람들의 갈등에 동조해 주며, 그 점을 놓고 같이 기도하자고 할 수 있다. 페이스를 조절하라. 복음은 우리가 말하는 메시지에 그치지 않는다. 복음은 우리가 해야 할 일들의 목록을 체크하는 것이 아니다. 그것은 창의적인 말이다. 마침내 그 말이 좋은 땅에서 싹을 틔우기까지, 기도와 은혜와 사랑으로 상당한 시간에 걸쳐서 많은 사람에 의해 씨가 뿌려지고 물이 뿌려져야 하는 씨앗이다. 후하게 뿌리고, 인내하고, 결과에 대해서는 하나님을 신뢰하라.

핵심질문

1. 당신은 대화에 깊이 들어가는 데 어려움이 있는가? 이유가 무엇이라고 생각하는가?

2. 소셜 미디어에서 당신이 말하는 것과 일상 언어 사이에 단절이 있는가?

3. 영화 〈빅 카후나〉는 빗나간 전도를 어떻게 보여주는가? 또 잘된 전도를 어떻게 보여주는가?

4. 만일 노아가 작은 방주를 만들었다면 인류는 어떻게 되었을까?

5. 일에 대한 당신의 접근법은 어떤 면에서 바뀌어야 할까?

6. 하나님은 어떤 영역에서 당신을 변화시키고 계신가? 당신은 다른 사람들과의 대화에서 어떻게 자신에게 대입하여 복음을 제시할 수 있겠는가?

3장
설교조로 잘난 체한다고 오해받기 싫다

　사람들이 자신의 믿음을 나누기 힘들어하는 또 다른 이유는 '설교조'로 말하는 것처럼 비치기 싫어서다. 설교조라는 것이 무슨 뜻인가? 영화 〈오피스The Office〉에 나오는 성마르고 잘난 체하는 안젤라를 생각해 보라. 안젤라는 모든 직원을 즉시 판단하면서 기회 있을 때마다 자기가 옳고 다른 사람들은 다 틀렸음을 보여주고 싶어 한다. 그녀는 동료 팸이 '떡과 물고기'가 더 필요하다고 하자 팸을 닦아세운다. 이 말은 직장 파티에 음식이 더 필요하다는 뜻이었다. 그러나 안젤라는 냉소로 받아친다. "예수님은 음식 배달부가 아니거든." 명확히 알려줘서 고마워요, 안젤라. 영적으로 우위에 있음을 암시하며 자기 의를 드러내는 태도에는 깊은 위선이 깔려 있다. 안젤라는 드와이트와도 잠을 자고 그를 속이고 다른 직장 동료인 앤디와도 잠을 잔다. 자칭 크리스천이면서 그런 일을 행한다. 안젤라는 예수님의 제자라면 해서는 안 될 모습, 즉 설교조에 위선적인 모습을 보여준다. 그렇지만 슬프게도 안젤라만 특이한 게 아니다. 우리는 모두 번지르르한 위선자 크리스천들을 만난 경험이 있어서, 그런 크리스천들에 대한 이야기 한두 가지쯤은 모두 할 수 있을 것이다.

영화 〈세이브드!〉에서 맨디 무어가 분한 힐러리라는 인물은 설교조의 자기 의에 빠져 있는 증인의 또 다른 층을 보여준다. 힐러리는 거룩을 뽐내는 친구들을 모아 '크리스천 쥬얼'이라는 클럽을 만든다. 이 클럽은 그리스도인이 아닌 사람이나 힐러리의 도덕 기준에 못 미치는 사람은 누구든 판단하고 배제한다. 다른 사람들을 회심시키려는 힐러리의 반복적인 시도는 계속 실패한다. 그녀는 심지어 방황하는 (아무도 모르게 임신 상태에 있는) 크리스천 친구, 혼전 성관계 때문에 죄의식과 싸우고 있는 메리에게서 귀신을 내쫓으려 한다. 자신의 구마 의식이 먹히지 않자 당황한 힐러리는 메리에게 고함을 치고 성경을 집어던지면서 소리를 지른다. "나는 그리스도의 사랑으로 충만하다!" 이런 자기 의가 드러날 때까지, 힐러리는 자신이 그리스도의 사랑을 깊이 필요로 하고 있음을 느끼지 못한다.

이것이 기독교에 대한 대중의 인상이다. 사람들로부터 동떨어져 있고, 자기 의에 빠져 있으며, 위선적이다. 거룩으로 위장한 자기 의야말로 사람들로 하여금 사랑이 풍성하며 은혜가 충만한 복음을 듣게 하는 데 가장 큰 장애물이다. 예수님의 거룩하심은 죄인들과 구도자들을 내쫓는 대신, 회의론자들과 창녀들과 사회적으로 배척받는 사람들을 가까이 했다.[1] 예수님의 거룩하심은 그런 사람들을 내쫓지 않았다.

'설교조의 크리스천'은 많은 이들에게 낯익고 매우 혐오스러운 스테레오타입이기 때문에, 우리는 종종 잘난 체하고 자기 의에 빠진 사람으로 오인받을까봐 영적인 이야기를 끄집어내는 데 주저한다. 노스텍사스 대학교University of North Texas에 다니던 시절, '자유발언대' 옆을 지나가다 어느 근본주의자가 예수님을 언급하며 증오와 심판의 말을 토해내는 것을 들은 기억이 난다. 그는 박스를 놓고 그 위에 올라 사람들을 내려다보면서 지옥과 불과 정죄를 외쳤다. 나는 대학교 캠퍼스에서 내 비그리스도인 친구들에게 기독교에 대한 이런 식의 인상을 지워보려고 최선을 다했다. 고대철학 수업 후에 우리는 프라이 스트리트Fry Street에 있는 바에 가서 음료수를 시켜놓고 인생과 신앙에 대해 논했다. 친구들은 설교조의 잘난 체에는 결코 마음을 열지 않았다. 그들은 자신의 생각과 의견을 나눌 수 있는 대화에만 열려 있었다. 그리고 우리가 함께한 시간이 그리스도인들에 대한 선입견과 편견을 많이 바꿔주었다고 인정했다.

거리에서 외치며 전도하는 사람들만 자기 의에 빠진 사람이 아니다. 우리 모두는 약간씩의 자기 의를 갖고 있다. 솔직히 말해서, 우리의 시간을 낭비할 가치가 없다고 여겨지는 사람들이 있다. 아마 그 사람들은 구원과 거리가 먼 사람들일 것이다. 자기 의는 그저 고개를 돌리게 만드는 것이 아니라, 복음의 반대다. 자기 의는 예수님의 완전한 삶, 모든 것보다 더 나은 삶에 대한 믿음을 통해서가 아니라, 자신의 경건한 삶을 통해서 구원을 이룰 수 있다는 식으로 말한다. 설교조의 자기 의는 "만일 우리가 도덕적으로나 영적으로 훌륭하게 해낸다면 하나님이 우리를 받아주실 것이다"라고 말한다. 그러나 복음은 "예수께서 당신을 대신해 완벽히 행하셨기 때문에 하나님은 당신을 받아주신다"라고 말한다. 이 둘 사이엔 커다란 차이가 있다! 복음은 실적에서 우리를 해방시켜 그리스도의 품에 안기게 해준다. 자신이 이루어낸 실적은 죽음의 선고다. 그러나 우리를 대신한 그리스도의 순종은 영원한 생명이다. 차이는 바로 은혜에 있다. 사람들은 은혜에 대해 들을 필요가 있다. 담대하고 사실이라기엔 너무나도 좋은 것같이 보이지만, 진짜 좋은 은혜다.

참된 은혜는 하나님으로부터 우리에게로, 아래로 향한다. 하나님은 스스로 높아지는 교만한 자를 대적하신다. 그러나 겸손한 자에게는 은혜를 내려주신다. 은혜는 하나님이 우리에게 내리 역사해 주셔서 우리가 하나님을 향해 위로 올라가려는 수고를 할 필요가 없게 한다. 그래서 하나님이 예수 안에서 우리에게 내려오신다. 우리가 복음 앞에 우리의 영성, 도덕, 신학, 정치 혹은 다른 무엇을 둘 때, 그것은 예수께 나아가는 길을 막는 거침돌이 된다. 사람들은 우리가 막아놓은 돌에 걸려 넘어지고, 우리가 막아놓은 '주님보다 더 좋은 것'을 복음 진리로 오인하게 될 것이다. 그 돌을 치워버리고 은혜를 앞에 두어야 하고, 우리의 설교조의 자기 의나 영적인 실적을 치워 버려야 한다. 우리가 다른 사람들과의 관계에서 두어야 할 유일한 것은 예수님이다. 이것이 더 믿을 만한 복음을 증거하는 것이다. 설교조의 증거는 믿을 수 없는 복음을 증거할 뿐이다.

전도는 개종 작업이 아니다

그리스도에게로 이르는 길을 깨끗이 청소하기 위해 우리는 이런 거침돌을 어떻게 치워야 할까? 첫 번째 단계는 언제나 용어를 명료하게 하는 것이다. 우선 개종과 전도를 구별해야 한다.[2] 설교조의 증거는 개종시키려는 노력의 한 형태다. 그것은 전도에 대한 성경적 정의와 상당히 다르다. 성경이 말하는 전도는 하나님의 좋은 소식을 선포하는 것이다. 최근 프란시스코 교황이 가톨릭 신자들에게 보다 많이 전도할 것을 공개적으로 요청하면서도 개종시키려는 시도를 정죄하는 논평을 내놓은 일은 많은 신자들을 어리둥절하게 만들었다. 그러나 프란시스 교황은 모순되는 말을 한 것이 아니라 개종시키려는 시도와 전도를 구별한 것이다. 교황은 개종시키려는 시도가 벽을 세우지만 전도는 다리를 건설한다고 했다.[3] 왜 그럴까? 누군가를 개종시키려는 사람은 사람들을 불러모으려 하고, 합리적인 논증이나 사회적 네트워크를 믿는다. 그 사람은 '내가 직장 동료들의 믿음이 틀렸음을 논박하고, 나와 똑같은 믿음을 공유한 수많은 이들이 있음을 보여준다면, 그들은 모두 기독교로 몰려올 것'이라고 혼자 생각한다. 자신이 이런 생각을 하고 있다는 것을 의식 못할 수도 있지만, 이런 식으로 생각하는 사람들은 영적 리쿠르터(모집자)처럼 처신하고 있는 것이다. 우리는 당연히 하나님의 선교에 참여해야 하지만, 그런 리쿠르터가 되라고 하나님이 당신의 팀에 우리를 부르신 것은 아니다.

우리는 종종 잘못된 것들 속으로 사람들을 밀어넣는다. 우리는 우리의 진짜 됨됨이 가운데로, 우리가 가장 중요하다고 생각하는 것으로 사람들을 끌어들인다. 어떤 사람은 정당에, 도덕에, 혹은 요한계시록에 대한 견해에 집중한다. 또 어떤 사람은 특정 교단이나 교리적 입장으로 사람들을 불러들인다. 그러나 이 가운데 어느 것도 예수님에 대한 것은 아니다.

영적 리쿠르터의 문제는, 사람들을 불러들이면서 결국은 거짓 복음을 전하는 것으로 끝날 수 있다는 것이다. 거짓 복음은 이런 식이다. "만일 당신이 올바른 교회에 참석해서 올바른 교리를 배우면, 구원을 받을 것입니다." 그런데 당신이 개종시키려는 그 사람은, 당신의 열등한 믿음과 공동체를 그 사람의 더 우월한 신념과 더 나은 공동체로 바꿀 수도 있다.

이런 식의 접근은 강한 유대관계와 신실한 믿음을 갖고 있는 사람들을 무시하는 것이다. 더구나 그런 태도는 일종의 거짓 신에 대한 믿음으로 인도한다. 그런 태도는 사람들에게 올바른 것을 믿고 올바른 교회에 다니는 것을 믿으라고 가르친다. 하버드 대학교 종교학부 교수인 하비 콕스Harvey Cox는 믿는 것과 신앙을 구별하는 데 유익한 조언을 해준다.

"우리는 어떤 것이 우리에게 없어도 별 차이가 없는 것을 참이라고 믿을 수 있다. 그러나 우리가 살아가는 길에 지극히 중요한 것에 대해서는 오직 우리의 신앙을 둔다."[4]

누구나 자신의 삶을 변화시키지 않으면서도 교리를 믿을 수 있다. 그러나 예수님께 우리의 신앙을 둔다면, 마치 산소가 우리 몸에 필수적이듯 예수님이 우리 삶에 지극히 중요함을 인정하는 것이다.

개종시키는 일은 교리에 대한 믿음을 향한다. 반면 전도는 사람들을 지극히 중요하며 반드시 필요한 신앙으로 불러들이는 것이다. 사람들을 당신의 교회로 모집하는 것으로는 불충분하다. 교회는 관계로 연결되는 일과 안전에 대한 우리의 영적 굶주림을 감당해야 하는 곳이 아니다. 오직 성부, 성자, 성령 하나님만이 그 일을 할 수 있다.

하나님에게로 영적인 모집을 벌이고 있는 자처럼 행동하는 사람들, 즉 개종시키려고 노력하는 자들과는 대조적으로 전도자들은 선포자들이다. 전도자는 은혜의 복음을 선포하며, 용서의 약속을 사람들에게 일깨워주며, 새 생명의 소망을 나눈다. 왕이신 예수께서 파송한 사절들로서 우리는 단지 그의 나라의 구원의 말씀을 전파한다. 우리는 그 나라가 어디 있으며 어떻게 들어가는지를, 즉 예수를 통해서 들어감을 보여준다. 대사들로서 우리는 사람들을 변화시킬 힘도 없고 책임도 없다.

반면 개종을 시키려는 작업은 사절들을 강요자로 만들며, 대사들을 군사들로 만든다. 개종 시도는 신앙을 인간의 노력에 두지, 하나님의 개입에 두지 않는다. 누군가를 개종시키려 할 때, 우리는 사람들을 하나님의 나라로 불러들일 힘과 책임이 우리에게 있다고 가정한다. 예수님을 복음의 초점으로 삼는 대신, 모집자들은 다른 것에 집중한다.

베드로가 예수님에 대한 초점을 잃었을 때, 바울은 베드로가 복음에 따라 행하고 있지 않다고 책망하면서 베드로에게 강력한 말을 했다 갈 1:6-10; 2:11-14. 성령을 따라 행할 때 우리는 복음을 반영하게 된다. 전도자들은 예수님에 대한 믿음의 소망을 나눈다. 그러나 개종시키려는 자들은 예수님에 대한 신앙이 아니라, 신앙을 나눈다.

전도의 동기 다시 점검하기

그렇다면 우리는 개종시키려는 자들과는 달리 복음을 전하기 전에 우리의 동기를 순전하게 해야 하는 걸까? 아니다. 우리의 동기는 결코 순전할 수 없다. 이기적인 야심이나 속임의 동기에서 그리스도가 전파되는 때도 바울은 기뻐했다빌 1:17-18. 누구나 다 시시때때로 전도의 동기에서 흔들린다.

최근 우리 교회에서 여러 여성이 도리엔이라는 회의적인 분자생물학자를 제자 훈련하고 있었다. 도리엔은 이혼한 아이 엄마로서 복음에 대해 사려 깊은 반론을 제기하는 사람이었다. 과거에 교회와 좋지 않은 경험도 겪은 사람이었다. 그녀는 우리 교회의 여성들에게 사랑을 많이 받았으며, 교회 안에서 더 많은 사람들에게도 사랑을 받게 되었다. 마침내 도리엔은 그리스도에 대해 더 관심을 보였고, 성경을 읽기 시작했고, 다른 사람들과 식사도 나누었다. 그녀가 믿음으로 성장하는 길에 들어서는 것을 바라보는 것은 아주 기쁜 일이었다.

그런데 어떤 이유에서인지, 도리엔이 서서히 곁길로 빠지기 시작했다. 예수님의 희생과 용서 때문에 예수님을 사랑한다고 고백하는 데까지 이르렀지만, 도리엔은 예수님이 죽음에서 부활하셨다는 사실은 받아들이지 않았다.[5] 결국 도리엔은 그녀가 속한 교회 모임에서 누리는 우정과 큰 사랑에도 불구하고 자신의 신학과 견해에 맞는 보다 자유주의적인 교회로 옮기겠다고 했다. 이 때문에 그 모임은 고통스러워했다. 그러나 그리스도보다는 전도에 더 신뢰를 두었다는 점을 회개하게 되었다. 전도에 대한 성급함으로 변색된 그들의 순수한 사랑 가운데서, 그들은 자기들을 증명하고자 참으로 '미션얼' 한 공동체가 되었다. 도리엔을 잃는 것은 그들에게 참으로 힘든 일이었다. 그러나 이 경험을 통해서 전도하려는 노력보다는 하나님의 지혜로운 섭리를 더 믿는 법을 배우게 되었다. 그들은 초점을 되찾았고, 신앙을 나누는 일을 더 능숙하게 하려 들기보다는 그들을 용서하시고 다시 활력을 공급해서 주님의 미션을 계속하도록 하시는 구세주에게 집중하게 되었다. 그들의 회개의 행위는 그리스도와의 관계를 재정립하고 도리엔을 사랑하는 동기를 회복했으며, 그들의 증거를 밝게 만들어주었다.

전도는 새로워진 동기와 개인적인 회개의 마음과 더불어 시작되어야 한다. 이렇게 해야 그리스도가 소중한 것이 되며, 그리스도가 나누어지는 것이 된다. 우리는 전도를 하는 우리의 동기를 정직하게 들여다봐야 한다. 얼마나 많은 회심자를 만들어내느냐가 중요한가, 아니면 그리스도가 중요한가? 알 수 있다시피, 증거를 하는 그릇된 동기는 전도 방법을 왜곡시킬 수 있고 그것이 다시 우리가 전하는 복음 메시지를 왜곡시킨다. 그 결과 전도의 동기와 방법, 심지어 메시지까지 굽어지게 된다.

'설교조'라는 인식을 바꾸려면

그렇다면 어떻게 우리가 설교조이며 잘난 체하는 자기 의에 빠졌다고 인식되지 않게 할 수 있을까? 복음으로 되돌아가서 우리 자신이 진짜 복음을 믿음으로써 그렇게 할 수 있다. 복음은 우리가 거룩하신 하나님 앞에 서기 위해 가져가야 할 것을 전혀 갖고 있지 않다. 오직 그리스도만이 하나님 앞에 설 수 있게 해주며, 그리스도께서 죽으시고 부활하셔서 우리에게 그런 자격을 주셨음을 일깨워준다. 복음은 우리의 자기 의에 대해 공격적이다. 복음은 거울을 들어서 우리의 진짜 모습을 볼 수 있게 해준다. 그 모습은 당혹스러울 수 있다. 그러나 복음은 또한 구속적이다. 복음은 그리스도를 높여서 우리가 누구를 소유하고 있으며 어떤 사람이 될 수 있는지를 보여준다.

설교조라는 인식을 변화시킬 수 있는 또 다른 방법은, 우리의 처신이 설교가 되도록 하는 것이다. 만일 우리가 세상에 더 친절하고 더 조용한 그리스도인을 보여준다면, 문제가 해결되겠는가? 흔히 성 프란시스가 했다는 말로 잘못 인용되고 있는 이 말을 생각해 보라. "항상 복음을 전파하라. 그리고 꼭 필요할 때 말을 사용하라." 실로 성 프란시스St. francis는 열렬한 복음 전도자였다. 그러나 그가 이 말을 한 것은 아니다.⁶ 복음은 나누어져야 할 복된 소식이지, 준수해야 할 선한 행위가 아니다. 물론 복음에는 놀라운 은혜의 행위를 발휘하게 하는 힘이 있다. 선행은 진정으로 곤핍에 빠진 다른 이들을 도울 수 있다. 그러나 아무도 당신의 행위를 보고 '내가 하나님의 은혜를 절실히 필요로 하는 죄인이로구나. 나 자신과 다른 사람들을 의지하고 있는 것을 회개하고, 오직 그리스도에게로 돌이켜서 용서를 구하며, 거룩하신 하나님 앞에서 속량함을 받고 받아들여지도록 그리스도를 의지해야만 하겠구나' 라고 결론 내릴 수 없다.

행동은 중요하다. 그러나 행동은 말로 표현하지 못한다. 그리스도인들이 복음에 대해 침묵하면, 사람들은 복된 소식을 자기 식으로 만들어버린다. 그 결과 다른 종교와 영성들이 좋은 삶을 줄 수 있는 것으로 오인하게 된다. 우리는 우리의 침묵이 자기 의에 대한 인식을 고칠 수 있으리라는 잘못된 생각을 한다. 그러나 침묵 역시 또 다른 형태로 '선을 행하라. 그리하면 당신도 그리스도인이 될 수 있다'라는 메시지를 전달한다.

어느 날 아침 나는 스타벅스에서 한 아시안 사업가와 다정스레 수다를 떨고 있었다. 그가 내게 무얼하고 있느냐고 물었을 때, 나는 "설교를 준비하고 있습니다"라고 대답했다. 그러자 그는 즉시 손으로 X자 표시를 하며 소리 높여 말했다. "아, 이런. 난 설교를 듣고 싶지 않아요. 내게 설교하지 마시길! 내게 설교하지 마시길!" 그리고는 약간 긴장된 너털웃음을 웃었다. 그는 설교를 자기 의에 빠진 판단으로 인식했다.

당신이라면 그 사업가에게 뭐라고 대꾸하겠는가? 내 기억에, 나는 가볍게 맞받아치면서 "당연하죠. 그 점에 대해선 염려 놓으세요"라고 말했던 것 같다. 나는 설교한다는 인상을 주지 않으려고 목소리를 낮추었다. 그 결과 나는 그 사업가에게 기독교에 대해 잘못된 인상을 주고 말았다. 나는 참된 복음 설교는 죄책을 쌓기보다는 완화시켜 주기 때문에 두려워할 필요가 없다는 걸 알려주었어야 했다. 좋은 설교는 우리의 죄만 보여주는 것이 아니라 구주를 보여준다. 그 구주께서 그의 죽으심으로 우리의 죄를 흡수해 버리고, 거룩한 하나님을 제시하며, 우리를 깨끗이 씻겨주고, 새롭게 만들어준다. 복음 전파는 우리에게 임하는 저주를 완화시켜 주며, 예수에 대한 신앙을 통해서 죄책을 제거해 준다.

그렇다면 복음에 대한 이 부정확한 견해를 어떻게 고칠 수 있겠는가? 오직 말씀만이 복음의 의미를 명확히 해줄 수 있다. 바울은 "그런즉 그들이 믿지 아니하는 이를 어찌 부르리요 듣지도 못한 이를 어찌 믿으리요 전파하는 자가 없이 어찌 들으리요"롬 10:14라고 말한다. 우리의 이웃들은 들을 필요가 있고, 그래서 우리는 설교할 필요가 있다. 누군가가 은혜의 메시지를 사람들에게 '설교' 하지 않는다면, 사람들은 종교에 대한 설교조의 인상을 버릴 수 없을 것이다.

텍사스 오스틴에서 사역하는 동안 나는 진보적 견해를 가진 사람들과 오래 같이 지냈다. 아내와 나는 한 부부와 친구가 되었는데 그 아내는 자기 문제들에 대해서 "우주가 대답을 갖고 있다"고 믿었다. 그 남편은 어떤 종교도 믿지 않고 그냥 자기의 운에 따라서 살아가는 사람이었다. 저녁도 함께 먹고, 생일 파티도 함께하고, 이웃과의 모임에도 함께하면서 우리는 그냥 일상적인 삶 속에서 함께 시간을 보냈는데, 남편인 스티브가 기독교에 관심을 보이기 시작했다. 우리는 여러 차례 함께 점심을 먹으면서 영적인 문제들에 대해 대화를 나누었다. 그는 예수님이 하나님의 신적인 아들이라는 점을 믿기 어려워했다. 그래서 그 점에 대해 얘기를 나누면서 시간을 보냈다.

그러는 동안 그와 그의 가족은 점점 더 우리 교회에 들어오게 되었다. 그는 부지런히 달렸고, 설교를 경청했으며, 내 책을 읽고, 소모임에도 참석했다. 바깥에서 그를 바라보면, 그가 자기 신념을 바꾸고 이제는 새로운 그리스도인이 된 것으로 보였을 것이다. 사실, 실제로 복음을 믿지도 않으면서 복음 안으로 깊숙이 들어올 수 있겠는가?

나는 이러한 변화가 일어났다는 말을 들으면 자연스럽게 호기심이 생긴다. 그래서 그와 점심 약속을 잡았다. 그는 나에게 '도덕적으로 우월해야 한다는 생각' 때문에 힘들다고 했고, "영적인 사다리를 오르느라 힘든 시간을 보내고 있다"고 말했다. 몇 가지 질문을 던지고 나니 그가 은혜의 복음을 이해하지 못했다는 점이 명확히 다가왔다. 내가 설교할 때 자고 있었던 걸까?

이런 경험을 한 뒤 나는 세속인이 교회에 참여할 수 있고, 언행을 바꾸고 실제로 종교적이 될 수 있다는 사실을 알게 되었다. 놀랍게도 복음 설교를 도덕적이고 종교적인 교훈으로 오인할 가능성은 그리 낮지 않다. 사람들은 자신이 듣고 싶은 것만 듣는 경향이 있고, 이미 믿고 있는 것을 확인하는 경향이 있다. 바로 이것이, 복음 설교와 가르침이 그 자체로는 선한 것이지만 그것만으로 충분하지 않은 이유다.

우리에게 필요한 것은 일상으로 전도하는 사람들이다. 즉 교회 바깥에 있는 사람들과 기꺼이 부대끼면서 같이 지내고, 그들의 파티에 참석하고, 그들과 함께 점심을 먹으며 참된 신념이 떠오를 수 있게 하는 사랑스러운 질문들을 던져주는 사람들 말이다. 우리는 시간을 갖고 대화를 해나가고, 사람들이 은혜에 도달할 때까지 인내하고, 그들의 마음 깊은 곳에 도달하도록 해야 한다.

나는 도대체 스티브가 어디에서 예수께서 우리로 하여금 도덕적이며 영적인 사다리를 올라가도록 하기 위해 죽으시고 부활하셨다는 인상을 받았는지 알 수가 없다.[7] 그러나 스티브의 사례는 사람들과 예수님에 관해서 얘기를 나누는 것만으로는 충분하지 않다는 점을 일깨워준다. 복음을 놓고 진지하게 나누는 대화가 필요하고, 질문을 던지고, 사람들이 진짜로 믿고 있는 바가 무엇인지를 듣는 대화가 필요하다.

종교는 우리 마음의 문제다. 그것은 우리가 호흡하는 공기다. 영적으로 탁월하게 실천하고 싶은 욕망에는 한계가 없다. 모든 종교,

모든 철학에 다 그런 욕망이 담겨 있다. 그것은 우리 자신이 선하며 구원과 칭찬을 받을 만하다는 점을 증명할 수 있다는 오만한 신념이다. 좋은 전도란, 마음속에 그러한 종교적 충동이 있음을 느낄 수 있게 해주고, 그 자리에 일과 노력 대신 그리스도의 사역이 있음을 분명하게 제시하는 것이다.

설교조로 남을 개종시키려 하는 태도는 복음의 장애물이다. '복음을 설교' 하는 것만으로는 충분하지 않다. 그리스도인들 역시 스테레오타입을 벗어나서 성령을 따라 한 걸음씩 살아가야 한다. 사랑과 기쁨과 화평과 오래 참음과 자비와 양선과 온유와 절제의 열매를 맺음으로써 믿음에 대한 다른 이해를 전해줄 수 있어야 한다갈 5:22-23. 우리의 성화는 우리의 선교의 일부다. 그러나 그것이 메시지 자체는 아니다. 경건한 성품과 사회 봉사는 기독교에 대한 선입견을 깨뜨리는 데 유익하다. 그러나 그것만으로는 결코 구원에 이르게 하는 데 부족하다. 침묵의 덕과 사회 정의가 복음의 좋은 소식을 대체해 줄 수는 없다. 사람들은 우리를 대신하신 예수님의 삶과 죽으심을 통해 은혜가 흘러나옴을 직관적으로는 알 수 없을 것이다. 침묵의 덕과 사회 정의만 있다면 사람들은 구원이 뭔가 자신이 열심히 지향해 나가면서 노력해야 하며, 기어올라가야 하는 것으로 믿을 것이다. 그래서 예수 안에서 우리에게 임하여 역사하시는 하나님의 복음에 대해 들어야 하며, 그 복음이 그들을 어둠에서 건져내어 하나님의 빛의 나라 안으로 옮겨주신다는 사실을 들을 필요가 있다골 1:14.

핵심 질문

1. 설교조로 기독교를 전하는 사람을 최근 만나본 적이 있는가? 하나님이 그런 전도를 사용하신다고 생각하는가? 그런 전도의 문제는 무엇인가?

2. 당신이 복음보다 더 앞세우고 있는 거침돌은 무엇인가?(정치·도덕·신학·문화 등과 같은 거침돌에 대해 얘기해 보자.)

3. 개종시키는 것과 전도는 어떻게 다른가?

4. 설교조의 전도에 대한 단순한 비판이 왜 제대로 된 비판이 아닌가?

4장
하나님께 이르는 길은 많지 않을까

　그날은 여느 때와 같이 진저맨 펍에서 밤을 보내던 날이었다. 진저맨 펍은 이 도시 한가운데 있는, 나무 판넬로 장식하고 가죽 의자들을 들여놓은 침침한 조명의 술집이다. 나는 종종 사람들과 대화하고 그들의 친구들과 어울리기 위해 이곳을 이용한다. 데이브와 나는 선선한 가을 저녁에 그곳에 갔다. 여러 무리의 사람들을 지나고 긴 바 옆을 걸어서 야외 정원에 만들어진 맥주 마시는 곳으로 향했다. 거기서 우리에게 딱 맞는 곳을 발견했다. 여러 명이 함께 앉을 수 있는 테이블들의 미로 속에서 후미지고 비어 있는 자리였다.
　데이브는 클래식 음악을 공부한 첼리스트로 얼터너티브 록 밴드의 멤버이며, 삶의 심오한 면들을 묵상하곤 한다. 나는 음악과 깊이 있는 대화를 사랑하기 때문에 데이브와 좋은 친구 사이를 유지하고 있다. 종종 영적인 질문을 던져서 나를 괴롭히긴 하지만 말이다.

"존, 인도에 예수님이 있었다는 건 어떻게 된 거야?"(오직 데이브만이 나를 존이라 부른다.)

나는 그의 질문을 내 질문으로 만들어서 대꾸한다.

"데이브, 인도에 예수님이 있었다는 건 어떻게 된 거야?"

데이브가 대답한다.

"알다시피, 예수님이 인도에도 나타났었다는 보고가 있어. 물론 복음서들에 있는 보고는 아니고. 그걸 넌 어떻게 볼 건데?"

우리는 신약성경의 복음서들이 신빙성이 있는지 아닌지 여부에 대해 이야기를 나누었다. 나는 예수님이 인도에 가셨을 수도 있겠지만 문제는 개연성이 있는지가 아니겠냐고 말했다. 결국 어디에도 그런 기록은 없다!¹ 알다시피 남인도의 교회는 도마가 그곳에 복음을 전해줌으로써 시작되었다. 그래서 사도 도마의 이름을 따서 마르 도마 교회Mar Thoma church라고 부른다. 만일 예수님이 사도들의 전파와 별개로 인도에 나타났었다고 한다면, 그 점에 대한 기록이 있을 개연성이 있지 않겠는가? 예수님 이름을 딴 교회가 있어야 하지 않을까? 데이브는 나에게 여러 다른 질문을 던졌다. 그는 동양의 종교들에 대해 흥미로운 점을 몇 가지 지적했고, 대화는 즉시 기독교의 배타성으로 옮겨갔다.

이때 데이브의 친구인 브라이언이 나타났다. 우리는 복음에 대해 치열하게 토론하는 중이었고 그래서 브라이언은 몸을 숙이고 대화를 경청했다. 데이브는 말을 멈추고 브라이언을 향해 얼굴을 돌렸다.

"그래서 말인데, 친구, 넌 이 문제에 대해서 어떻게 생각해?"

조금 뜸을 들인 후, 브라이언은 데이브에게 대답하는 대신 내 생각이 무엇인지를 물었다.

"무슬림은 어떤가요? 내 말은, 그들도 진지하잖아요. 그들도 자신이 믿는 바에 대해 기꺼이 죽을 준비가 되어 있단 말이죠. 그런 사람들이 천국에 갈 수 없다는 말인가요?"

그 점에 대해서는 할 말이 아주 많다. 당신이라면 어떻게 대답하겠는가? 데이브는 힌두교와 또 복음의 신빙성에 대해 의문을 갖고 있는 진지한 구도자다. 브라이언은 이슬람을 방어하면서 무슬림이 천국에 갈 수 있는지, 못 간다면 왜 그런지에 대해 묻고 있다. 내가 아는 한 브라이언은 무슬림이다. 아니면 가까운 무슬림 가족이나 친구가 있는 사람이다. 나는 이 친구들의 기분을 상하게 하고 싶지 않다. 그렇지만 동시에 복음에 대해 진실하기를 원한다. 나는 진리를 감추고 싶지 않다. 또 그들이 믿고 있는 바에 대해 민감하고 또 존중하고 싶다.[2]

당신도 비슷한 딜레마에 처한 적이 있을 것이다. 다른 사람들이 기독교에 대해 견해를 표명하거나 직접적인 의문을 던질 때 어떻게 반응해야 할까? 목소리를 높여서 우리의 신앙을 변호해야 할까? 당신은 기독교의 우월성을 강변하는가? 아니면 대화를 피하고 다른 사람들의 신념에 대해 사랑의 관용을 베풀어서 대꾸를 해주지 않고 넘어가는가?

종교적 관용, 덕인가 악인가

관용은 오늘날 흔히 덕이라 칭송된다. 그래서 다른 이들의 신념을 존중하라는 요구는 추상적인 쟁점이 아니다. 기독교에 대해 진리를 말하는 일은 우리의 구체적인 일상생활 속에서 기회도 되고 동시에 함정도 된다. 도시에서 살아가는 우리들은 다양한 종교 출신의 사람들과 연결될 가능성이 아주 높다. 그리고 우리는 다른 신앙심을 갖고 있는 사람들도 친절하고 진지할 수 있음을 알게 된다. 그 사람들의 성품도 그들이 갖고 있는 종교 신념의 결과임을 깨닫기 시작할 수 있다. 결국 그 사람들이 갖고 있는 종교가 그 사람들을 우애할 만하고 존경스러운 인물들로 만들어준다.

그 딜레마를 좀 더 밀고 나가보자. 내가 만난 세속주의자들과 불교도들은 내가 알고 있는 많은 그리스도인보다 훨씬 더 관대하고 훨씬 더 희생적이다. 비그리스도인들이 우리에게 그 점을 지적할 때 우리는 이에 대해 어떻게 반응해야 할까? 다른 종교인들이 도덕적이며 어떤 그리스도인들을 부끄럽게 할 정도로 품성이 훌륭하다는 사실 때문에 우리 기독교의 증거가 무너지는가? 복음이 참이 아니라는 뜻인가?

이런 종류의 질문들을 해결하지 못한다면, 그런 질문들을 받게 될 때 어떻게 대답할지 모르게 된다. 이것은 단지 도시의 문제만은 아니다. 이민과 글로벌화한 미디어 덕분에 다른 종교들과 접촉하는 일은 우리 모두의 현실이 되었다. 동부 텍사스의 바이블 벨트에 속하는 나코그도치스Nacogdoches 시에서 내 동생은 무슬림 한 사람을 제자화하고 있다. 동부 텍사스의 카시 인스티튜트Carsey Institute의 보고에 따르면, 동부 텍사스는 전례 없는 수준의 이민을 경험하고 있는 많은 농촌 지역 가운데 하나다.[3] 이 새로운 이민자들과 함께 새로운 종교와 새로운 영적 신앙들이 들어오게 되었다.

어디서나 미디어에 접근할 수 있게 되면서 도시와 교외의 경계가 사라졌다. 지역에 상관없이 똑같은 대중문화에 노출되며, 똑같은 뉴스를 접하고, 종종 공통적인 미디어 성향을 갖는다. 또한 미디어는 때때로 관용 정책을 홍보한다. 예를 들어 2013년에 개봉해서 대단한 환호를 받은 영화 〈그래비티 Gravity〉는 인생의 의미에 대한 철학적 탐구를 해보도록 관람객들을 끌어들였다. 스토리 전개 내내 부처, 예수, 인도주의가 똑같이 타당한 선택인 것처럼 제시되고 있다. 미국의 그리스도인들은 영화를 보러 가서는 한 가지 질문에 부딪쳤다. "당신은 관용하고 받아들일 것인가? 아니면 불관용하고 배타적이 될 것인가?"

그렇다면 종교적인 관용은 덕인가, 악인가? 종교적인 관용을 악으로 보는 사람들은 다른 신앙들에 즉시 달려들어 싸움을 벌이거나 정죄를 한다. 그들은 예수님에 관해 배타적인 주장을 하며 다른 종교들의 긍정적인 통찰들을 부정해 버린다.

종교적인 관용을 하나의 덕목으로 보는 것도 가능할까? 관용을 덕으로 보는 사람들은 다른 사람들의 견해를 존중해서 자신의 신앙을 나누는 데 뜸을 들인다. 예수님에 관해 배타적으로 주장하지도 않는다. 다른 이들을 배제하거나 상처 주기를 원치 않기 때문이다. 사랑의 태도에서, 그들은 다른 이들의 신념을 비하하기를 원치 않는다. 자신의 신념을 다른 이들에게 강요하는 것은 잘못이라고 믿는다. 만일 당신이 관용을 덕이라 여긴다면, 모든 사람에게는 자신이 믿는 바를 믿을 권리가 있다고 믿는 경향이 있는 것이다.

그렇다면 다른 종교 신념들과 영적 신념들을 관용하는 것은 덕에 해당하는가, 아니면 배신적인 행위에 해당하는가?

타인의 믿을 권리를 인정하는 고전적 관용

D. A. 카슨D. A. Carson은 그의 책 《관용의 불관용성》에서 실제로는 두 가지 유형의 관용이 있다고 주장한다. 하나는 구식 관용이며 다른 하나는 신식 관용이다.[4] 구식 관용, 즉 '고전적인' 관용은 다른 견해들이 존재할 권리가 있다는 신념을 견지한다. 이 종류의 관용은 공동선을 중심으로 연합하여 번영하는 견해들의 다양성을 허용한다. 미국은 이런 종류의 관용에 터전을 두었다. 그래서 종교의 자유를 허용한다. 이 관용의 정치적 목적은 사회적인 선이다. 카슨은 이를 사회적 관용이라 일컫는다. 이 관용에서는 다른 종교의 사람들이 멸시나 비하 없이 서로 뒤섞인다.[5] 이런 종류의 관용은 기독교적인 특징이라고 카슨은 주장한다.

하지만 구식 관용은 미국 역사보다 훨씬 오래된 것이다. 어떤 사람들은 로마 제국을 관용의 모범이라고 말한다. 옥스퍼드의 학자인 마이클 그린Michael Green은 "초기 로마 제국의 종교 정책은 대단히 관용적이었다"고 했다.[6] 1세기 로마 제국은 제국 안에서 다양한 종교들이 자유롭게 활동하도록 허락했다. 종교들은 그리스-로마 판테온전panteon, 모든 신을 모아놓은 곳-옮긴이에 자기들의 신을 추가할 수도 있었고, 아니면 단순하게 이미 판테온에 속한 신들 가운데 하나가 자기들의 신이라고 하면 되었다.

고전적인 관용이 로마에서 시작된 것은 아니다. 최소한 페르시아 제국까지 거슬러 올라간다. 자신들의 관용 정책에 대해 평하면서 존 버퀴스트Jon Berquist는 이렇게 쓰고 있다.

"(페르시아) 제국은 단일 제국 언어, 문화, 사법제도나 종교를 강제하려고 시도하지 않았다. (……) 질서를 원했으나 특정한 페르시아 스타일의 생활을 요구하지는 않았다. (……) 제국의 모든 지방에서 다원주의에 가까울 정도의 용납과 관용을 장려한 것으로 보인다."[7]

구약성경에서 고레스 왕은 이스라엘이 자유롭게 야훼 하나님을 섬기도록 허락했으며 유대 성전 재건을 후원하기까지 했다. 고레스의 관용은 이스라엘에 선을 베풀었다. 페르시아는 이스라엘의 존속과 메시아 라인의 생존을 보존하도록 하나님의 섭리를 드러내는 왕권을 행사했다.[8] 이에 대한 보답으로 이스라엘은 페르시아의 유익을 추구했다. 이러한 상호 관용은 이스라엘과 페르시아 양쪽의 번영에 기여했고, 유대인의 존속과 페르시아인의 번영을 불러왔다.

우리는 또한 하나님의 관용을 명심해야 한다. 역사 내내 얼마나 엄청나게 다양한 신념들과 신들과 종교 행습들을 허용하시면서 하나님이 관용해 오셨는가를 생각해 보라. 때때로 역사에 개입하셔서 다른 종교들에 대해 일시적인 심판을 하셨지만, 그런 종교들이 하나님에 대항한다 할지라도 그 종교들이 번성하게 허락하셨다.

예수님은 다른 종교들에 어떻게 대응하셨는가? 복음서를 살펴보면 예수님은 로마인들에 대해서 공격적인 언사를 내뱉지도 않으셨고, 그리스인들을 나무라는 긴 비난을 하지도 않으셨다. 로마의 황제 숭배에 관해 바리새인들에게 질문을 받았을 때, 예수님은 카이

사르_{가이사}를 공격하는 일을 피하셨다. "가이사의 것은 가이사에게, 하나님의 것은 하나님에게 주라"는 예수님의 유명한 말씀^{마 22:21}은 고전적인 관용을 주장하는 현명한 방식이었다. 하나님을 노골적으로 무시할 것을 요구하지 않는 한 정부를 존중하라고 예수님은 말씀하셨다. 세금은 성전에도 또 로마 제국에도 낼 수 있다.

예수님은 "네 이웃을 네 몸과 같이 사랑하라"는 황금률을 주장하셨다. 예수님은 모범적인 사랑으로 다른 사람들의 신념을 관용하셨고, 로마 백부장들을 형제로 대했으며, 칼을 내려놓고 귀 기울이게 하셨고, 원수들을 사랑하셨다. 사실 십자가가 고전적인 관용의 최고점이라고 할 수도 있다. 물론 십자가는 그보다 훨씬 더 위대한 것이지만 말이다.

그리스도의 재림이 지연되었던 것을 생각해 보라. 하나님은 심판을 곧 이루지 않으시고 역사의 한가운데, 자신의 아들을 보내사 자기 만족에 빠진 모든 민족 출신의 사람들이 복음을 듣고 건짐을 받게 하셨다.

하나님이 그 사랑을 받을 가치가 없는 자들에게 보여주신 인내에 비추어 보아, 우리 역시 다른 사람들의 신념을 기꺼이 존중하고 관용할 수 있어야 한다. 완고하고 고집불통이며 비관용적인 캔자스 주의 웨스트보로 침례교회Westboro Baptist Church와는 반대로(그들은 하나님이 이슬람을 증오하신다는 웹사이트를 운영하고 있다. www.God-HatesIslam.com), 우리는 다른 사람들이 믿고 싶어 하는 것을 믿을 권리를 인정해야 한다. 무엇을 믿느냐 하는 것은 매우 개인적이며 심오한 문제다. 종교적인 신념을 정한다는 것은 슈퍼마켓에서 잘 익은 바나나를 고르는 일 같은 것이 아니다. 우리의 신념은 많은 생각과 투자를 요구한다. 그 신념은 우리의 정체성을 규정해 주는 헌신과 결정과 선택들을 대표한다. 그러므로 이웃사랑은, 이웃의 신념을 가치 있게 여기는 일을 포함한다. 이웃사랑은, 이웃들이 소중히 여기는 것을 존중한다. 그리스도인들은 이웃을 사랑하고 심지어 원수까지 사랑해야 하기 때문에 고전적인 관용을 실천해야 한다. 이렇게 관용은 사랑과 존중 가운데서 이루어질 수 있다.

그런데 우리는 얼마나 멀리 가야 할까? 얼마나 관용하는 것이 지나치게 관용하는 것일까? 결국 로마인들도 한계를 갖고 있었다. 로마인들은 종교적 관용 정책에도 불구하고 모든 사람이 황제를 '신'으로 숭배하는 예식에 참여할 것을 요구했다. 물론 초대 교회 그리스도인들은 자신들의 태도를 완강히 고수했다. 그리하여 그들은 대가를 지불했다. 주후 64년 네로 황제가 자기 정원에서 그리스도인들의 시신을 불에 태웠던 것이다. 그렇다. 관용에는 한계가 있다.

모든 견해가 동등하다는 새로운 관용

관용은 기독교적인 사랑의 표현일 수 있지만, 관계적인 면과 지적인 면에서 부주의함의 표현일 수도 있다. 당신의 관용이 사랑에서 나오는 관용인지 아니면 부주의한 무신경에서 나오는 관용인지를 알 수 있겠는가? 그 대답은 당신이 어떤 종류의 관용을 실천하고 있느냐에 달려 있다. 옛 관용은 다른 견해들도 존재할 권리가 있다고 주장하는데, 새로운 관용은 모든 견해들이 동등하게 타당하거나 사

실이라는 신념이다. 이 점이 바로 옛 관용에서 상당히 벗어난 것이다. 무언가가 존재할 권리가 있다는 말과 두 신념이 똑같이 사실이라고 말하는 것 사이에는 큰 차이가 있다. 만일 새로운 관용의 논리를 따른다면, 피할 수 없는 논리적 모순에 빠지게 된다. 예를 들어서, 다음과 같이 두 진술을 긍정하게 된다.

- 우리는 다른 사람들이 그들이 원하는 것을 믿을 존엄성을 인정해야 한다.
- 우리는 다른 사람들이 우리가 사실이라고 믿는 것은 무엇이든지 믿도록 강제해야 한다.

새로운 관용은 이 두 신념이 똑같이 타당하다고 말한다. 그러나 어떻게 그럴 수 있는가? 새로운 관용은 지적으로 부주의한 것이다. 그것은 세심한 논리를 무시한다. 만일 옛 관용과 새 관용 사이의 이 중요한 차이를 인식하지 못한다면, 우리의 신념에 대해 다른 사람들과 대화를 나눌 때 쉽게 구석에 몰리게 되고 말 것이다. 우리가 진심으로 다른 사람들의 견해를 존중하면서 그들이 믿는 것도 똑같이 참이라고 인정한다면, 우리의 신념이 참임을 어떻게 얘기할 수 있겠는가?

예수님이 유일한 길인가에 대하여

좀 더 구체적인 예를 들어보자. 이 중요한 질문을 살펴보자. "예수님이 하나님에게로 이르는 유일한 길인가?" 다른 사람들의 신념을 존중하면서 당신이 그리스도인으로서 믿는 바에 대해 얘기할 길이 있는가? 복음의 배타성을 주장하면서 다원주의를 어떻게 헤쳐나갈 수 있겠는가?

복음주의 그리스도인들은 예수님이 하나님에게로 이르는 유일한 길이라 믿는다. 기독교 신앙은 예수님이 하나님과 우리의 깨진 관계를 화해하게 하는 유일한 수단이라고 가르친다. 세속주의자들과 영성을 추구하는 사람들은 이 사실을 믿기 곤란해한다. 그들은 아무도 하나님에 대해서나 종교 진리에 대해서 독점적인 주장을 할 수 없다고 주장한다. 하나님께 이르는 길은 많다는 것이다. 이 견해를 **종교다원주의**라고 한다.[9]

하버드 대학교는 '다원주의 프로젝트' 라 불리는 종교다원주의에 대한 연구를 실행하면서 텍사스의 오스틴을 사례 연구 도시로 선정했다. 나는 그들이 왜 오스틴을 선정했는지 이해한다. 나는 헌신적인 다원주의자들과 꾸준히 대화하고 있다. 그 대화들을 통해 사람들이 왜 종교다원주의를 수용하는지를 발견하게 되었다. 그들은 종교다원주의가 더 **계몽된** 것이며, 더 **겸손하고**, 더 **관용적인** 것이라고 생각한다. 이 점들 각각에 대해 더 자세히 살펴보도록 하자.

- **종교다원주의는 뻔한 거짓말이다**

어떤 사람들은 모든 종교의 길이 동일한 신에게 인도하는 것이기 때문에 더 **계몽된** 것이라고 생각한다. 그들은 종교다원주의가 종교적 차이점들에 대해서 교육받은 사려 깊은 생각이라 믿는다. 한 종교를 선택하거나 다른 신념들보다 한 가지 신념을 더 우대하는 대신, 그 신념들을 다 인정한다는 것이다. 이 말은 매우 호의적이며 진보적인 것처럼 들린다.

그러나 여기에는 문제가 있다. 세계의 주요 종교를 잘 살펴보면, 각각의 종교가 하나님이 어떤 하나님이며 인간이 어떻게 신성에 이르는지에 대해 다른 가르침을 갖고 있음을 알 수 있다. 사실상 **하나님의 본성**에 대해서는 다양한 종교들 사이에 엄청난 차이점들, 불일치가 존재한다. 예를 들어 불교는 인격이 있는 신을 믿지 않는다. 이슬람은 거의 비인격적인_{비관계적인} 유일신론에 가까운 것을 가르친다. 코란은 신이 자기 뜻을 우리에게 계시한다고 말하지만, 자신의 위격_{person}은 드러내지 않는다고 말한다. 그러나 기독교는 인격적인 삼위일체를 가르친다. 즉 하나님은 성부 성자 성령의 세 위격으로서 상호관계 가운데 존재하시며, 사람에게 알려질 수 있고 또한 향유될 수 있다고 가르친다. 힌두교는 하나님의 본성에 대해 다양한 견해를 견지한다. 다신교에서 무신론에까지 이른다. 이는 힌두교 신학을 명확히 해줄 수 있는 코란이나 성경 같은 명확한 계시가 부재하기 때문이다. 대신 힌두교는 (우파니샤드와 베다 같은) 다양한 계시 자료들을 갖고 있다.[10] 그래서 이슬람과는 반대로 힌두교는 하나님의 본성에 대해서 아무런 전제를 갖지 않는다.

간단히 말해서, 세계의 주요 종교들은 하나님이 어떤 분이시며 누구인지에 대해서 엄청나게 견해가 다르다. 모든 종교가 동일한 하나님에게로 인도한다고 주장하는 것은 "눈이 밝아진 것"과는 거리가 아주 멀다. 사실상 세계 종교들의 신관은 급진적으로 다르다. 종교다원주의에 대한 어떤 주장도 종교들 자체의 신조에 모순된다. 이것은 받아들이기 너무 힘든 사실이다. 오늘날의 종교다원주의에 있는 내적인 모순에 대해 논평하면서, 보스턴 대학교 종교학 교수 스티븐 프로테로Stephen Prothero는 이렇게 말했다.

"위대한 종교들이 하나의 거대한 행복한 가족을 구성하고 있는 양하는 것이 위로가 될 것이다. 하지만 아무리 좋은 의도라 해도 이러한 정서는 정확하지도 않고 윤리적으로 책임 있는 것도 아니다. 하나님은 하나가 아니다."[11]

이제 여러 종교들이 신성에 이르는 길에 대해 무엇을 가르치는지 살펴보자. 불교는 팔정도깨달음을 얻기 위해 수행해야 하는 8가지 방법—옮긴이를 제시하며, 이슬람은 다섯 기둥신앙 고백, 기도, 금식, 구제, 순례—옮긴이을 가르친다. 그리고 기독교는 예수의 복음을 선포한다. 이 종교들은 표면상으로는 비슷하지만, 근본적으로 서로 다르다. 프로테로는 종교들이 각각 구별되며, 하나님에 관해서나 어떻게 하나님에게로 이르느냐에 대해서 상이한 주장을 한다는 점을 지적한다. 모든 종교가 하나님에게로 이르게 해준다는 말은 계몽된 것도 아닐 뿐만 아니라 뻔한 거짓말이다. 새로운 관용은 실재를 뒷받침해 주지 못한다.

• **종교다원주의는 독단적이다**

하나님의 본성과 인간이 신성에 다가가는 길에 대해 종교들 사이에 존재하는 명확한 차이점에도 불구하고, 종교다원주의는 하나님에게로 이르는 많은 길이 있다고 계속 주장한다. 어째서 교육받은 사람이 다른 종교들에 대해서 계속 부정확한 견해를 주장하는가? 큰 이유는 그것이 취할 수 있는 가장 겸손한 견해라고 믿기 때문이다. 나는 "내가 누구라고 다른 사람의 종교를 판단하고 그들이 잘못되었다고 말하겠습니까?"라는 말을 듣는다. 물론 이 말은 예수님에 대한 특정 신념들이 다른 종교들과 반대된다고 주장하는 건 오만한 일이라는 점을 함축하고 있다.

자, 나는 예수님이 하나님에게로 이르는 유일한 길이라는 사실을 거칠고 무례하게 주장하는 수많은 오만한 그리스도인들이 있음을 인정하는 첫 번째 사람이 될 것이다. 그런 사람들에 대해서 사과한다. 나 자신이 그들 가운데 한 사람이었다. 비록 참된 점이 있다 할지라도 오만함은 예수님의 삶과 가르침에 반대된다. 예수님은 겸손의 모델이시다.

그러나 누군가가 자기 신념에 대해 오만하기 때문에 그 신념이 잘못된 것은 아니다. 우리는 온갖 것들에 대해 오만할 수 있다. 수학이나 과학, 종교에 대해 오만해질 수 있다. 당신도 자신은 항상 옳고 다른 사람들은 항상 잘못되었다고 생각하는 오만한 사람을 알고 있거나, 함께 일하고 있을지 모른다. 오만한 사람은 우월감을 갖고 다른 사람들을 깔보면서 이야기하기를 좋아한다. 자기가 올바른 대답을 갖고 있기 때문이다. 그리스도인들에게 이런 태도는 용납될 수 없다. 고쳐야 할 성격적인 문제다. 그렇다고 해서 그 신념이 부정확하다는 뜻은 아니다. 진리의 문제는 그 진리를 전달하는 톤과는 별개의 것이다.

다른 종교를 멸시하는 오만한 그리스도인들이 많은 건 사실이다. 그러나 다양한 종교들을 열심히 연구하고 그 종교들의 주장을 비교 검토하면서, 예수님이 진리를 말하고 있으며 그 메시아에 대한 인격적인 주장이 하나님에게로 가는 유일한 길이라는 결론에 겸손히 도달하는 사람들도 있다. 이것이 그들을 교만하게 만들지 않고 오히려 순전하게 만든다. 이런 사람들은 자신이 진리라고 발견한 것을 기꺼이 지지한다. 그들은 확신의 사람들이다. 무엇인가가 진리라고 주장한다고 해서 자동적으로 그런 주장을 하는 사람이 교만해지는 것은 아니다. 결국 기독교의 배타적인 진리 주장들은 애초에 예수님 자신이 하신 것이다. 그리고 예수님은 본질적으로 겸손하셨다. 만일 예수님이 스스로 전파하신 메시지를 그대로 취한다면, 예수님에게 교만이 있다고 비난하기 어렵다. 예수님은 원수들을 위해서, 자기를 배척하고 멸시했던 사람들을 구원하고자 자기 목숨을 내려놓으셨다.

종교다원주의는 하나님에게로 가는 많은 길이 있다고 주장한다. 그것은 겸손한 것이 아니다. 종교다원주의의 관용에는 사실 오만의 기운이 있다. 왜 그런 것 같은가? 종교다원주의는 다른 모든 종교들의 가르침은 거짓되지만, 모든 길이 하나님에게로 가는 길이라는 그 견해가 참이라는 사실을 주장한다는 점을 생각해 보라. 종교다원주의는 모든 길이 하나님에게로 가는 길이라는 그 자체의 배타적인 주장에 대해서 독단적인 주장을 펼친다. 종교다원주의는 이슬람, 힌두교, 유대교, 그리고 기독교를 믿는 사람들의 깊은 확신이 이 주장과 모순되는 때조차도 이 견해를 견지한다.

종교다원주의자의 주장이 오만한 이유는 자신의 신념을 다른 사람들에게 강제하려고 하기 때문이다. 종교다원주의는 겸손히 신실하게 자신의 종교를 믿고 실천하는 사람들을 향해서 "너는 내가 믿는 것을 믿어야지, 네가 믿는 것을 믿어선 안 된다. 너희들의 길은 옳지 않다. 너희들의 모든 길은 잘못되었고 내 길만이 옳다. 하나님에게로 이르는 유일한 길만 있는 게 아니라 많은 길이 있다. 너희들은 틀렸고 내가 옳다"고 말한다.

이 말을 하는 사람은 다양한 종교들이 가르치는 바를 어느 정도 깊이까지 공부해 본 적도 없이 맹목적으로 이 주장을 펼치는 것이다. 이 주장이 참이라는 증거가 어디 있는가? 이러한 주장이 고대의 성경과 전승들과 세심한 논리 등 그 어디에 호소할 수 있는가? 종교다원주의에 대한 역사적인 근거나 이성적인 근거가 없기 때문에 그 주장은 유지될 가능성이 거의 없다. 모든 길이 하나님에게 도달하는 길이라는 말은 결코 더 겸손한 것이 아니다.

• 종교다원주의는 새로운 종교적 주장이다

이제 종교다원주의가 기독교보다는 더 관용적이라는 생각에 대해 알아보자. 앞서 살펴보았듯이, 고전적인 관용은 다른 신념과 종교 관점 역시 존재할 권리가 있다는 것이다. 그런데 이런 종류 이상의 관용이 필요하다. 그리스도인들은 다른 신앙상의 신념들 자리를 인정하고, 타인에게 신앙상의 신념을 강요함이 없이 그들이 원하는 바를 믿을 수 있게 해야 한다. 반면 영적인 차이점을 받아들이고 존중하며 그런 입장을 견지하는 사람들에게 자리를 내주는 대신, 종교다원주의는 그 차이점을 뭉개고 최소화하려고 한다.

모든 길이 똑같은 신에게로 인도한다는 것은 새로운 종교적 주장이다. 누군가가 모든 길은 동일한 신에게로 인도해 주기 때문에 더 관용적이어야 한다고 말한다면, 그것은 일종의 진리 주장을 하는 것이다. 이 주장은 종교 간의 차이점을 없애버리고 한 솥단지 안에다 집어넣고 뒤섞으면서 "그 종교들은 다 우리를 신에게로 이끌어 주기 때문에 차이점들은 별 문제가 안 된다!"라고 말한다. 그러나 이것은 관용이 아니다. 권력 놀음이다. 하나님에 대한, 그리고 어떻게 신성에 도달하느냐에 대한 불교, 힌두교, 기독교, 이슬람교의 서로 다른 견해들을 한 번에 쓸어 구석에 몰아넣는다. 팔정도나 이슬람의 다섯 기둥이나 그리스도의 복음은 (있는 그대로 존중되지 못하고) 관용을 받지 못한다. 그 대신 하나의 새로운 종교적 주장에 굴복하도록 강요받는다. 종교다원주의는 관용적인 것처럼 보이지만, 실상은 종교다원주의 자체를 다른 종교들 위에 높여놓고서 권력을 행사하는 것이다. 그것은 권력과 권위를 자임하고, 다른 종교들에게 반대되는 진리를 결정 내려준다.

관용과 다원주의는 다르다

사람들은 자신이 신봉하는 종교를 공부하고 실천하는 일에 수년씩을 보낸다. 그러한 종교적 확신을 가진 사람들에게, 그런 확신은 중요한 게 아니라고 말하는 것은 교만과 불관용의 극치다. 종교적 관용이라는 생각은 관용할 차이점들이 있음을 전제로 한다. 그러나 다원주의는 그러한 차이점들에 대해 관용하지 않는다. 이 점에서 **종교다원주의는 그 자체가 하나의 종교다**. 그 자체의 종교적 절대성을 갖고 있다. 그것은 모든 길이 다 똑같은 신에게로 이끌어준다는 것이다. 종교다원주의는 다른 신앙을 가진 사람들에게 이 절대적 주장을 수용할 것을 요구한다. 종교다원주의를 주장하는 사람들은 종교다원주의가 더 깨어 있으며 더 겸손하고 더 관용적이라고 말하면서 실제로는 자신의 다원주의적 신념을 전도하고 있는 것이다. 종교다원주의는 말이 많고 설교조다. 그런데 그걸 관용이라는 가면을 쓰고 행한다. 다시 프로테로는 이렇게 지적한다.

"종교들의 하나됨에 대한 믿음은 그것 자체가 바로 신앙이다. (어쩌면 근본주의 형태의 신앙일 것이다.) 그리고 우리를 그 자리로 데려다 주는 비약은 과대 상상이다."[12]

많은 길이 있으되 그 모든 길이 신에게 인도한다는 종교다원주의를 믿는 신앙은 눈에 분명히 보이는 자명한 사실이 아니다. 신앙의 도약이 필요하다.

지금까지 살펴보았듯이, 종교다원주의를 선택하는 각각의 이유들—계몽, 겸손, 관용—은 다 실패다. 종교다원주의는 그런 이유들을 배신한다. 그런 가치들을 견지해 내지 못한다. 종교다원주의는 계몽시켜 주지도 않고, 정확하지도 않으며, 겸손하지도 않고, 무척 독단적이다. 그리고 사실 관용적이지도 않다. 여러 종교들이 갖고 있는 종교적 특징들을 다 뭉개버린다. 결국 종교다원주의는 종교 그 자체다. 그것도 모순에 근거한 종교다.

이와는 대조적으로, 참 기독교는 다른 종교들의 신념을 존중하고 대접해 준 역사를 갖고 있다. 기독교는 이러한 종교적 신념들을 비교하고 유사점과 차이점을 부각시킴으로써 이러한 종교적 신념들과 씨름한다. 그리하여 힌두교의 카르마, 불교의 각성, 이슬람교의 순종, 기독교의 은혜를 공대한다.

그렇다면, 다른 종교 신념들에 대한 적절한 기독교적 응대는 무엇인가?

• **배타적 주장을 하신 예수**

자, 다시 예수님의 접근 방법을 살펴보자. 예수님은 자신이 길과 진리와 생명이라는 배타적인 주장을 하셨다 요 14:6. 이 주장이 무슨 뜻인가? 예수님이 길을 내주는 우리의 불도저이시라 다른 종교 옵션들을 옆으로 다 치워버리시니, 영적이거나 도덕적인 증진을 통해 하늘에 이르는 길을 우리가 걸어갈 수 있게 해주신다는 뜻인가? 만일 우리가 십계명을 다 지키고, 가난한 자들을 섬기고 이웃을 사랑한다면, 기도를 충분히 하고 성경을 충분히 읽는다면, 혹시 하나님이 우리를 받아주신단 말인가? 그렇지 않다. 예수님은 그렇게 우리가 걸어나갈 길을 만들지 않으신다. 복음은 우리가 결코 그 길을 갈 수 없다는 나쁜 소식으로 시작한다. 우리는 결코 영적으로나 도덕적으로나 사회적인 선행으로 하나님께 멋진 인상을 심어줄 수 없다. 그 길은 다 갈 수 없다. 무한히 경모할 만하고 사랑스러운 하나님을 사랑하고 섬기는 일에서 우리는 다 실패! 사실 우리가 다른 것들을 더 사랑한다면, 그건 무한한 범죄 행위다. 무한하신 하나님을 거스르는 죄다. 우리가 저지른 범죄에 대한 선고는 반드시 실행되어야 한다. 그게 나쁜 소식이다. 그러나 그 소식은 좋은 소식을 좋게 만드는 나쁜 소식이다.

예수님은 우리가 따라야 할 길을 깨끗이 치워주지 않으신다. 대신 우리를 위해 험한 길을 택하셔서 죄인들이 죽는 자리인 죽음의 그늘이 지배하는 계곡으로 내려가신다. 내려가셔서 우리의 죄, 우리의 반역, 우리의 실패 속으로 들어가신다. 그 모든 것을 예수님이 자기 등에 짊어지고 십자가의 길을 오르신다. 거기서 예수님이 우리의 죄악들을 위해 형벌을 당하신다. 그것은 피가 흐르는 참혹한 죽음이다. 무고한 그분이 죄가 있는 이들을 위해서 처벌을 받으신다. 만일 그가 우리가 받을 형벌을 받지 않으신다면, 그 형벌을 우리가 받아야 한다. 그것은 하나님으로부터 영원히 분리되는 것이다.

그러나 죄를 흡수하시는 예수님의 죽으심 가운데서 예수님을 영접하는 사람들에게는 용서가 있다. 예수님은 그 죽음의 계곡을 통과하실 뿐 아니라 아버지 하나님에게로 이르는 산 위에 올라가신다. 그 산 위에서 예수님은 우리의 무고함을 간청하신다_{히 7:25, 10:1-8 참조}. 이것이 바로 예수님이 그 길이 되신다는 뜻이다. 예수님은 우리를 대신해서 우리 자리에 서심으로써 우리의 범죄를 공정하게 다루신다. 이 사실을 알게 되면 우리는 결코 교만할 수 없고 한없이 **겸손할 수밖에** 없다. 복음은 우리가 얼마나 받을 자격이 없는 사람들인지를 보여주며, 또한 우리가 받아 누리는 자비가 얼마나 큰지를 보여준다.

- **하나님이 사람에게 이르는 길을 택했다**

예수님만이 **진리**이시다. 무슨 뜻인가? 요한복음 1장은 하나님이 육신이 되셨고 예수 안에 은혜와 진리가 충만했다고 말한다. **진리는 하나님이 예수시라는 것이다.** 기독교는 하나님이 사람으로 태어났음을 말하는 유일한 종교다. 온전히 인간이라는 것이다. 다른 모든 종교는 인간이 신성을 향해 자기 길을 열심히 가야 한다고 말한다. 그러나 예수가 진리다. 진리는 우리가 영적인 사다리를 올라가서 하나님에게로 이르려는 시도를 함으로써 발견되는 것이 아니다. 하나님이 우리에게 내려오셔서 우리 중 하나와 같이 되시고 우리를 대신해서 우리 자리에서 우리의 죄악을 위해 죽으셨다는 것이다. 하나님이 우리에게 오신다. 우리의 영적인 죽음 가운데서 우리를 부활시켜 주시고, 우리에게 하나님의 생명을 주신다. 하나님이 사람에게로 이르는 길을 택하셨다. 그것이 은혜다. 진리는 특별한 기도도 아니고, 우리가 진주로 된 성문 앞에서 외쳐야 할 주문도 아니다. 기독교에서 진리는 한 사람으로, 예수 가운데서 계시된다. 그분은 은혜와 진리가 충만하다. 다른 종교들은 하나님이 비인격적이며 멀리 계시며 접근할 수 없다고, 혹은 관계를 맺을 수 없이 초월해 있다고 가르친다. 그러나 기독교에서는 우리가 육체로 오신 하나님을 만난다. 그 진리는 우리를 위해서 죽고 부활하시는 한 사람a Person으로 알려진다.

- **우리 자신이 옳음을 증명할 필요가 없다**

마지막으로, 예수님은 생명이시다. 요한복음에서 예수님은 자신이 부활이며 생명이며, 누구든지 예수님을 믿는 자는 비록 죽어도 살아날 것이라 말씀하신다요 11:25. 예수님은 죽음의 계곡으로 깊이 내려가서 우리의 죽음을 감당하시고, 죽은 자들 가운데서 부활하여 승천하셔서 우리가 예수님과 영원히 생명을 누리도록 새로운 자리를 마련하신다. 종국에는, 한 사람이 얼마나 선량한가, 도덕적인가

하는 것은 문제가 안 된다. 하나님을 배척한 우리의 죄악을 갚기에 충분할 정도의 선량함이나 도덕성은 있을 수 없기 때문이다. 우리가 배격당하든지, 우리를 위해서 배척당하신 예수님에게로 우리가 돌이키든지 둘 중 하나다. 이것이 복음의 핵심이다. 예수님은 자기를 배격하는 자들, 자기의 원수들, 그를 믿지 않는 이들을 위해서 자기 목숨을 내려놓으신다. 그리고 그들에게 용서를 제안하신다.

이것은 우리 삶이 우리 맘 내키는 대로 할 수 있는 우리 자신의 것이 아님을 의미한다. 만일 예수님이 우리의 생명이시라면, 우리는 그에게 속한다. 사도 바울이 말했듯이 "내가 그리스도와 함께 십자가에 못 박혔나니, 그런즉 이제는 내가 사는 것이 아니요 오직 내 안에 그리스도께서 사시는 것이라. 이제 내가 육체 가운데 사는 것은 나를 사랑하사 나를 위하여 자기 자신을 버리신 하나님의 아들을 믿는 믿음 안에서 사는 것이라" 갈 2:19-20.

우리는 그에게 속하기 때문에, 우리 자신이 옳음을 증명하고, 다른 사람들 위에 군림하는 권력을 추구하거나, 우리가 믿는 것을 다른 사람들에게 믿도록 강요하려고 나설 필요가 없다. 구원은 은혜의 선물임을 안다. 교만으로 우쭐대는 대신 하나님의 은혜로 겸비하게 되었다.

예수님에 대한 믿음은 설득력 있는 관용을 갖게 만든다. 설득력 있는 관용은 깊은 확신에서 시작하지만, 다른 사람들로 하여금 우리에게 동의하도록 강요하거나 조종하려는 동기를 갖지 않는다. 우리는 배우고 우리가 믿는 것을 나누기를 원하는 순수한 동기에서 다른 종교 신앙들과 대화를 갖는다. 우리가 견지하는 깊은 확신은 포기하지 않는다. 만일 포기한다면 진정성이 없는 것일 것이다.

설득력 있는 관용은 다른 사람들의 종교적 신념을 존중하면서 자신의 종교적 신념을 자유롭게 개진하도록 한다. 종교 간의 차이점들을 최소화하지 않고 존중한다. 예수님은 우리의 길이며 우리의 진리이시고 우리의 생명이시다. 그리고 이 사실은 하나님의 은혜를 경험하고, 하나님이 우리에게로 내려오셔서 우리의 도덕적이며 종교적인 실패를 감당하기 위해 죽으시고 우리에게 새 생명을 제공하셨다는 점을 알게 되면서 우리를 겸손하게 만들고 진정한 깨달음이 일어나게 해준다.

만일 이것이 사실이라면, 적절한 대응은 오직 그분만이 홀로 놀라운 용서의 약속을 제공해 주실 수 있으신 예수님을 믿도록 다른 사람들을 사랑으로 설득하려고 시도하는 것이다. 월드비전에서 종교 간의 관계 문제를 담당하는 책임자인 차카트 모커리Chawkat Moucarry는 이렇게 말한다.

"자기 종교의 배타적인 주장을 진지하게 받아들이는 신자들이, 자기들이 선포하는 진리를 다른 이들에게 설득하려는 것은 완전히 정당한 일이다. 그 주장을 세심하게 검토해 본 누군가가 투명하고 자유로운 대화의 결과 인생을 바꾸는 결정을 내리리라고 희망하고 기대하는 것은 잘못이 아니다."[13]

무신론자인 펜 질렛의 말을 상기해 보자. 그는 이렇게 말했다.

"영생이 가능하다고 믿으면서도 그 사실을 얘기하지 않으려면 그 사람을 얼마나 증오해야 하는지 아는가?"[14]

우리가 영생이 오직 예수 그리스도를 알 경우에만 발견된다고 믿는다면, 관용적인 설득은 사랑의 행위가 된다.

우리 모두는 앞으로 우리의 신앙을 어느 곳에 두어야 할지 반드시 선택해야 한다. 독단적이며 불관용하는 종교다원주의에 둘 것인지, 아니면 그 길이 겸손하며 그 진리가 눈을 밝게 해주며 그 생명이 다른 이들의 선택과 결정을 존중하는 설득력 있는 관용을 보여주시는 예수에게 둘 것인지를.

기독교와 종교다원주의는 둘 다 신앙을 요구한다. 《다원주의 사회에서의 복음》에서 레슬리 뉴비긴Lesslie Newbigin은 "의심은 자율적이지 않다"[15]라고 썼다. 당신은 어떤 것이 참일지, 또 모든 것이 참일지 의심만 할 수는 없다는 뜻이다. 어느 한 가지를 의심하려면 다른 무엇을 믿어야 한다. 예수를 의심하고 종교다원주의를 신뢰하든지, 예수를 신뢰하고 종교다원주의를 의심하든지 해야 한다. "나는 예수가 유일한 길이심을 믿는다"라고 말하면서 동시에 "나는 모든 길이 하나님에게로 도달하는 길이라 믿는다"라고 말할 수는 없다.

'새로운' 형태의 관용이 부상하고 있다. 그 관용은 대중적으로 널리 퍼져나가고 있고, 흔히 깊은 생각 없이 토론에서 내뱉어진다. 그러나 앞서 살펴보았다시피, 그것은 지적으로 부주의한 것이며 배타적이고 불관용적이다. 그것은 자기 모순적인 관용을 받아들일 수 있는 유일한 종교적 견해라고 배타적으로 주장한다. 다른 종교들의 독특한 견해들을 부정하면서, 모든 종교가 결국 동일한 신에게로 이끌어주는 것이라는 주장을 한다. 이 관용은 수백 년 동안 자기 종교에 헌신해 온 이들의 연구와 충성과 실천을 무시한다. 이 관용은 (모든 종교 신념이 똑같이 참이라는) 배타적인 주장을 하며, 그 신념을 모든 이들에게 가차 없이 강요한다.

옛날식 관용과 새로운 관용에는 큰 차이가 있다. 다른 사람들이 믿는 종교적 신념을 존중해 주는 것은, 종교 견해들 사이에 차이점이 있음을 인정하는 것이다. 우리는 종교들 간의 상호 존중하는 대화와 호의적인 토론을 장려한다. 그리스도인들은 다른 이들의 세계관을 존중해야 하며, 그들의 독특한 종교적 신념을 더 잘 이해하기 위해 다른 신앙을 가진 이들과 기꺼이 대화해야 한다.[16] 우리는 다른 종교를 갖고 있는 이들을 두려워하거나 정죄하지 말고 그들로부터 기꺼이 배워야 한다. 오늘날은 의미 있는 대화가 턱없이 부족하다. 그래서 그리스도인들이 다른 이들과 더불어 이런 문제를 놓고 의미 있는 대화를 가질 필요가 있다. 예수님은 오직 자신만이 인생의 가장 깊은 물음에 대한 답을 갖고 계시다고 주장하셨다. 만일 우리가 예수님의 가르침이 참이라고 믿는다면, 예수님의 삶과 메시지와 가르침에 관해 다른 사람들과 깊은 대화를 해야 할 이유가 충분하다. 예수님은 우리가 고전적인 방식으로 관용적이 되며, 사랑으로 충만하고, 가장 중요한 문제들에 관해 설득력 있게 대화할 모든 이유를 우리에게 제공하신다.

핵심질문

1. 당신이 타종교 신앙을 갖고 있는 사람을 만났던 경험을 나누어보라. 당신은 어떻게 대답했는가?

2. 옛날식 관용과 새로운 관용의 차이점은 무엇인가? 당신은 어느 쪽을 선호하는가?

3. 다른 사람들이 갖고 있는 종교 신념을 존중할 수 있게 해 주는 근거는 무엇인가?

4. 종교다원주의의 주장들에 그리스도인들은 어떻게 대답해야 하는가?

5. 당신이 맺고 있는 관계들 가운데서 설득력 있는 관용의 태도는 어떤 모습이 되겠는가?

5장
많이 모르는데 어떻게 전도를

사람들과 전도에 대해 말할 때 가장 많이 들었던 반론 하나는 "나는 충분히 알지 못합니다"였다. 사람들은 "만일 내가 대답할 수 없는 질문을 받으면 어떻게 하느냐?"고 말한다. 그들은 "예수가 어떻게 하나님에게로 가는 유일한 길이 될 수 있느냐?"라거나 "성경에도 오류가 많지 않나요?"라는 질문을 받을 때 어떻게 대답해야 할지 몰라서 그리스도에 대해 말하기를 꺼린다.

이러한 질문들은 깊은 생각을 요구하는 진지한 질문들이다.[1] 그리스도인으로서 우리는 우리가 갖고 있는 소망의 이유들에 대해서, 우리가 믿는 것들이 참인 이유에 대해 알고 있어야 한다.[2] 만일 적절한 이유도 없이 소망을 갖는다면 우리 믿음이 무슨 소용이 있겠는가? 만일 우리 믿음이 좋은 질문들과 힘든 시기의 시련을 견디지 못한다면, 기댈 가치가 어디 있겠는가? 당신의 믿음과 또한 다른 이들에 대한 당신의 증거를 위해서도, 당신이 믿는다고 외치는 그 믿음에 대해 아는 것이 중요하다. 그렇다면 부활하신 그리스도에 대해 자신 있게 증거할 수 있으려면, 우리는 얼마나 알아야 하는가? 만일 충분히 알지 못한다면 어떻게 될까? 전도를 아예 못하게 만드는 이 문제를 우리는 어떻게 타도해 나갈 것인가?

생각하는 기독교

당신이 갖고 있는 신앙상의 신념이 도전을 받았는데 전혀 대답할 수 없었던 경험이 있는가? 아마도 슬며시 대화를 멈추고 빠져나오고 말았을 것이다. 대학원에 다닐 때 나는 한 창의적인 광고 회사에서 야간 경비로 일했다. 순찰복은 입지 않았지만 2킬로그램 남짓한 검은 손전등과 자그마한 비상용 손전화기를 지니고 다녔다. 그 회사는 숲 한가운데의 언덕 위에 있는 오래된 5층짜리 수녀원 건물을 개조해서 쓰고 있었다. 낮에는 우뚝 서 있고, 밤에는 음산한 배트맨 브루스 웨인의 저택을 생각하면 된다.

밤마다 청소업체 사람들이 들어와 청소를 했는데, 그 업체의 사장인 토니를 알게 되었고, 이내 아주 잘 알게 되었다. 토니는 지적인 능력과 고전에 대한 지식이 많은, 이탤리언을 고집하는 황소 같은 남자였다. 그는 이것저것 많이 아는 개똥 철학자였고, 근본은 불가지론자였다. 당시 나는 신학교 학생이었으므로, 예수님에 대한 나의 신앙을 전하는 데 열심이었다. 그래서 우리는 논전을 벌였다! 나는 점점 토니의 지적인 능력과 따지고 대화하는 일에 열려 있는 그의 태도에 감탄을 금치 못하게 되었다. 그래서 여러 차례 대화한 끝에 우정이 생겨났다. 종종 나는 대화 중에 대답을 하기보다는 질문을 더 던짐으로써 곤란한 질문에서 빠져나왔다. 어떤 날의 대화에서, 그는 루이스의 《순전한 기독교》를 기독교에 대한 얄팍한 변증이라 치부했다. 자기가 갖고 있는 의문들을 해결해 주지 못했다는 것이다. 그 말에 나는 한 방 얻어맞은 기분이었다. 토니가 끊임없이 질문을 해대서 나는 내 종교적 신념에 대해 합리적인 설명을 개발하지 않을 수 없었다.

오늘날 많은 사람들이 기독교를 생각 없는 신앙이라고 여긴다. 생각 없는 대중을 위한 종교라는 것이다. 그러나 성경은 이성의 중요성을 강조한다. 우리에게 생각하라고 촉구하고, 우리의 지성을 사용하라고 말한다.

- 네 마음을 다하고 목숨을 다하고 뜻을 다하고 힘을 다하여 주 너의 하나님을 사랑하라 막 12:30.
- 회당에서는 유대인과 경건한 사람들과 또 장터에서는 날마다 만나는 사람들과 변론하니 행 17:17;. 17:2; 18:4, 19 참조.
- 믿음으로 모든 세계가 하나님의 말씀으로 지어진 줄을 우리가 아나니 히 11:3.
- 그러나 의를 위하여 고난을 받으면 복 있는 자니 그들이 두려워하는 것을 두려워하지 말며 근심하지 말고 너희 마음에 그리스도를 주로 삼아 거룩하게 하고 너희 속에 있는 소망에 관한 이유를 묻는 자에게는 대답할 것을 항상 준비하되 온유와 두려움으로 하고 벧전 3:14-15.

이것들은 단지 몇 개의 예일 뿐이다. '생각하는' 기독교의 필요성을 보여주는 다른 구절들이 수백 개가 넘는다. 이런 본문들은 모두 머리를 활발히 사용하는 것이 예배와 설교와 변증과 신앙에 필수적이라는 것을 가르쳐준다. 사도 베드로는 우리의 신앙적인 신념의 이유들을 확실히 갖고 있으라고 권면한다. 그가 사용하고 있는 어구는 '변호하다'라는 뜻이다. 그 단어는 그리스어 '아폴로기아apologia'에서 나왔다. 이 단어에서 변증학을 뜻하는 '아폴로제틱스apologetics'라는 단어가 나왔다. 변증이란, 방어적이며 적대적인 논증을 말하지 않는다. 그것은 복음 신앙에 대한 합리적인 진술로서, 기독교 신앙에 대한 질문들의 대답 가운데 제시되는 것을 말한다. 변증을 하려면, 문화의 관용어를 사용하고 사람들이 이해할 수 있는 방식으로 말하면서 질문과 반론과 관심사들을 다루어나가야 한다.

실제로 마이클 그린은 자신의 책 《초대교회의 복음전도》에서 적대적인 로마 제국 전역에 복음이 들불처럼 퍼져나가도록 초대 그리스도인들을 이끌었던 다섯 가지 특성을 강조한다. 이 특성들 중 한 가지가 변증에 대한 헌신이다. 불행하게도 이처럼 사려 깊은 전도는 오늘날 보기 힘들다.

"오늘날 대부분의 전도는 성급하고 무뇌적이다. 지식인들은 대개 전도에 참여하지 않는다. 이것이 우리의 이중적인 손실이다. 전도를 행하는 이들은 신학을 모르며 신학자들은 전도가 뭔지를 모른다. 초대 교회에서는 그렇지 않았다."[3]

우리는 "모든 신학은 실천신학이며, 모든 실천은 논리적이다"라고 말했다는 조나단 에드워즈Jonathan Edwards의 예를 따르는 것이 좋앉을 것이다.

사도행전 22장에서 바울은 자기를 핍박하던 유대인들을 향해서 복음에 대한 변증을 한다. 그의 변증은 독특하게 혼합되어 이루어져 있다. 그는 자기의 자격을 증명하고, 몇 가지 스토리를 선별해서 들려주며, 유대신학을 파고든다. 그러나 사도행전 7:22-31에서 아테네 사람들에게 말할 때는 다른 접근법을 취한다. 바울은 "생각을 한 다음" 헬라 철학과 헬라 문학시을 다룸으로써 복음을 변호했다. 대화식의 접근 방법이다. 생각하는 신앙은 짜맞추어져 암기된 변증이 아니다. 그것은 다양한 문화들 가운데서 복음이 갖는 함의를 깊이 생각하고, 그것을 그 문화 속에서 살아가는 사람들에게 전달하려는 노력이다.

바울의 삶에서 볼 수 있다시피, 우리는 살아가면서 배울 수 있다. 바울은 자신이 여행하고 여러 도시들을 다니며 사람들과 교류하면서 보고 겪었던 일을 자유롭게 끌어다가 사용했다. 각 문화가 갖고 있는 주장은 전도를 위해 사용할 수 있는 좋은 소재다. 실제로 그러한 주장들은 우리가 연결할 수 있는 복음의 진리들을 종종 건드려주며 반영한다. 아테네에서 바울은 알 수 없는 신에게 바쳐진 우상을 보았고 그것을 하나의 예로 사용했다. 바울은 그 문화에서 나온 시를 인용했다. 이는 그가 이전에 랍비 가말리엘 문하에서 받은 공식적인 신학 훈련에서 배운 게 아니었을 것이다. 생각하는 신앙은, 환경에서 기꺼이 배우고 환경에 적응해서 청중들이 이해할 수 있는 개념과 관용어와 단어들로 복음을 물 흐르듯 전할 수 있어야 한다.

이는 당신이 나처럼 대답보다는 더 많은 질문을 갖고 집으로 돌아오는 시간을 갖게 될 것임을 뜻한다. 그것도 괜찮은 일이다! 그것이 '맹목적으로' 반지성적인 기독교를 유지하면서 당황스러움이나 교만으로 응대하는 것보다 훨씬 나은 일이다. 우리가 갖고 있는 소망에 대해, 즉 하나님이 우리 각자에게 주시는 소망에 대해 즉시 설명할 바를 준비하라는 베드로의 권면을 기억하라. 생각하는 기독교는 단지 베드로나 바울 같은 이들만을 위한 것이 아니라 우리 모두를 위한 것이다. 바울은 일상생활을 하고 있는 골로새 교인들에게 이렇게 말한다.

"외인에게 대해서는 지혜로 행하여 세월을 아끼라. 너희 말을 항상 은혜 가운데서 소금으로 맛을 냄과 같이 하라. 그리하면 각 사람에게 마땅히 대답할 것을 알리라" 골 4:5-6. 전도에 대한 이 권면은 복음을 전하는 일이 일상생활이 되도록 하라는 뜻이기도 하다. 지혜 가운데서 행하고, 은혜로 말하고, 당신이 만나게 될 각 사람에게 어떻게 대답해야 할지 알도록 하라. 이는 암기된 대답으로 준비하는 그런 행동이 아니라 참여적이고 반응하는 기독교의 열매다. 그 행동은 성찰과 하나님과의 개인적인 만남, 다른 이들과 대화하는 것을 규칙적으로 실천한 결과다.

지적인 안전을 위하여

비록 당신이 전도나 변증 같은 단어에 친숙해진다 할지라도, 나는 당신이 생각하는 신앙을 개발하기를 원한다. 생각하는 신앙은 어떻게 복음을 지혜롭게 전하는지를 열성적으로 배우는 신앙이다. 변증한다는 것은 방어적이 되거나 만반의 준비를 갖춘 논증을 펼치는 게 아님을 기억하라. 변증을 한다는 것은 단순 명확하고 사리 분별이 명확한 복음을 문화가 이해할 수 있는 용어로 진술하는 것일 수 있다. 당신의 변증이 듣는 이의 실제 삶에 연결되는 대화, 특히 그 사람의 반론과 관심사를 해소해 주는 말일 수 있다.

생각하는 신앙과 대비되는 것은 준비한 정보를 늘어놓거나 사람들의 귀에 진짜처럼 들리지 않는 프레젠테이션을 하는 것이다. 사람들은 그런 정보나 프레젠테이션은 말 그대로 믿을 수 없다고 여긴다. 아무도 자신이 영적인 프로젝트의 대상이 되는 것을 좋아하지 않는다. 사람들은 알려지기를 원한다. 우리가 전하는 말이 별로였거나 우리의 관심에 아량이 생기면 사람들은 질문을 던지게 되고, 우리는 그 질문을 듣고 더 생각이 깊어지고 더 개인적인 대답들을 할 수 있게 된다.

그렇지만 여전히 나는 입을 열어 말을 한다는 게 부담스러울 수 있다는 점을 이해한다. 어떻게 대응할지 알 수 없는 상태에서는 더욱 그렇다. 상대방이 이해할 수 있도록 복음을 전하는 방법을 모를 때 어떻게 하겠는가? 무슨 말을 해야 할지 몰라 걱정스러울 때 어떻게 해야 하는가? 이러한 걱정이 올라올 때 우리에게 안정을 주는 무언가가 필요하다. 그렇다면 어떻게 해야 우리의 두려움을 극복하고 자신감을 쌓을 수 있는가? 우리의 믿음에 대해 분별력 있는 설명을 할 수 있도록 우리를 자유롭게 해주는 것은 무엇일까?

변증에 돌입할 때 우리 맘을 편하게 해주는 두 가지 종류의 안전이 있다. 하나는 지적인 안전이다. 기독교 신앙은 수백 년에 걸쳐 신실하게 신앙을 변호해 온 변증가들의 긴 전통을 갖고 있다. 그들은 다른 시대, 다른 문화에서 몇 가지 똑같은 질문들에 답변해 왔다. 가장 초기의 변증가로는 순교자 유스티노Justin Martyr, 테르툴리아누스Tertulian, 타티아누스Tatian, 알렉산드리아의 클레멘트Clement of Alexandria가 있다. 이들이 했던 변증의 대답들은 세대를 거쳐서 전해 내려왔다. 오늘날에는 라비 재커라이어스Ravi Zacharias, 윌리엄 레인 크레이그William Lane Craig, 팀 켈러, 존 프레임John Frame, 앨빈 플랜팅가Alvin Plantinga 등과 같은 새로운 변증가들이 옛 물음들과 새로운 물음들에 답변을 시도하고 있다.[4] 이들의 글을 읽어보면 도움이 된다.

구체적인 질문들에 대답해 가는 가운데 복음 자체에 대한 우리의 지식과 이해가 성장한다. 복음은 삶의 가장 깊은 문제들을 다룸으로써 거대한 변증의 역할을 감당한다. 창조의 문제, 악과 고통의 문제, 하나님의 존재, 구원의 소망, 하나님과 인간의 본성, 신앙의 역할 등의 문제를 다룬다. 성경의 스토리라인은, 우리 모두가 원하는 세상에 대한 이야기를 들려주면서 우리의 가장 깊은 소망과 바람을 설명해 주는 내러티브다.[5] 그 스토리라인은 의롭고, 즐겁고, 아름답고, 친밀하며, 결실 있고, 창의력 있으며, 평화로 충만한 완벽한 세계에서 시작해 그 세계에서 끝난다. 성경의 스토리는 또한 현재의 세상이 불의하고, 슬프고, 외롭고, 저주 아래 있고, 부서져 있다는 우리 대부분의 반론을 인정한다.

이러한 묘사들을 통해 성경은 세계 질서의 문제, '육체'의 죄악된 열망들, 마귀 자체와 같은 문제점을 확인시켜 준다. 동시에 우리 주 예수 그리스도의 삶과 죽음, 부활과 재림이라는 해결책을 제공한다. 변증학은, 우리의 죄악과 그 결과들에 대한 나쁜 소식과 하나님의 구속과 구출이라는 좋은 소식의 복음 스토리가 사람들의 귀에 들리게 해준다. 변증은 기독교의 내적인 일관성과 그 지적 신빙성을 드러내주며, 그리스도를 신뢰할 누구에게나 실존적으로 만족스러운 목적을 제공해 준다. 복음은 예수라는 인물을 통해서 역사의 코스를 바꾼 사건에 대한 말씀이다. 이 말씀은 원래의 모습이 아닌 이 세상을 이해할 수 있게 해주며, 삶의 가장 어려운 문제들에 대해 심오하고 진실한 대답을 해준다. 그러나 성경에 제시된 세계관이 우리에게 지적인 안전을 제공해 준다 해도, 우리가 증거를 대범하게 할 만큼 충분하지는 않다. 무언가가 더 필요하다.

더 깊은 안전을 둘 곳

우리의 이해와 지성을 뛰어넘으면서 우리 신앙에 대해 합리적인 설명을 해주는 또 다른 형태의 안전이 있다. 베드로의 말로 다시 돌아가보자. 이 말씀은 문맥과 상관없이 흔히 인용되고 있다. 우리 신앙에 대한 방어를 위해 준비하라는 권면을 하기에 앞서 베드로는 우리에게 이렇게 권면한다.

"그들이 두려워하는 것을 두려워하지 말며 근심하지 말고 너희 마음에 그리스도를 주로 삼아 거룩하게 하고 너희 속에 있는 소망에 관한 이유를 묻는 자에게는 대답할 것을 항상 준비하되 온유와 두려움으로 하고" 벧전 3:14-15.

성경적 세계관을 통해 표현되는 합리적인 소망보다 더 깊은 것으로는 무엇이 있겠는가?⁶ 베드로전서 3장 14절은 많은 변증의 일에 대한 증명이지만, 14절은 머리가 아니라 마음을 말한다.

"너희 마음에 그리스도를 거룩한 주로 공경하라!"

베드로는 박해를 겁내는 사람들에게 편지를 쓰고 있었다. 오늘날의 서구 사회에서는 육체적인 핍박이 드문 대신 다른 형태의 박해에 직면하게 된다. 오늘날 서구 교회가 직면하고 있는 박해는 1세기의 육체적인 박해보다 더 교묘하고 은밀하다. 〈마르스 힐 오디오Mars Hill Audio〉의 문화 변증가인 켄 마이어스Ken Myers는 그 점에 동의하면서 이렇게 말한다.

"대중문화와 더불어 살아가는 현대 그리스도인들의 삶이 직면하는 도전은 일찍이 초대 교회가 몇 백 년간 겪었던 박해와 전염병만큼이나 심각하다고 할 수 있다."⁷

그리스도인들이 직면한 것이 생명을 위협하는 박해든지, 대중적인 다원주의 문화의 압제적인 이데올로기든지 간에, 우리 모두가 공동으로 갖고 있는 적은 마음을 쩌릿쩌릿하게 하는 두려움이다. 오늘날 우리는 우리 신앙을 나누고자 애쓸 때 반대와 조롱에 대해 기본적으로 같은 두려움을 느낀다. 회의론자와 대화할 때, 우리가 부족하다는 느낌을 갖는다. 우리는 우리의 자신감을 갉아먹기 위해 우리의 생각을 공격하고, 그리스도에 대한 신뢰를 감소시키고, 예수님에 대해 말하지 못하도록 고개를 돌려버리게 만드는 적에게 압도되어 있다. 우리를 좌절하게 만드는 자가 속삭인다.

'너는 올바른 대답은 다 모르잖아. 네가 진짜로 이 사람이 예수를 믿도록 납득시킬 수 있다고 생각해? 대신 그 사람들에게 책이나

한 권 전해주거나 더 스마트하게 기독교적으로 대화를 시도해 봐!'

이것이 바로 교묘한 형태의 박해다. 앞에서 언급했듯이, 21세기 미국의 다원주의 문화는 다양한 종교적 견해를 받아들일 것을 주장하면서 예수님의 유일성 혹은 기독교 윤리를 주장하는 것처럼 배타적인 주장들은 배격해야 한다고 말한다. 미국은 이전보다 덜 기독교적인 나라가 되었다. (비록 정치와 미디어가 이러한 불만을 과장하고 있지만 말이다.) 많은 사람이 문화 전쟁에서 패배했다고 말한다. 우리는 '나쁜 종교'의 부수적인 결과물들을 물려받고 있다.[8] 혹자는 심지어 미국에서 기독교의 죽음을 선언하기도 한다.[9] 미디어의 편향성이 점점 커지고 있고, 이러한 문화적인 트렌드의 배후에는 영적인 권세가 존재한다. 그 세력은 교회를 위협하고 약화시키고 무너뜨리려는 세력이다. 기독교 신앙에 대한 전면적인 공격이 있다. 우리의 대적은 눈에 보이게 마귀 활동을 벌일 필요가 없다. 보이지 않게 벌이고 있는 속임수가 아주 잘 먹히고 있기 때문이다. 미국 교회는 마귀의 조준망에 걸려들었다.

우리가 부적절하다고 느낄 때 반론에 대답하고 회의론자들의 마음을 이해하기란 어려운 일이다. 모든 개똥 철학과 자동차 범퍼 스티커에 붙이는 식의 진리 주장들을 다 가려내기도 버겁다. 그러나 베드로가 정확하다. 우리는 우리 신앙에 대해 합리적인 변호를 할 필요가 있다. 그러나 이성적인 변호가 언제나 '올바른 답변'은 아님을 이해할 필요가 있다. 확실히 복음을 명확히 이해하고 왜 복음이 사람들에게 좋은 소식인지 이해하는 것이 필요하지만, 모든 이가 전문적인 변증가가 될 필요가 있는가? 나는 그렇게 생각하지 않는다.

비록 우리가 모든 질문에 대답할 능력을 갖지 못할 수 있다 해도, 예수님은 우리에게 우리 신앙을 확실하게 지킬 능력을 주신다.

초대 교회에게 해주었던 베드로의 권면으로 되돌아가보자. 베드로는 이렇게 쓰고 있다. "그들이 두려워하는 것을 두려워하지 말며 근심하지 말고 너희 마음에 그리스도를 주로 삼아 거룩하게 하고"벧전 3;14. 베드로는 조롱과 증오에 직면하고 있었던 초대 그리스도인들에게 안전감을 단지 지성이 아니라 마음 깊이 간직해 두라고 다짐한다. 만일 사람들이 묻거나 말할 내용이 두렵다면, 올바른 대답을 해준다 해도 거기에서 건짐을 받지 못한다. 마찬가지로 목숨을 잃을까 두려워하는 박해받는 그리스도인은 훌륭한 변증을 통해서 구출받지 못한다. 지적으로 부족함이 있을 때만 불안감이 찾아오는 게 아니다. 그보다 훨씬 더 깊다. 안전감을 느끼지 못하는 건 우리 마음에서 비롯한다. 마음에서 우리의 대적이 우리의 두려움을 갖고 놀며, 그림자 속으로 우리를 쫓아오며, 우리 입을 미디어 크기의 손으로 덮어버린다. 참된 변증은 예수님에 대한 마음 깊은 곳의 확신에서부터 시작한다.

그리스도 안에서 우리는 재갈을 벗겨내고, 그림자를 내쫓고, 사람들의 마음을 얻는 순전한 복음 증거를 할 힘을 갖게 된다. 그 힘은 예수님을 무덤에서 끌어올린 힘이다. 그런데 그 힘이 우리가 덮어놓은 마음 안에 잠자코 잠겨 있다. 그 마음의 자리에서 우리는 다른 사람들이 무슨 생각을 하는지 걱정하고 떨면서 근심하고 있는 것이다. 그 저변에는 흔히 우상이 놓여 있는데, 그것 없이는 우리가 살 수 없다. 바로 사람들의 인정이다. 우리는 다른 사람들의 인정을 갈구한다. 그래서 직장 동료들이 우리를 설교조로 말이 많고 비인격적이며 불관용적이라고 생각하는 것을 무릅쓰고 말하기보다는, 복음에 대해 침묵을 택한다. 예수님에 대해 말하기를 주저하는 태도는 하나님 아버지의 인정보다 다른 이들의 인정을 얻고자 하는 욕망에서 나온다. 다른 사람들이 우리를 어떻게 생각하는지가 중요한 게 아니라, 예수님을 우리 마음에 주로 거룩하게 구별해 놓는 것이 절대적으로 필요하다. 그 자리에 이르기 위해서는 그 우상이 더 크신 하나님으로 대체되어야 한다. 그 하나님이 우리에게 더 깊은 안전과 의미를 제공해 주신다. 우리에게 필요한 것은 회개의 선물이다. 다른 사람들이 우리에 대해 생각하는 바를 숭배하지 말고, 그것을 그리스도 안에서 하나님 아버지께서 우리에 대해 생각하는 내용으로 꾸준히 바꾸어야 한다. 그것은 그리스도 안에서 우리가 완전히 사랑받고 완전히 받아들여졌으며 정죄가 없고 버림이 없다는 것이다.

그리스도 안에는 당신에게 필요한 모든 자원과 모든 진리와 모든 힘이 있다. 그리스도 안에서 당신이 갖고 있는 것이다. 당신은 그리스도 예수 안에서 정복자 이상이다 롬 8:37. 열쇠는, 그리스도 안에 계속 머물기를 배우는 것이다. 초대 교회가 이 일을 어떻게 했는지 살펴보자.

데살로니가의 그리스도인들에게 배우기

1세기에 데살로니가의 그리스도인들의 담대한 증거는 유명했다. 박해의 와중에도 그들이 두려움을 극복하고 증거한 일에 대해 전 세계 사람들이 들었다. "주의 말씀이 너희에게로부터 마게도냐와 아가야에만 들릴 뿐 아니라 하나님을 향하는 너희 믿음의 소문이 각처에 퍼졌으므로 우리는 아무 말도 할 것이 없노라"살전 1:8. 데살로니가 교인들이 어떻게 그렇게 했는가? 어떻게 인간으로서의 두려움을 극복하고 고난의 와중에서 예수를 증거할 수 있었는가? 바울은 "우리 복음이 너희에게 말로만 이른 것이 아니라 또한 능력과 성령과 큰 확신으로 된 것"이기 때문이라고 말한다살전 1:4-5. 그들이 믿고 받아들인 복음은 신학적인 구성물도 아니고 교회의 상투적인 말도 아니었다. 분명 그 복음은 말로 표현되고, 글로 써졌으며, 설교로 전파되고, 가르쳐지고, 나누어졌다. 그러나 그 복음은 또한 능력으로 찾아왔다.

종종 그리스도인들은 '말' 의 사람들이든지 혹은 '파워' 의 사람들이다. 그리고 종종 합리화된 기독교를 지향한다. 이런 유형의 기독교는 복음의 권능 없이 복음의 말씀을 견지한다. 설교하고, 가르치고, 문답교육을 시키고, 공부하며, 암기하고 말씀을 나눈다. 그러나 거의 효과가 없다. "지혜롭고 설득력 있는" 말은 있지만 "성령과 권능의 나타남"고전 2:4은 없다. 이런 유형의 기독교는 그리스도에 대한 마스터 없이 조직신학, 성경신학, 역사신학을 마스터한다. 이 유형의 기독교는 우상들을 파악해 낼 수는 있지만 그 우상들의 파워를 해결할 능력은 없다. 그 이유가 무엇인가? 지식의 힘으로 성령의 힘을 대체해 버렸기 때문이다.

반대로 영적인 면에 빠진 기독교 역시 똑같은 위험을 갖고 있다. 그러한 기독교는 기도하고, 찬양하고, 외치며 잃어버린 세상에 대한 승리를 주장하지만 하나님의 복음을 전하기 위해서 손끝 하나 움직이지 않는다. 권능을 달라고 기도하는 것으로는 충분하지 않다. 하나님의 말씀을 선포해야 한다. 선포된 말씀을 통해서 성령의 권능이 역사한다. 믿음은 들음에서 오고 들음은 그리스도의 말씀을 들음이다. 대학 시절 나의 목회자였던 톰 넬슨Tom Nelson은 늘 말하기를 "삽을 밟고 서서 구덩이를 달라고 기도하지 말라"고 했다. 영적인 면만 추구하는 기독교는 기도하면서 하나님에 대한 개인적이며 감정적인 경험을 강조하는 경향이 있다. 그러나 우리에게 필요한 것은 기도와 선포, 권능과 말씀이다.

데살로니가의 그리스도인들은 말씀과 권능이 있었으며, 이해와 경험 가운데서 성장했다. 그들은 또한 온전한 확신을 갖고 있었다. 영적인 권능과 좋은 신학을 소유하는 것으로는 충분치 않다. 여기에 반드시 신앙이 짝을 이뤄야 한다. 신앙은 그리스도 안에서 하신 하나님의 약속들을 적극적으로 수용하는 것이다. 그 수용이 확신을 가져온다. 충만한 확신은 그리스도와의 순전한 만남에서 생겨난다. 충만한 확신은 지적인 의심과 감정적인 경험들을 초월한다. 그리고 박해 속의 침묵 가운데서 "그리스도로 충분합니다!"라고 말한다. 참된 안전, 깊은 안전은 우리를 위해서만이 아니라 세상을 위해서 "예수님만으로 충분합니다"라는 합리적이며 강력한 그리스도 중심의 확신에서 나온다. 교회는 우리가 흔들릴 때 그리스도를 우리 마음의 중심에 주님으로 성별하도록 서로 권면하고 격려하며 기도하기 위해서 존재한다. 사람의 두려움 같은 것일랑 던져버리고, 다함 없는 그리스도의 부요함에 깊이 투자하도록 하자.

믿을 수 있는 복음은 입체적인 복음이다. 성령 충만한 권능을 부여받은 합리적인 설명이다. 공부하고 배우고 생각하라. 동시에, 당신의 우상들을 포기하고 예수님 안에서 안식을 누리는 법을 배우라. 그리하면 성령의 권능이 흘러나올 것이다. 그 결과 성령의 자극에 더 민감해지고 부르심에 더 자신감을 갖게 될 것이다.

지식이나 경험을 신앙을 측정하는 기준으로 오해해서는 안 된다. 말씀과 권능을 믿음과 결합시켜 마음에서 예수님을 따로 거룩하게 모셔야 한다. 원수가 일어나서 "너는 충분하지 않아"라거나 "너는 충분히 알지 못해"라고 말할 때, 그리스도의 말씀에 매달려라. 그리스도의 말씀은 충분함 그 이상이다. 그리스도는 당신에게 충분하며 또한 믿지 않는 자들을 위해서도 충분하다. 용기를 가져라. 복음은 "믿는 모든 자에게 구원을 주시는 하나님의 권능이다" 롬 1:16. 모든 자에게다!

핵심질문

1. 당신은 토니 같은 사람을 만나본 적이 있는가? 그 사람의 뛰어난 지식에 어떻게 반응했는가? 당신은 그 상황을 어떻게 바꿀 것인가?

2. 당신이 '생각하는 기독교'에 참여하기 위해 해야 할 다음 단계는 무엇인가?

3. 그리스도 안에서 누리는 깊은 안전을 얻지 못하게 방해하고 있는 것은 무엇인가? 당신이 사람들의 인정과 자기만족을 위해 찾는 다른 '주'들에는 어떤 것이 있는가?

4. 데살로니가 교인들은 왜 모범적인 복음의 증인이 되었는가?

5. 담대한 증거를 위해서는 권능과 말씀이면 충분한가? 그 이유는 무엇인가? 아니라면 그 이유는 무엇인가?

6. 성령께서 지금 당장 기도로 주님의 부르심에 응답하도록 당신을 부르신다면 어떻게 할 것인가?

2부
무엇을 전해야 할까

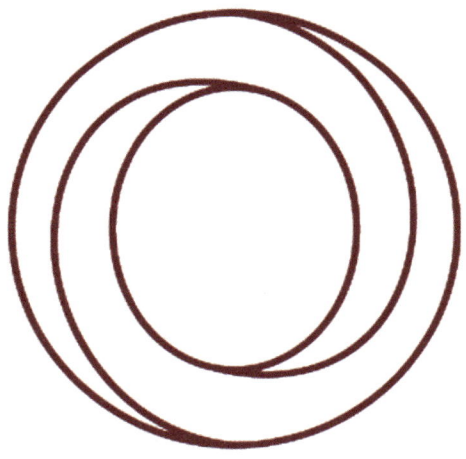

우리의 전도를 무력하게 만드는 요인들을 복음을 갖고 해결함으로써, 우리는 지속적으로 새로워져야 한다. 2부는 이를 상징하는, 지속적으로 회전하는 원으로 표현된다. 원의 깊이와 회전하는 운동은 다양한 문화와 사람들에게 새로운 방식으로 영원한 복음을 지속적으로 소통할 필요성을 우리에게 일깨워준다.

1부에서는, 우리로 하여금 믿을 만한 전도를 못하게 만드는 네 가지 요인들을 검토했다. 전도에 대해 훨씬 크고 훨씬 믿을 만한 비전을 형성하기 위해서 이러한 문제들을 확인하고 여기에 도전하고자 하는 목적이었다. 2부 역시 더 진정성 있으며 인내심 있고 분별력 있는 전도자가 되는 데 영감을 줄 수 있기를 기대한다.

이제 실질적인 복음의 메타포들을 익힐 준비가 되었을 것이다. 하지만 곧바로 전도 방법론 쪽으로 직행한다면, 다시 쉽게 길을 잃을 수 있다. 길에서 벗어나는 일이 없도록 그리스도인들에게 그리고 일반 문화에 복음을 새롭게 설파하는 재복음화 re-evangelization가 필요하다.

재복음화의 첫 번째 전선은 명확할 것이다. 현재 우리는 세속화된 서구 문화 가운데서 복음을 어떻게 전해야 하는지 배워야 할 긴급한 필요성에 직면해 있다. 복음을 다른 이들에게 효과적으로 전달하는 법을 알기 위해서는 개인적이며 문화적인 분별력이 요구될 것이다. 모든 사람이 복음 메시지를 동일한 버전으로 들을 필요는 없다. 이러한 과제를 때때로 '미션얼 선교적' 한 과제라 부른다.

재복음화의 두 번째 전선은 핵심, 즉 교회를 때린다. 그것은 '교회의' 과제다. 재복음화는 단순히 복음을 지성적으로 또 문화적으로 적실하게 전달하는 문제에 그치는 게 아니다. 우리는 전도에 대한 비판을 경청하고 신선하게 증거하는 방법들에 대해 듣고서도 복음을 전하겠다는 동기를 찾지 못할 수 있다. 우리는 전도할 때 빠질 수 있는 모든 함정을 다 피하면서도 여전히 그리스도에 대해 말하지 않을 수 있다. 이유가 무엇일까? 바로 다른 사람들이 우리를 어떻게 생각할지 두렵기 때문이다. 그러므로 이미 전도를 받아들인 그리스도인들도, 복음화가 덜 된 문화들도 모두 새롭게 복음을 전해들을 필요가 있다.

이를 위해서는 여러 감각 기관을 활용하는 접근법이 좋다. 보고 만지고 소리를 듣는 감각들을 활용하는 것이다. 각 감각은 예수님의 메시지를 전체적으로 이해하고 예수님의 다양한 소통을 이해하는 데 지극히 중요하다.

1부에서 살펴보았듯이, 복음을 제대로 다루려면 복음에 대한 정확한 비전이 꼭 필요하다. 그러나 복음 전도의 다양한 옵션을 잘 모른다면, 그리스도를 다른 삶의 정황 가운데 연결시키는 문제에 제약을 받을 것이다. 우리의 목표는, 개인적인 상황들과 문화의 컨텍스트들 가운데서 복음을 전하는 법을 배우는 것이고, 복음에 대한 능숙함을 얻는 것이다. 이 목적을 위해서 다음과 같은 점에 대해 살펴볼 것이다.

1. 복음에 대한 새로운 비전을 갖고 우리의 시각을 명확히 하는 일.
2. 여러 은유들을 통해 복음 다루는 능력을 다변화하기.
3. 문화를 여는 열쇠를 갖고 복음을 전달할 수 있는 언어 구사 능력을 높이는 일.

이 다감각적 접근 방법은 그리스도의 다함 없는 부요함 가운데 들어가게 하며 그리스도인들을 재복음화시켜, 새 힘으로 다시 사회를 재복음화할 능력을 갖추게 할 것이다.

6장
역사적이고 개인적이며 우주적인 복음의 재발견

    돈 드릴로Don DeLillo의 전지주의적 소설 《화이트 노이즈》에서 잭은 칼리지 온 더 힐College-on-the-Hill의 히틀러학과(그가 만든 학과) 교수다. 잭은 다른 사람들이 교수로서 자신을 어떻게 생각하는지를 두고 고민한다. 많은 동료 교수들이 독일어에 유창하지만 잭은 독일어로 말하기는 고사하고 문장을 이해할 수도 없다. 그는 은밀하게 개인교습을 받지만 독일어 배우기는 쉽지 않다.

    히틀러 암살 음모에 관해 토론하면서 잭은 "모든 음모는 죽음을 향해 움직인다"라고 말한다. 모든 스토리의 피할 수 없는 결론은 죽음이다. 이것은 음모를 계획한 자나 음모 대상자나 마찬가지다. 잭은 이 점을 몹시 두려워한다. 살포된 독가스처럼 공포가 그의 주위를 따라다닌다. 그의 내면의 대화는, 다른 사람들이 생각하는 바에 대해 배심원들이 모여 끊임없이 심리하는 것이다. 발각되는 것도 두

렵고, 다른 이들을 잃는 것도 두렵고, 진실도 두렵다.

당신은 자신이 그리스도인임이 발각되는 게 두려운가? 아니면 어떤 식으로든 명예가 깎이는 게 두려운가? 복음에 대한 우리의 비전을 흐리게 만드는 것 하나가, 다른 사람들이 우리를 어떻게 볼까 하는 엄청난 걱정이다.

명예는 우리에게 모든 것이다. '좋은 평판'을 얻은 사람이 좋은 성품을 가진 사람으로 여겨진다. 성품은 사람이 다급해지면 튀어나온다. 튜브를 쥐어짜면 그 속에 있는 것이 전부 밖으로 밀려나온다. 좋은 성품이든 나쁜 성품이든 밖으로 나오게 마련이다. 우유를 엎질렀을 때 성품이 나온다. 인내심이 있는지 성급한지가 나온다. 그렇게 평판은 내면의 성격을 반영하고, 그것은 우리가 꾸며내거나 관리해서 얻을 수 있는 게 아니다. 평판은 시간을 통해서 이루어진다. 좋은 성품이 있어야 좋은 평판이 나온다. 불행하게도 우리는 종종 그 순서를 뒤집는다. 평판을 성품 앞에 둔다. 내면에서부터 흘러나오는 성품을 함양하려 하지도 않고 우리에 대한 사람들의 생각을 관리하려고 시도한다. 이런 경향은 우리 문화에 만연하다. 정당들과 미디어들은 어떤 아젠다를 강화시키기 위해 뉴스를 뒤튼다. 기업들은 브랜드를 창조하기 위해 엄청난 돈을 쏟아붓고 아티스트들은 공인이라는 인상을 강조하기 위해 광고 대행자들을 고용한다. 또 개인들은 블로그와 소셜 미디어 활동을 통해 컴퓨터 뒤에 플랫폼을 만든다.

이 모든 '평판 만들기' 속에서 우리는 우리에 대한 하나님의 의견보다 다른 사람들의 의견을 더 신경 쓴다. '사람들이 나를 친절하고 사려 깊고 관용적이며 지식이 많은 사람으로 보고 있는가? 아니면 비열하고 무식하며 고집쟁이에다 미친놈이라고 보고 있는가?' 와 같은 생각으로 가득 차 있다. 우리는 좋은 평판을 유지하는 데 필요한 일은 무엇이든 다 하려고 한다.

비즈니스 세계에서 이는 인상 관리라 일컬어지며, 이력서를 부풀려서 있지도 않은 평판을 만들어내거나 고객에게 깊은 인상을 심어주기 위해서 하얀 거짓말을 하는 것쯤은 괜찮은 것으로 여겨진다. 그러나 성경의 세계에서는 이를 이중성 있는 마음이며 불안정하게 흔들리는 것이라고 말한다약 1:5-8. 두 마음을 품은 사람은 성품과 평판을 분리시킨다. 그런 사람들의 말은 평판 관리를 위한 실천일 뿐이다. 그러면 이 사람에겐 이 말을, 저 사람에겐 저 말을 하고 다르게 행동하게 된다. 한 사람의 존 대신, 다른 사람들의 인정을 받기 위해서 때에 따라 여러 명의 존으로 변한다. 관용적인 존, 복음 중심의 존, 이웃과 잘 지내는 존, 예술 감각 있는 존, 스포츠에 열광하는 존 등으로 말이다(물론 거짓으로 꾸며내는 것이다). 우리는 어떻게 인지되느냐 하는 게임에 사로잡혀 있다. 이러한 평판 혹은 명성의 우상이 아주 강해져서, 여러 버전의 우리 모습이 깨지는 것은 상상조차 할 수 없다. 그것은 일종의 죽음이 될 것이다. 그것은 우리 자신의 값어치에 대해 우리가 사회적으로 축조해 놓은 자원을 강탈하는 것이다.

잭은 아내와 대화를 나누다가 죽음에 대해 계속해서 이야기하게 되었다. 아내 역시 죽음을 두려워하는 것으로 드러났다. 특히 공포심을 없애는 실험용 약을 복용할 만큼 죽음을 두려워하고 있음이 드러났다. 잭은 묵상한다.

그것은 얼마나 기이한 일인가. 우리에게는 우리 자신과 우리가 사랑하는 사람들의 죽음에 대한 깊고 끔찍스러운 공포심이 어른거리고 있다. 하지만 우리는 주변을 어슬렁거리며 걷고 사람들과 대화하며 먹고 마신다. 우리는 우리가 할 일을 하면서 살아간다. 그 느낌은 깊고 리얼하다. 그런 느낌이 우리를 마비시켜야 하는 게 아닌가? (……) 지난밤에, 그리고 이 아침에, 우리가 얼마나 깊이 두려워하는지를 어떻게 아무도 못 볼 수 있는가? 우리는 모두 상호 동의에 의해 이것을 감추고 있는 것인가? 아니면 알지도 못하면서 똑같은 비밀을 공유하고 있는가? 똑같이 위장하고서?[1]

지금은 우리의 비밀을 밝히 드러낼 때다. 상호 동의에 의해서든, 무지에 의해서든, 우리 모두는 똑같이 위장하고 돌아다닌다. 우리가 회개하고, 그 가면을 벗어버리고, 그 그늘에서 벗어나 빛으로 되돌아오기로 동의할 수 있을까? 우리가 그렇게 하기 전까지는, 평판 상실에 대한 죽음의 공포가 복된 소식을 침묵하게 만들 것이다. 여전히 마비되고, 비복음화되고, 전도하지 않으면서 죽을 걱정에 겁을 내며 지낼 것이다. 다른 사람들이 좋게 봐주는 것을 잃을까봐 우리의 '평판'을 무릅쓰지 못할 것이다. 하나님을 찬양하는 주일 예배 시간에 대해서나 수요일의 깊이 있는 공동체의 시간이나 매일 누리는 그리스도에 대한 기쁨에 대해 입을 열지 않을 것이다. 왜? 사람들이 우리를 이상하고 편협한 생각을 갖고 있는 종교적인 사람이라고 생각하기를 원치 않기 때문이다. 사람들에게 발각될라치면, 당황스러워하기까지 한다.

타인의 인정에 목매달고, 당황스러울 일에 대한 공포에 사로잡혀서 우리는 우리의 종교적 신념을 굳게 닫아놓고 우리 구주 예수를 저 멀리 둔다. 버크 파슨스Burk Parsons는 이렇게 말한다.

"당황스러움은 오늘날 많은 그리스도인들에게 가장 두려운 형태의 박해일 것이다."[2]

이 박해는 진짜 현실적이다. 우리에게는 해방이 필요하다. 희망이 필요하다. 여느 박해에서와 마찬가지로, 우리의 유일한 희망은 그리스도다. 두려움 때문에 신앙을 포기한다고 우리 목숨이 부지되지 않는다. 그러한 포기가 우리 삶을 파괴한다. 우리는 그리스도 없는 명성을 지니고 죽을 것이다. 회개가 갖는 해방의 힘과 더 큰 인정에 대한 소망이 출구다. 이 '박해'는 무시할 수 있는 종류의 것은 아니다. 그것은 리얼하며, 우리를 입 다물게 만들고, 다른 사람들에게 우리 신앙을 나누지 못하게 할 만큼 강력하다. 우리에게는 해방이 절실히 필요하다.

하나님의 받아주심을 받아들이는 것부터

우리가 하나님 아버지의 가족으로 입양될 때, 우리는 그리스도의 명성을 획득하게 된다. 그리하여 의를 얻고, 받아들여지며, 사랑받는다. 우리에 대한 하나님의 거룩한 견해가 바뀌는 것이다. '받아들일 수 없는' 상태에서 바뀌어 받아들여지게 된다. '승인받지 못한' 상태에서 완전하게 그리스도 안에서 인정받는다. 입양의 복음은 우리가 하나님 아버지로부터 지속적인 인정을 받고 있음을 일깨워준다. 그 인정은 이 세상에는 비교할 것이 없다. 하나님은 무한한 사랑과 인정의 원천이시며, 우리를 승인해 주심을 보여주신다. 그러나 하나님의 인정과 함께 오는 명성을 누리고 그 성품을 획득하려면, 다른 이들에게 인정받으려는 시도를 포기해야 한다.

다른 사람들이 우리를 어떻게 생각하느냐에 우리의 신앙을 두려고 해선 안 된다. 하나님 아버지께서 우리를 어떻게 생각하시는지를 겸손히 환영해야 한다. 공적인 장소에서 자기 아버지의 포옹을 쌀쌀맞게 받아들이는 사춘기 자녀처럼, 우리는 당황스러움에서 벗어날 필요가 있다. 그러나 이렇게 해서 버는 것은 하나도 없다. 아버지의 사랑은 값없고 온전한 것이다. 아버지의 인정은 깊고 지속적이다. 그의 인정은 안전하다. 우리가 복음을 검열하려는 유혹을 받을 때, 우리 친구나 이웃, 직장 동료와 가족원 들한테서보다 그리스도 안에서 받아들여지는 것이 더 낫다는 점을 기억해야 한다.

"사람을 두려워하면 올무에 걸리게 되거니와 여호와를 의지하는 자는 안전하리라" 잠 29:25. 만일 다른 사람들이 우리에 대해 말하거나 생각하는 것을 두려워하는 삶을 살 경우, 우리는 참되게 살 수 없다. 그러나 예수님에 대한 믿음은 철장에서 우리를 해방시켜준다. 주님께서 우리에 대해 생각하시는 바에서 참으로 안전을 찾을 수 있게 해준다. 복음은 하나님이 입양해 주시는 사랑의 자유 가운데 우리가 달려갈 수 있도록 우리를 석방시켜준다.

입양의 복음은 명성의 우상에 대한 해독제다. 입양의 복음은, 하나님 아버지가 생각하시는 바를 받아들임으로써 다른 사람들이 생각하는 바에서 우리 자신을 자유롭게 해준다. 하나님 아버지는 무한

하시고, 온전한 사랑이시고, 참으로 영광스러우며, 사람을 회복시키시며, 은혜를 주시며, 개개인들을 주목하시는 구주이시며, 주님이신 하나님이시다. 그분이 우리를 보시며 말씀하신다.

"너를 받아준다. 너는 사랑받았다. 너는 내 것이다. 이제 가서, 예수 안에서 삶을 누려라. 그리고 기회가 오고 전하고자 하는 충동이 일면, 그리스도 안에서 내가 너에 대해 생각하는 바를 다른 사람들에게 전하라."

그리스도인으로서 우리 자신을 재복음화하는 일은, 전도의 노력에 반드시 선행되어야 한다. 우상 숭배에 물든 마음에 신선한 복음을 전할 필요가 있다. 재복음화는 그저 문화적인 필요가 아니라 개인적인 필요다. 재복음화는 교회사에서의 한 기간을 말하는 게 아니라, 매일의 기회를 말한다.

우리는 성경에 대한 꾸준한 묵상과, 고백과, 회개와, 공동체의 회의와, 예배를 통해 복음 가운데서 우리를 받아주신 하나님의 인정과 승인의 진리를 스스로에게 일깨워줄 필요가 있다. 그리스도의 미션에 순종하고 신앙을 나누려면, 다른 사람들에 대한 두려움을 대면할 기회가 더 많아질 것이다. 그럴 때 적절한 반응은 그리스도께서 주시는 안전으로 달려가는 것이다. 모든 두려움과 모든 당황스러움, 우리의 명성 혹은 평판에 대한 모든 걱정은 하나님의 받아주심과 승인으로 이겨낼 수 있다. 다른 사람들이 어떻게 생각할지 신경 쓰는 일을 경계하면서, 이제 복음 자체에 대한 우리의 인식을 살펴보도록 하자.

삼차원 복음

복음의 모든 풍성함과 영광을 참으로 깨닫게 되었을 때, 복음은 우리로 하여금 가던 길을 멈추고 무릎 꿇고 하나님에게 기쁨으로 경배를 하게 하거나 아니면 겸손히 두려움에 떨게 만들 것이다. 우리가 "그리스도의 깊이를 알 수 없는 부유"를 쏟아놓을 때, 우리는 성령을 통해서 하나님이 그리스도 안에서 행하신 일과 앞으로 행하실 일이 삶에 무한히 적용된다는 사실을 발견한다. 우리는 지상에서 가장 매력적인 (그리고 배척받는) 메시지를 갖고 있다. 그 메시지는 인간의 마음에 아찔함을 주고, 상상력을 사로잡고, 지성을 회복하도록 끊임없이 번뜩이는 (그리고 일상적인) 방식으로 전달되어 왔으며 전달되어야 한다. 그렇지만 우리가 끊임없이 해야 할 것은 단 한 마디, "예수께서 십자가에서 죽으셨습니다"이다.

복음이 무엇인가? 복음은 예수께서 자신의 죽으심과 부활하심을 통해 죄와 죽음과 악을 무찌르셨고, 지금 만물을 그리고 우리까지도 새롭게 만들고 계시다는 것이다. 아찔하지 않은가? 복음은 놀랍도록 단순하면서도 복잡하다. 복음은 어린아이가 파악할 수 있을 만큼 간단하며, 복음의 아름다움과 함의를 영원토록 묵상할 수 있을 만큼 심오하다. 올리버 웬델 홈즈Oliver Wendell Holmes, 미국의 의학자이자 문필가—옮긴이는 이렇게 말했다.

"나는 복잡한 이 세상을 간단하게 이해하기 위해서는 무화과 한 개도 내놓지 않겠지만, 복잡한 저 세상을 간단히 이해하기 위해서는 내 목숨을 바치겠다."

복음의 단순함을 전달하기 위해서는 복음의 성경적인 복잡성을 파악할 필요가 있다. 이 말은 무슨 뜻인가? 지금까지 익숙했던 것을 새롭게 바라보게 된 경험을 한 적이 있는가? 예술 작품이나 혹은 옛날 사진을 새롭게 바라보게 되거나 수년 동안 잘 알고 지냈던 사람을 다른 사람의 눈을 통해 바라보게 되는 경험이 바로 그런 것이다. 다양한 시각을 통해 무언가를 다차원적으로 바라보게 될 때, 우리의 시야는 넓어지고 깊어진다.³ 다른 시각으로 바라보면, 복음은 그 높이와 너비와 깊이를 드러내면서 역사적 시각, 개인적 시각, 우주적 시각이라는 세 가지 차원이 떠오른다. 이 세 차원을 다 합쳐서 보면, 십자가에 달려 죽은 한 사람에 대한 간단한 이야기를 세 차원의 아름다움 가운데서 볼 수 있게 된다.

복음의 역사적·개인적·우주적 차원들은 복음의 정의에 다 들어가 있다.

- 역사적 차원 : '죽음과 부활'에 대한 예수님의 참 이야기.
- 개인적 차원 : '심지어 우리'를 위해 예수께서 죄와 죽음을 무찌르심.
- 우주적 차원 : 예수님이 악을 전복시키심.

각각의 차원은 다른 차원들이 전해주지 않는 복된 소식의 한 측면을 전해준다. 이 세 가지 차원은 서로를 풍성하게 해주며 해석할 수 있게 해준다. 세 차원들은 서로 다른 차원에서 분리시킬 수 있는 세 부분이 아니다. 복음 전체를 온전히 바라보게 해주는 세 가지 방식이다.

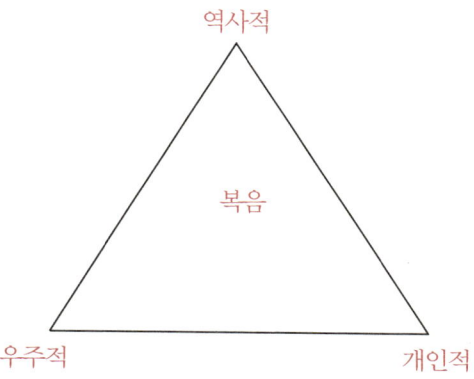

　예수님은 회개와 믿음을 전하기 위해 오셨다. "때가 찼고 하나님의 나라가 가까이 왔으니, 회개하고 복음을 믿으라"막 1:15,. **4** 복음은 반드시 믿어야 할 내용이다. 성경이 믿음에 대해 언급할 때, 그 믿음은 히브리 문화에서 나온 것이다. 히브리 문화에서 믿음은 (마음, 영혼, 지성) 전인적인 현상이었다. 서구 문화에서 믿음은 종종 지성에만, 즉 지적인 동의의 문제로 치부된다. 그러나 예수님이 사람들에게 복음을 믿으라고 촉구하셨을 때, 그것은 지적인 믿음만이 아니라 인격적인 헌신과 생활의 반응을 근본적으로 재정립할 것을 촉구하신 것이다.

　이런 의미에서 복음은 한 사람에게 교리적이고 인격적이며 사명적인 변화를 요청하는 것이다. 이 세 가지 반응은 복음의 세 차원을 반영한다. 우리의 교리는 역사에 대한 신념에 기초해 변화하며, 우리의 삶은 그리스도의 위격과 그가 우리를 위해 행하신 일에 대한 신념에 기초하여 변화하며, 우리가 우리 주위를 다시 새롭게 하고자 할 때 우리의 사명이 변한다.

역사적 복음 ➜ 교리를 바꾼다
개인적 복음 ➜ 사람들을 바꾼다
우주적 복음 ➜ 사명을 바꾼다

- **역사적 복음**

복음은 역사적이다. 복음은 그리스도 중심적이며 뉴스의 가치가 있다. 역사적 차원은 복음의 교리적·신학적 내용을 강조한다. 복음은 역사적 사건들에 근거한 주장들을 한다. 고린도 교인들에게 가장 중대한 것이 무엇인지를 일깨우면서 바울은 말했다.

"형제들아, 내가 너희에게 전한 복음을 너희에게 알게 하노니 이는 너희가 받은 것이요 또 그 가운데 선 것이라. 너희가 만일 내가 전한 그 말을 굳게 지키고 헛되이 믿지 아니하였으면 그로 말미암아 구원을 받으리라. 내가 받은 것을 먼저 너희에게 전하였노니 이는 성경대로 그리스도께서 우리 죄를 위하여 죽으시고 장사 지낸 바 되셨다가 성경대로 사흘 만에 다시 살아나사" 고전 15:1-4.

이 구절의 구조와 어휘에서 알 수 있듯이, 이 말씀은 초대 교회 전승의 일부였음을 시사한다. 그 리드미컬한 구조와 핵심적인 복음 내용은 기억하기 쉽게 되어 있어 전달하기 용이하다는 점에서 중요했다. 이 전승은 예수님의 부활 후 1-2년 안에 형태를 갖추었을 것이다.

복음에서 "첫 번째로 중요한 것"은, 예수 그리스도께서 주후 1세기에 사셨고, 우리 죄를 위해 죽으셨고, 장사 지낸 바 되셨고, 죽은 자들 가운데서 부활하셨다는 역사적 주장이다. 기독교는 특정한 역사적 사건들, 즉 예수님의 생애와 죽음과 부활에 뿌리박고 있다. 구원을 받아 누리기 위해서는 이 주장들을 반드시 믿어야 한다. 복음은 시공간에 뿌리박고 있는 역사적인 것이기 때문에, 단순히 다른 영적 사상이나 다른 많은 원리들 중 하나가 아니다. 그것은 독보적이며 특별한 주장이다행 4:12; 딤전 2:5-9. 이 주장은 받아들이거나 거부하거나 둘 중 하나를 선택할 수밖에 없게 되어 있다. 하나님이 역사 가운데로 진입하셨기 때문에, 우리는 복음을 믿을 강력한 이유를 갖게 되었다. 복음 메시지의 역사적 성격은 우리가 믿는 바를 변화시킨다.

또한 복음은 그리스도라는 인물을 중심으로 한다. 복음은 그저 공부해야 할 역사적 사건이 아니다. 경배를 받으셔야 할 인물이 복음의 중심이다. 자신의 성육신과 죽음과 부활을 통해 예수님은 역사를 영구히 변경하셨고 역사를 구속사의 방향으로 바꾸셨다. 예수님은 인류와 창조 세계가 하나님과 화해할 수 있도록 새 길을 열어주셨다. 그 결과, 우리는 교리가 아니라 그리스도 예수를 믿는 것이다 고후 1:20. 교리가 아니라 예수님이 성경의 초점이다. 찰스 스코비 Charles Scobie는 이렇게 말했다.

"초대 교회 시절에 그리스도인들은 정경이나 기준을 글에서 찾지 않았고, 오직 그리스도 자신 가운데 기준을 찾았다. 그다음에는 그리스도 사건의 의의를 선포했던 복음 메시지에서 찾았다."[5]

복음은 역사를 만들어가는 소식이다. 우리는 바울이 "복음"을 받았고 전파했다고 듣는다. 복음이라는 단어는 "소식"이라는 뜻이다. 복음은 단순히 사실에 대한 진술이 아니라 사건에 대한 알림이다. 복음은 전파될 가치가 있는 뉴스다. 최근 우리 교회에서 새로 태어나는 아이들이 많아졌다. 그래서 아이들의 출생 소식을 전하며 새 생명을 축하함으로써 우리 가운데서 이 새 생명들의 의의를 확인하는 시간을 가졌다. 출생은 아주 중요한 일로서 공적으로 알리고 축하할 일이다! 예수께서 자신의 죽으심과 부활로 죄와 죽음과 악을 이기셨고 우리를 포함해서 만물을 새롭게 하고 계시다는 이 소식은 얼마나 더 공적으로 알리고 축하해야 할 일이겠는가.

복음은 세상에 알릴 가치가 있는 뉴스다. 복음은 그리스도에 관한 뉴스이기 때문이다. 그가 어떤 분이시고 그의 인성 그가 무슨 일을 행하셨는가 그의 사역 에 대한 소식이다. 복음은 우리의 죄악과 반역의 문제를 해결한다. 어떻게 해결하는가? 그리스도의 죽으심과 부활을 통해서다. 복음 가운데서 우리는 예수께서 우리를 우리 죄에서 속량 하셨으며 엡 1:7, 하나님을 업신여긴 삶을 살아온 우리의 범죄에 대해 내려지는 죽음이라는 형벌에서 건지셨다는 롬 6:23 약속을 받는다. 우리의 믿음은 그리스도라는 인물과 그가 실제로 행하신 일이 중심이지, 올바른 교리나 도덕적 행위가 중심이 아니다. 복음은 성경의 역사를 통해 예수 그리스도라는 인물 가운데서 하나님을 계시해 준다. 이 인물을 신뢰함으로써 우리는 구원으로 인도함을 받는다. 그저 역사적 사실들 몇 가지를 믿는 게 아니다.

교리는 중요하지만, 그것은 단지 복음의 한 차원일 뿐이다. 복음을 교리와 사실, 주장, 성경 구절들로 축소시킬 때, 우리를 겸손하게 만들며 개인적인 변화를 일으키는 복음 권능을 우리 삶에 구현하기를 거부하게 된다. 올바르게 되고 싶은 열망에 눈이 가려져서 우리는 쉽게 균형을 상실해 버릴 수 있다. 그 결과 예수님에 대한 진리를 알면서도 개인적인 변화를 일으킬 힘이 없고 다른 사람들을 사랑하는 일을 못할 수 있다.

교리적 복음은 역사적이며, 그리스도 중심적이고, 전파되어야 할 소식으로서의 가치가 있다. 그러나 다른 두 차원이 보완해 주지 않는다면 '교리적'이라는 한 차원에서 끝나고 만다. 복음의 이 차원은 근본 토대가 되며, 일차적 중요성을 갖는다. 그래서 삼각형 도식에서 꼭대기에 두었다. 이 차원은 다른 두 차원을 위한 기반이 된다. 만일 예수님이 참으로 살고 죽으시고 부활하시지 않았다면, 개인적 변화와 사회적·문화적·우주적 갱신까지 우리의 모든 시도는 다 인간의 뜻에 의해 움직이는 것이 된다. 그리고 그런 시도들은 인간의 영광을 목표로 하는 것이다. 그렇다면 참된 개인적 변화와 사회적 변화의 기반을 전혀 갖지 못하게 된다 고전 15:14-17. 그리고 구속의 토대 자체를 상실하고 만다.

- **개인적 복음**

복음의 두 번째 차원은 첫 번째 차원과 연결되어 있는 것으로, 개인적 차원이다. 이 차원은 복음이 우리의 사람됨을 변화시킨다고 말한다. 복음은 우리를 겸손하게 하고 변화하게 하는 은혜의 메시지다. 복음은 우리 이야기의 시작을 타락이나 죄가 아니라 창조와 선함에서 시작함으로써 인간의 존엄함을 긍정한다. 하나님은 남자와 여자를 자신의 형상으로 만드시고 "매우 좋다"고 하셨다 창 1:26, 31. 그 스토리가 전개되면서, 신적으로 부여된 존엄은 인간이 만들어내는 지혜와 영광으로 바꿔치기 된다. 사탄은 올무를 만들어놓고 기다렸고 아담과 하와는 기꺼이 그 미끼를 낚아챘다. 모든 일을 자기 손으로 해결하고 하나님 같은 권세와 지혜를 원했기 때문에 우리의 첫 조상은 에덴동산에서의 하나님의 유일한 명령을 깨뜨렸다. 그 결과 인간과 창조 세계와 뱀은 저주를 받았다.

　이 역사적 행위는 엄청난 결과들을 가져왔다. 하나님의 형상은 뒤틀렸으며 창조 세계가 허무에 굴복하게 되었다. 그 결과는 과거에도 그렇고 지금도 처참하다. 모든 사람이 타락한 상태에서 태어나고 하나님으로부터 소외되었다. 복음은 우리 인간의 존엄과 가치를 긍정하지만, 또한 우리의 현 상태와 절망적인 곤핍에 대해 고통스러울 정도로 솔직하다. 복음은 이런 점에서 공격적이다. 정말 너무나도 확실한 말로, 우리가 생명이 필요한 죽은 사람들이며 변화할 필요가 있고 심판을 받든지 구출을 받든지 해야 할 반역적인 피조물임을 전하기 때문이다.

　이성적인 사람들 대부분은 자신이 얼마간 변화할 필요가 있다는 점에 동의할 것이다. 당신의 삶과 당신이 내린 결정들을 생각해 보라. 아마도 당신의 욕망 가운데 어떤 것들은 왜곡되어 있으며, 당신의 생각들 중 어떤 것들은 어둡고 이기적이며 심지어 악하다는 점을 인정하게 될 것이다.

　우리 모두에게는 변화가 필요하다. 그렇지만 우리 마음 한구석에선 이 사실을 인정하려 하지 않는다. 우리는 우리가 하나님 앞에 당한 곤경을 다 인정하고 싶어 하지 않는다. 그리고 이 때문에, 하나님의 은혜의 도움을 받지 못한다. 우리에게는 속량이 필요하다. 우리 죄에 예속되어 있는 노예 상태에서 우리를 해방시켜 줄 분이 필요하다.

복음은 이 사실을 우리에게 담대하게 전해주며, 이는 듣는 이들을 겸비하게 만드는 메시지가 된다. 우리가 우리의 죄악됨을 확인하고, 하나님 앞에서 우리가 처한 좋지 않은 상황에 대한 소식을 온전히 받아들이게 될 때까지, 복음은 아직 개인적으로 우리에게 영향을 주지 않는 멀리 있는 교리가 될 것이다.

우리 모두는 변화할 필요가 있지만, 우리 스스로 자신을 바꾸기는 어렵다. 바로 그 점 때문에 하나님이 우리를 변화시켜 주시는 일이 필요하다. 이것은 참으로 우리를 낮추는 일이다. 그러나 동시에 우리를 자유하게 해주는 일이다. 복음은 우리가 우리를 변화시키는 것이 아니라 하나님이 우리를 변화시켜 주는 일에 대한 것이기 때문에 자유함을 준다. 복음은 우리가 스스로 할 수 없는 일을 하나님이 해주실 것이라는 선언이다. 하나님은 값없이 그리스도의 성령을 우리에게 주셔서 우리를 변화시켜 주시며 우리를 새롭게 해주신다. 하나님이 우리를 중생시켜 주신다.

"우리 구주 하나님의 자비와 사람 사랑하심이 나타날 때에 우리를 구원하시되 우리가 행한 바 의로운 행위로 말미암지 아니하고 오직 그의 긍휼하심을 따라 중생의 씻음과 성령의 새롭게 하심으로 하셨나니" 딛 3:4-6.

중생은 신학 용어로, 간단히 말해 다시 태어남, 새로운 삶으로의 출생을 경험함을 뜻한다. 그리고 우리가 영구히 변화할 수 있는 유일한 길은 하나님의 성령이 우리를 새롭게 하시는 것이다. 다른 것은 영구히 지속될 수 없다.

영화 〈매트릭스The Matrix〉의 결론부에서 주인공 토머스 앤더슨은 다시 태어난다. 그의 가이드이자 친구인 모피어스는 앤더슨이 속박 속에 태어났으며 냄새 맡거나 맛보거나 만질 수 없는 감옥에 갇혀 있다는 어려운 소식을 그에게 전한다. 그는 자신이 느끼는 감각들에 속고 있었고, 매트릭스에 갇혀 있다는 진실을 알아야 했다. 그리고 매트릭스라는 감옥에서 빠져나올 수 있는 유일한 길은 다시 태어나는 것, 변화를 거쳐서 새로운 누군가네오가 되는 것이었다.

영화에서 앤더슨은 물에 흠뻑 젖어서 다시 태어나는 일을 겪는다. 그 일은 그가 구출되게 만든다. 우리 역시, 우리가 냄새 맡거나 맛보거나 만질 수 없는 어떤 것에 갇혀 있다. 그것은 우리의 죄악된 본성의 감옥이다. 예수님이 우리를 구출해 내시고 "중생의 씻음과 성령의 새롭게 하심"으로 변화될 때까지 그 감옥에 갇혀 있는 것이다. 우리는 우리 죄를 인정하고 우리가 구출받아야 하며 중생해야 함을 인정할 필요가 있다. 그리고 우리를 속량해 주시고 다시 새롭게 하시는 예수님에게 우리의 소망과 신뢰를 두어야 한다. 오직 예수만이 우리를 영구히 변화시킬 권세를 갖고 계신다. 예수께서 우리를 새롭게 해주실 때, 거룩한 하나님은 더 이상 우리를 모멸의 눈길로 바라보지 않으시고, 성령을 통해 하나님의 아들과 연결되어 입양된 그의 가족으로, 새로운 백성으로 보신다. 우리는 성 삼위일체와 사귐을 갖게 되며 그 가족이 된다. 비록 과거에는 성부 성자 성령과 영혼을 만족시키는 사귐을 갖지 못했지만, 지금은 하나님의 은혜의 동산에서 하나님과 자유롭게 거닐 수 있게 되었다.

복음은 우리가 믿는 바를 바꿔주며, 우리의 신분을 바꿔준다. 만일 우리가 복음을 믿고 소중히 여기면, 그 복음의 가르침이 우리를 지속적이고 영원한 변화로 이끌어줄 것이다. 일단 성령님에 의해 새로 태어나면 우리는 사랑, 기쁨, 평화, 충성, 절제 같은 성령의 열매를 맺기 시작한다갈 5:23.**6** 우리는 이제 다르게 고난당하고, 일하며, 축하하고, 먹고 마시며 살아간다. 그 까닭은 복음이 우리에게 단지 믿어야 할 교리만 주는 게 아니라 우리를 소중한 세 위격들삼위 하나님에게로 인도해 주기 때문이다. 우리가 삼위 하나님을 소중히 여기면 여길수록, 삼위 하나님은 우리를 더욱더 어루만져주신다.

복음의 개인적인 차원을 받아들이고 경험하는 것이 이처럼 위대하고 놀라운 일이기 때문에, 만일 우리가 머뭇거리면서 개인적인 변화를 미룬다면, 복음의 최종적인 면을 무시하는 결과를 맞이할 것이다. 그 최종적인 면은 사명의 차원이다. 만일 주의하지 않는다면, 우리는 성경을 읽고 기도하고 도덕적인 삶을 살아가면서 경건한 그리스도인이 되면서도, 이웃들을 위해서는 아무것도 하지 않는 사람이 될 수 있다. 이러한 불균형은 우리 이웃들의 곤핍함과 필요에 대해서는 무관심한 채 자기 내면만 바라보는 그리스도인을 만들어낸다. 같은 생각을 가진 사람끼리 모인 거대한 성채 안에 갇힌 채 성벽 바깥에 있는 엄청난 곤핍과 필요는 생각조차 못할 수 있다. 때로는 바깥 사람들을 적으로 취급할 것이다. 두 차원만 있는 복음을 믿으면 이기적이 되고, 그 결과 그리스도에게서 멀어지고 만다.

• 우주적 복음

세 차원으로 이루어진 복음은 우리가 믿는 내용교리적인 측면과 어떻게 살아가느냐 하는 측면_{개인적 측면}을 변화시킬 뿐 아니라, 우리가 살아가는 자리_{사명적 측면}를 변화시킨다. 어떤 점에서 복음은 우리가 살아가고 있는 자리를 변화시키는가? 복음을 믿는다면, 우리가 세상과 상호작용하고 관계 맺는 방식을 바꿀 수밖에 없기 때문이다. 복음은 우리를 하나님의 선교에 가담하도록 촉구하기 때문에 우리 주변에 변화를 일구어낸다. 우리는 이웃을 사랑하라고 부름받는다. 이 사실은 위대한 문화 창조와 사회적 질병을 속량하는 일, 다른 이들에게 복음의 좋은 소식을 나누는 일, 예수님을 따르고 순종하는 일에 이웃을 초대하고 가르치는 일로 인도한다. 복음의 우주적 차원에는 세 가지 측면이 있다.

- 영적 측면 : 온전한 복음을 나누는 일.
- 사회적 측면 : 사회적 질병에서 속량하는 일.
- 문화적 측면 : 위대한 문화를 형성하는 일.

공적인 첫 설교에서, 예수님은 회당에 들어가 선지자 이사야의 말씀이 적힌 두루마리를 큰 소리로 읽으셨다. "주의 성령이 내게 임하셨으니 이는 가난한 자에게 복음을 전하게 하시려고 내게 기름을 부으시고……"_{눅 4:18}. 구약성경에서 선지자들과 왕들은 하나님의 임명을 받았음을 인정하는 의미에서 기름 부음을 받았다. 예수님은 세례를 받으실 때 기름 부음을 받지 않았다. 대신 그 기름이 표상하는 성령으로 기름 부음을 받았다. 성령이 예수님 위에 비둘기처럼 앉으셨다.

"성령이 비둘기 같은 형체로 그의 위에 강림하시더니 하늘로부터 소리가 나기를 너는 내 사랑하는 아들이라 내가 너를 기뻐하노라 하시니라"눅 3;22.

여호와께서는 예수님이 그냥 선지자나 왕이 아니라 자신의 아들이라고 선포하신다. 어떤 선지자나 왕도 이런 종류의 기름 부음을 받은 적이 없었다. 이 사실에서 어떤 결론을 내릴 수 있는가? 바로 이 사람이 너무나 고대하며 기다렸던 메시아-왕, 하나님의 아들이라는 결론이다!

하나님의 아들의 사명은 무엇인가? 다시 회당에서 예수님이 읽으셨던 이사야 61장으로 돌아가보자. 이사야 61장은 유대인들 사이에 잘 알려진 장이었다. 여호와의 은혜의 때, 영적·사회적·문화적 갱신의 때가 임하는 시대를 약속하고 있기 때문이다. "주의 성령이 내게 임하셨으니 이는 가난한 자에게 복음을 전하게 하시려고……"

영적인 부흥

무릇 시온에서 슬퍼하는 자에게 화관을 주어
그 재를 대신하며
기쁨의 기름으로 그 슬픔을 대신하며
찬송의 옷으로 그 근심을 대신하시고
그들이 의의 나무 곧 여호와께서 심으신 그 영광을 나타낼 자라
일컬음을 받게 하려 하심이라.

문화적 부흥

그들은 오래 황폐하였던 곳을 다시 쌓을 것이며

옛부터 무너진 곳을 다시 일으킬 것이며

황폐한 성읍 곧 대대로 무너져 있던 것들을 중수할 것이며

외인은 서서 너희 양떼를 칠 것이요

이방 사람은 너희 농부와 포도원지기가 될 것이나

오직 너희는 여호와의 제사장이라 일컬음을 받을 것이라

사람들이 너희를 우리 하나님의 봉사자라 할 것이며

너희가 이방 나라들의 재물을 먹으며

그들의 영광을 얻어 자랑할 것이니라

너희가 수치 대신에 보상을 배나 얻으며

능욕 대신에 몫으로 말미암아 즐거워할 것이라

그리하여 그들의 땅에서 갑절이나 얻고

영원한 기쁨이 있으리라.

사회적 부흥

무릇 나 여호와는 정의를 사랑하며 불의의 강탈을 미워하여

성실히 그들에게 갚아주고

그들과 영원한 언약을 맺을 것이라. 사 61:1-8

이사야서 61장을 읽은 후, 예수님은 놀라운 언급을 하신다. "이 글이 오늘 너희 귀에 응하였으니라!" 눅 4:21 무슨 말을 하고 계신가? 다름 아닌 자신이 그 메시아-왕, 약속된 우주적 부흥을 시작하기 위

해 오신 성령의 부음을 받은 자라는 것이다. 이것이 예수께서 오셔서 전파하시고자 하는 복음이다.

- 영적인 부흥의 메시지 : 애도하는 슬픔의 재를 기쁨의 화관으로 바꾸어주심.
- 문화적 부흥의 메시지 : 성벽들을 보수하고, 포도원이 풍작을 이루고, 문화적인 보물들 열방의 부을 갖게 됨.
- 사회적 부흥의 메시지 : 불의를 없애고 (사회적으로 주변부로 밀려난) 맹인이 시력을 찾게 됨.

예수님은 그저 다스리기 위해서만이 아니라 선포하기 위해서 기름 부음을 받았다고 말씀하신다. 그 선포는 '좋은 소식'에 대한 선포다. 이 좋은 소식이 현재 '복음'이라고 번역하는 헬라어 '에우안젤리온 euangelion'이다. 예수님은 복음을 전파하고, 자신의 다스림이 도성과 가난한 사람들과 영적으로 포로되어 있는 사람들에게 변화를 가져오게 될 것을 알리기 위해서 기름 부음을 받으셨다. 예수님의 삶과 사역이 전개되면서 이 일이 일어나는 것을 볼 수 있다. 예수님의 복음은 영적으로나 육체적으로 눈먼 사람들과 가난한 사람들에게 좋은 소식이었다.

우리 주위의 모든 사람은 영적인 어둠 가운데서, 물질적인 가난 가운데서 살아간다. 우리는 빛이다. 우리 도시들의 빈곤과 눈먼 상태를 영구히 해소시킬 수 있는 도구다. 톨킨 J. R. R. Tolkien이 쓴 글 한 구절을 빌려 말하자면, "다른 모든 빛이 사라져버렸을 때 흑암 가운데 당신에게 찾아오는 하나의 빛"이다.[7] 복음의 영원한 빛은 어둠을 추적하여 몰아낸다. 그 빛을 숨기고 어둠을 더 불러들이며 사람들을 빈곤 가운데 두려고 하는 우리는 누구인가? 이 말씀은 우리로 하여금 상처받은 마음의 소리를 듣고, 핍절한 자들을 섬기며, 약자들을 격려하고, 위대한 문화를 세우고, 윤리적인 노동을 펼침으로써 도시를 세워나가도록 만든다. 복음은 사회적으로나 영적으로나 문화적으로나 만물을 다시 새롭게 한다. 그리고 어느 날 그리스도께서 다시 오실 때 하나님 백성을 위한 복음이 완성될 것이다.

하나님의 선교는 그리스도라는 인물 가운데서 우리에게 알려진다. 그리고 지금은 우리가 좋은 소식을 세상에 증거함으로써 성령을 통해 교회가 감당한다. 우리는 복음이 지닌 함의들을 그저 역사적 차원과 개인적 차원에만 가두어둬서는 안 된다. 많은 복음주의자들은 스캇 맥나이트Scot McKnight가 '구원주의 복음soterian gospel'이라 부른 것을 전파하고 있다. 그것은 오로지 개인 구원에만 집중한다.[8] 이런 종류의 전도는 하나님께서 그리스도 가운데서 행하신 일이 의미하는 여러 함의들을 복음의 첫 번째와 두 번째 차원에만 가두는 경향이 있다.

맥나이트가 올바르게 지적했듯이, 개인 구원은 하나님의 구속 활동에 속하는 하나의 항목일 뿐이다. 하나님은 또한 창조 세계를 구원하시기 위해 일하고 계신다. 하나님은 온 세상을 가치 있게 하시는 하나님이시며, 저주로부터 피조 세계를 구하기 위해 애쓰고 계신다. 이 저주를 하나님의 아들 예수 그리스도께서 나무에 달리사 다 품으셨다 창 3:14-19; 롬 8:18-25; 갈 3:13; 골 1:20. 그리스도는 죽은 자 가운데서 부활하셔서 그 저주를 뒤집으시고, 세상을 그 속박에서 해방시키시고, 회개한 죄인들을 하나님의 새로운 인류, 교회로서 갖고 있는 그들의 영광의 목적을 회복시켜 주시고, 만물을 새롭게 하시는 하나님의 위대한 일정에 참여하도록 하신다고전 15장; 계 21:5.

이것이 하나님 나라의 복음이다. 그리고 그 복음은 우주적인 함의들을 갖고 있다. 하나님 나라는 도시에서 도시로, 나라에서 나라로, 행성에서 행성으로, 주전BC에서 주후AD로 뻗어나가는 우주적 속성을 지닌 영역이다. 우주적인 복음은 온 세상을 구속하시려는 하나님의 더욱 거대한 아젠다 안에 인류의 구속개인적 차원을 포함한다. 그리스도의 사절들이 예수님의 탄생과 삶과 죽음과 부활, 그리고 재림이라는 역사를 이루는 소식을 선포하도록 세상에 파송되었기 때문에, 우리는 이 소식이 전하고 나누어져야 할 가치가 있는 소식임을 기억해야 한다. 복음은 우리가 믿는 내용, 우리가 누구인가 하는 우리 신분, 그리고 우리가 어디에서 살아가고 있는가 하는 삶의 자리를 변화시킨다.

세 차원 전부가 필요하다

교리적 차원, 개인적 차원, 사회적 차원이라는 이 복음의 세 차원을 우리가 다 포용하지 않는다면 어떤 일이 벌어질까? 그렇다면, 우리는 한 가지 차원이나 혹은 두 가지 차원만 지닌 복음에 귀결될 것이다. 만일 우리가 복음을 그저 교리로만 접근한다면, 교리적으로 성경을 들이대는 사람이 될 뿐이다. 만일 복음을 개인적 변화를 위한 플랜으로만 접근한다면, 우리는 벽장 안에 갇힌 경건주의자들이 되어 우리가 믿는 바에 대해 아무런 좋은 이유도 없는 상태가 될 것이다. 그리고 만일 복음을 사회적인 메시지로만 접근한다면, 예수님을 사회운동가로 만들 것이다.

사회적이며 우주적인 변화가 일어날 수 있기 전에 우리 마음이 먼저 반드시 변화되어야 한다. 만일 우리가 예수님 안에 인격적으로 뿌리박고 있지 않다면, 하나님과의 관계가 결핍되어 있는 상태로 사회적인 면만 중시하다가 탈진하거나 나가떨어지고 말 것이다. 마침내 우리를 위해서 나무에 달려 죽으신 분이 짊어지신 저주를 제거하기 위해 애쓰다가 자살하게 될 것이다.

나는 당신이 복음이 지닌 이 세 가지 차원 전부를 긍정하는 것이 얼마나 중요한지 알기를 소원한다. 이 세 가지 차원 전부를 받아들이는 것은, 받아들이지 않으면 떠나도 되는 그런 종류의 것이 아니다. 복음 자체가 삼차원적이다. 불균형한 복음을 갖지 않으려면, 우리는 그저 1/3 가운데서 살지 않고 복음의 온전함 가운데 살아가기 위해 하나님에게 은혜를 구해야 한다. 이 세 가지 차원은 복음이 영원불변하는 것임을 볼 수 있게 도와준다.

복음은, 감춰져 있는 경이로운 진리들을 끄집어내주는 아주 다양한 모양을 하고 있다. 나는 이런 진리들을 복음 메타포gospel metaphors라 부른다. 이는 성경이 영원불변하는 복음의 진리들을 다양한 방식, 다양한 면으로 묘사하는 방식이다. 복음 메타포는 믿을 값어치가 있도록 복음을 전달해 주는 데 용이하다.

핵 심 질 문

1. 성품보다 평판을 중시한다는 말은 무슨 뜻인가?

2. 이렇게 하고픈 유혹을 받는 곳은 어디인가?

3. 복음의 세 가지 차원 가운데 어떤 것이 당신의 제자됨에서 가장 취약한가?

4. 만일 우리가 사회적인 질병을 속량하고, 위대한 문화를 만들고, 온전한 복음을 나누라는 부르심을 받았다면 그 일을 하기 위해 당신은 어떤 면에서 노력할 필요가 있겠는가?

7장

각 사람에게 맞게 전하라

이번 장에서는 성경이 다양한 비유로 복음을 전하는 것을 살펴봄으로써 복음을 다루는 여러 방식을 확인하게 될 것이다. 이번 장은 3부의 예비 작업이다. 3부에서는 '믿을 만한' 복음을 전하는 특별한 방법들을 소개한다. 3부에 들어가기 전에 우선 예수님과 바울의 복음 전도를 살펴보면서 신약성경에 나타나는 핵심 메타포 다섯 가지를 분석해 보자.

예수님과 바울의 복음 전도

복음 전도는 다양한 발화 형식으로 할 수 있는데, 그중 하나가 '대화'다.[1] 우리는 듣기보다 말하기를 좋아할 때가 많다. 또는 듣기는 하는데 제대로 듣지 않아 더 깊은 대화로 나아가지 못한다. 하지만 2장에서 살펴보았듯이 예수님은 대화에 능한 분이셨다. 그분은 상대방의 마음 깊은 곳으로 들어가기 위해 질문을 던지셨다. 덕분에 다양한 방식으로 복음의 진리를 전할 수 있었다. 예수님은 상대방의 이야기를 귀담아듣고 적극적으로 대화를 이끄셨다.

상대방의 이야기에 집중하고 현명하게 자신의 이야기를 전하는 것이 좋은 대화의 필수 요소다. 이야기를 잘 들으면 사람에 대한 통찰력이 생긴다. 상대방이 누구인지 잘 모르면서 지혜로운 조언을 해 주기란 어렵다.

예수님과 바울은 모두 대화에 능했다. 먼저 바울부터 살펴보자. 사도행전은 바울이 유대인과 그리스인들에게 "강론했다reasoned"고 말한다행 17:2, 17; 18:4, 19. 영어 단어인 'dialogue대화'가 바로 이 그리스어 'dialogizomi'에서 비롯되었다. 그런데 그리스어에서 영어로 상관관계를 도출할 때 주의할 필요가 있다. 바울이 비그리스도인들에게 단지 '설교preach'를 하거나 복음을 전한 것이 아니라, 그들과 사려 깊은 대화를 나누었기 때문이다.[2] 아테네에 있던 바울은 날마다 회당이나 광장으로 나가서 사람들과 대화를 나눴다. "어떤 에피쿠로스와 스토아 철학자들도 바울과 쟁론할새"행 17:18. 아테네 사람들은 바울과 이 새로운 화제에 대해 이야기를 주고받았다. 광장에서 바울은 종교적인 유대인을 만나든 철학적인 그리스인을 만나든 가리지 않고 대화를 나누었다.

바울은 골로새 교회 성도들에게 다음과 같이 편지를 보냈다.

"외인에게 대해서는 지혜로 행하여 세월을 아끼라. 너희 말을 항상 은혜 가운데서 소금으로 맛을 냄과 같이 하라. 그리하면 각 사람에게 마땅히 대답할 것을 알리라" 골 4:5-6.

여기서 바울은 골로새 교회 성도들에게 복음을 각 사람에 맞게 전하라고 권한다. "그리하면 각 사람에게 마땅히 대답할 것을 알리라"고 했다. 바울은 하나님의 은혜를 아직 모르는 사람들에게 말할 때, 그들의 이해 능력과 상황을 세심하게 배려하는 것이 얼마나 중요한지 잘 알고 있었다. 바울에게 복음 전도는 단순히 치고 빠지는 게임, 즉 설교만 하고 다른 데로 이동해 버리는 활동이 아니었다. 바울은 사람들과 개인적으로 마음을 다해 대화를 나누었다. 의미 있는 질문을 던지며 그들의 마음을 헤아리고자 했다.

바울이 아레오바고 광장에서 그리스의 시와 철학을 인용하거나, 골로새서에서 '머리'를 가리키는 그리스어를 사용했다는 사실도 주목할 필요가 있다. 후자의 경우 바울은 제우스가 우주의 머리가 아니라 예수님이 교회의 머리일 뿐 아니라 만물의 으뜸이라고 밝혔다 골 1:15-20. 이런 바울의 발언은 상대방의 문화에 대해 깊이 고민한 결과물이었다. 상대방의 이야기를 듣고 배우려는 마음가짐을 통해 통찰력도 생기게 되었다. 이처럼 심사숙고하는 태도가 사람들을 배려하고 깊이 있는 대화를 나누는 데 도움을 주었다. 바울은 의미 있는 방법으로 복음을 전하기 위해 부단히 애를 썼다.

아테네에서 바울은 복음을 전할 때 십자가나 죄의 용서가 아닌 예수님의 부활과 심판의 날에 초점을 맞추었다. 그는 '복음 전체'를 한꺼번에 전해야 한다는 압박감을 갖고 있지 않았다. 오히려 불가능하다고 생각했다. 대신 복음의 특정 부분, 즉 그리스의 철학자들이 관심을 가질 만한 '부활'이라는 주제로 대화를 시도했다. 바울은 그들에게 친숙한 신의 심판이라는 개념을 꺼냈다 행 17:22-31. 바울에게는 다른 문화와 세계관을 가진 사람들과 소통할 수 있는 안목이 있었다.

바울처럼 예수님도 사람들의 이야기를 듣고 함께 토론했다. 예수님은 상대에게 적합한 복음의 비유를 선택했고, 다양한 이미지로 구원의 소망과 하나님 나라를 전했다. 농부에게는 농사와 관련된 비유를 가지고 눅 13장, 율법학자에게는 법과 관련된 비유를 가지고 눅 11:37-54, 율법에 충실한 바리새인에게는 영적인 거듭남에 대해 이야기했다 요 3:1-8. 심지어 목마른 자에게는 생수를 소재로 삼아 복음을 전하셨다 요 4:1-34. 예수님은 이야기를 나누는 상대에 따라 복음을 전하는 방식을 달리하셨다.³ 정형화된 설명을 늘어놓는 것이 아니라 어떻게 하면 복음을 문화적 어법에 맞게 적용할 수 있을지 파악하셨다. 그러다 보니 창조적이면서 각자에 맞는 비유를 만들어낼 수 있었다. 그런데 구원 사역이 하나님께 전적으로 달려 있다면, 왜 우리가 상대방에 맞춰가면서까지 복음을 전해야 할까?

바울과 예수님은 복음을 듣는 사람의 마음 상태를 잘 헤아렸다. 바울은 우리의 마음이 어두워졌고 롬 1:21, 죄로 죽었다 엡 2:1고 말했다. 그리스도의 영광의 복음의 광채 고후 4:4 없이 어두워진 마음을 밝힐 수 없고, 죽은 육체가 다시 살아날 수 없다. 죽은 마음을 살리는 복음은 진공 상태에서는 전할 수 없다. 복음은 하늘에서 갑자기 떨어진 마법이 아니다. 하나님은 도구를 통해 일을 하시는데, 그 도구가 바로 나와 당신이다. 아무 생각 없이, 성급하게 복음을 전하는 건 무덤 위에 돌을 쌓는 것과 다를 바 없다.

나는 수년간 노숙인들과 접촉해 오고 있는데, 놀랍게도 많은 이들이 복음에 대해 매우 잘 알고 있었다. 하지만 복음 설교를 여러 차례 들었음에도 불구하고 복음의 메시지를 자기 것으로 만들거나 마음으로 받아들이지는 않았다. 바람직한 복음 전도는 무덤의 돌을 옮기고 어두운 마음의 무덤 속에 하나님의 영광의 빛을 비출 수 있다. 사람들이 복음을 믿지 못하는 이유를 설명하지 못하면, 우리는 믿지 못할unbelievable 복음을 나누고 있는 것이다. 즉 무덤의 돌을 옮기지 않고 그대로 놔두는 것이다.

사람들이 예수의 복음을 믿지 못하는 이유는, 지적인 의심부터 기독교로 개인적인 필요를 충족시키지 못하는 것까지 매우 다양하다. 바로 이 지점이 복음 전도자들이 예수님처럼 들어가야 할 자리다. 성령께서 함께하실 때, 우리는 본격적으로 해야 할 일을 묻기도 하고 주님이 복음 전도를 위해 하시는 일에 주목할 수 있다. 하나님만이 사람의 마음을 열 수 있는 분이다. 하나님은 사람들이 복음을 받아들이고 이해할 수 있도록 우리를 도구로 사용하신다. 따라서 우리는 복음을 통해 예수님의 아름다움과 미쁘심을 전할 수 있도록 복음 전도의 방식을 새롭게 회복해야 한다.[4]

복음의 메타포

성경은 복음을 전하는 다양한 방식을 담고 있는데, 그것을 복음의 메타포라 부르겠다. 이 메타포 중 일부는 이미 앞에서 이야기한 바 있다. 복음은 다양하게 표현되기 때문에 개별적으로 상황에 맞게 복음을 전할 수 있다. 복음의 메타포는 구약에서 신약까지 폭넓게 퍼져 있다. 여기서는 신약의 서신서에 등장하는 메타포들을 칭의, 속량, 양자됨, 새 창조, 그리스도와의 연합, 이렇게 다섯 가지 범주로 요약해 볼 것이다.[5]

복음의 메타포 다섯 가지 모두 예수님 안에서 우리를 변화시키는 은혜를 불러오지만, 그중 단연 으뜸은 그리스도와의 연합이다. 그리스도와의 연합이 다른 복음의 메타포들을 의미 있고 활력 있게 만들어준다. 그리스도와의 연합이 없다면 속량, 양자됨, 칭의, 새 창조를 온전히 누릴 수 없다. 물론 이 네 가지 메타포 역시 그리스도께 나아가는 데 필수적인 요소다. 예수님과의 연합 때문에 우리는 무한한 복음의 은혜를 받게 된다. 이것이 내가 복음의 메타포를 무한한 삼차원의 다이아몬드로 그린 이유다.  네 면은 각각의 메타포를 표현한 것이고, 이 전체가 그리스도와의 연합을 나타낸다(175쪽을 보라).

복음의 메타포들은 서로 밀접하게 연관되어 있지만, 각자가 전하는 아버지의 고유한 복이 있다엡 1:3.[6] 예를 들면, 칭의는 거룩한 하나님께서 죄로 가득한 인간과 관계를 맺으면서도 어떻게 여전히 거룩할 수 있는지 보여준다. 칭의는 의로운 하나님께서 의롭지 못한 사람들을 의롭다고 칭함으로써 그들과 관계를 맺는 모습을 설명한다. 하지만 칭의는 우리가 어떻게 하나님의 가족이 되었는지양자됨, 우리가 어떻게 하나님께 용서를 받고 그분의 진노를 피하게 되었는지속량, 우리가 어떻게 새로운 정체성을 얻게 되었는지새로운 창조/부활는 충분히 설명하지 못한다.[7] 이 모든 메타포는 예수 그리스도의 삶,

죽음, 부활, 승천이라는 역사적 사건에서 기인한다. 이 메타포들은 모두 예수님과 관련된 좋은 소식을 전하며 성부 성자 성령이 어떻게 회복된 인간과 협력하는지 보여준다. 놀랍게도 이 메타포들은 만물의 회복에 적용될 만큼 범위가 어마어마하다.[8]

복음의 메타포들은 각각 정확하게 어떤 의미를 지니고 있을까? 마지막 3부에서 각 복음의 메타포가 인간의 특정한 죄의 영역에 대해 어떻게 말하고 있는지 살펴볼 것이다. 여기서는 우선 각 메타포들에 대해 간략하게 설명하겠다. 서로 다른 점에 착안해 각각의 설명을 살펴보길 바란다. 이렇게 정리해 놓은 것은 당신이 다시 복음 전도를 시작할 때 도움이 될 것이다.

칭의 법적 메타포 이 복음의 메타포는 의로운 하나님이 죄 많은 인간들과 관계를 맺으면서도 여전히 의로울 수 있는 딜레마를 해결해 준다. 해법은 예수 그리스도의 인격과 사역에 나타나 있다. "우리가 율법의 행위로써가 아니고 그리스도를 믿음으로써 의롭다 함을 얻으려 함이라" 갈 2:16. 칭의의 복음은 우리의 행위는 몹시 부족하지만 그리스도의 인격과 사역은 하나님 앞에 의롭게 서기에 충분하다는 것이다. 그러므로 그분을 믿으면 우리는 그의 의로움으로 들어갈 수 있다. 요컨대 예수님으로 말미암아 우리가 의롭게 여겨지면서 의로운 하나님께서 죄 많은 인간들과 관계를 맺을 수 있게 된 것이다. 이 메타포는 '받아줌acceptance'에 대해 다룬다.

속량 노예와 제물 메타포 이 복음의 메타포는 죄인으로서 회복될 수 없는 우리의 상태를 다룬다. 속량한다는 것은 죄에 매여 있는 상태에서 '해방한다'는 것이다. 모든 사람은 속량이 필요하지만 어느 누구도 스스로를 속량시킬 수 없다. 그 죗값이 너무 비싸다. 죽음은 우리가 하나님을 업신여긴 죄에 대한 형벌이다. 유일한 해결책은 하나님께서 베푸신 사람이 대신 형벌을 받고 우리를 죄에서 해방시키는 것이다. 이러한 일이 예수님 안에서 일어났다. "우리는 그리스도 안에서 그의 은혜의 풍성함을 따라 그의 피로 말미암아 속량 곧 죄 사함을 받았느니라"엡 1:7. 예수님께서 대신 사형 선고를 받으심으로써 회복될 수 없는 우리가 회복된다. 이 메타포는 '죄에 대한 책임'을 다룬다.

양자됨가족 메타포 이 복음의 메타포는 우리를 마귀의 식구인 "진노의 자녀"엡 2:3에서 아버지의 식구인 "하나님의 자녀"요일 3:1로 가족관계를 바꾸어놓는다. 이 변화 역시 예수님을 통해 일어난다. "너희가 다 믿음으로 말미암아 그리스도 예수 안에서 하나님의 아들이 되었으니"갈 3:26. 예수님 안에서 우리는 마귀의 가족에서 하나님의 가족으로 입양되었다. 이 메타포는 '인정approval'에 대해 다룬다.

새 창조삶과 죽음 메타포 칭의가 우리의 법적 상태를 바꾸고 양자됨이 우리의 가족관계를 바꾼다면, 새 창조는 우리의 영적 본성을 바꾸어놓는다. 새 창조는 삶과 죽음의 문제를 이야기한다. 우리는 허물로 죽었지만 하나님은 우리를 그리스도와 함께 살리셨다엡 2:5. 이 새로운 삶은 부활하신 그리스도를 통해 성령께서 전해주신 영원한 삶이다. 그것은 때로 "중생"딛 3:5이라고도 불리는데, 하나님의 새로운 창조 사역 안에서 옛 생명은 추방되고 새로운 생명이 탄생한다. 예수님 안에서 그분의 부활을 통해 옛 본성은 사라지고 새로운 본성이 찾아온다. 이 메타포는 '새로운 삶'을 다룬다.

그리스도와의 연합결혼 메타포 이 마지막 복음의 메타포는 다른 모든 메타포의 요점을 통합하는 역할을 한다. 그리스도와의 연합이 없다면 다른 복음의 유익들도 얻을 수 없다. 그리스도 안에서 우리는 온 세상을 얻었다고전 3:22. 하지만 우리의 근본적인 문제는 그리스도와 분열되어 그분의 은혜와 진리와 아름다움을 누릴 수 없다는 것이다. 구원의 유익은 모두 그리스도를 통해, 그리스도 안에서, 그리스도에 의해 우리에게 온다. 믿음으로 말미암아 우리는 그리스도와 불가분한 영적인 연합을 이루었고골 3:3, 하늘에 속한 모든 신령한 복을 받았다엡 1:3. 그리스도를 믿는 신앙은 풍성한 복음의 보물창고를 여는 영적 열쇠다. 복음은 결국 그리스도와의 친밀한 관계다. 이 메타포는 '친밀함'과 '사랑'을 다룬다.

예수님을 믿으면 하나님께서는 매우 다양한 방식으로 우리를 변화시키신다. 이처럼 복음의 메타포가 다양한 것은 우리의 삶이 복잡해서가 아니라, 그만큼 복음이 깊고 복잡하고 능력이 있기 때문이다. 어떤 사람들은 또 다른 방식으로 범주화할 수도 있겠지만, 나는 여기서 제시한 다섯 가지 범주인 칭의, 속량, 양자됨, 새 창조, 그리스도와의 연합이 복음을 이해하는 데 가장 유용하다고 생각한다.

각 복음의 메타포는 상대방의 문화를 고려하고 그 사람에게 의미 있는 예수님을 나누는 데 사용될 수 있다. 이 복음의 메타포를 배우고 익히고 다른 사람들의 이야기를 주의 깊게 듣는다면, 좀 더 믿을 만하게 복음을 전하는 방법을 스스로 터득하게 될 것이다. 은혜에 대한 표현도 다양해지고 좀 더 유창하게 복음을 전할 수 있을 것이다. 3부의 각 장에서는 실제 상황에서 어떻게 하면 복음의 메타포를 적용할 수 있을지 실제 사례를 통해 살펴볼 생각이다.

핵 심 질 문

1. 오늘날의 복음 전도와 비교했을 때 예수님과 바울의 복음 전도가 당신을 놀라게 한 점이 있다면 무엇인가?

2. 사람들에게 더 많은 질문을 해보라. 일상적인 가벼운 질문으로 시작해서 신념이나 감정, 인생과 관련된 깊이 있는 문제들을 이야기해 보라.

3. 복음의 메타포들 가운데 어떤 내용을 좀 더 공부해야겠다고 생각하는가?

4. 당신이 직면한 도전 과제에 복음의 메타포를 어떻게 적용할지 생각해 보라.

8장
기독교적 문화가 복음은 아니다

지금까지 복음에 대한 새로운 관점과 메시지를 다루는 여러 방법들을 살펴보았다. 이제는 복음을 전하는 방식에 대해 생각해 보자. 예수님을 잘 전하는 것이 목표라면, 복음을 전하는 대상의 문화를 반드시 이해해야 한다. 파송된 선교사들은 필수적으로 그 지역의 문화를 공부한다. 지역의 언어를 집중적으로 배워 사람들에게 복음을 이해하기 쉽게 전한다. 서양 사회에서도 거대한 '문화적 전환cultural shift'이 이루어지고 있고 성서에 대해 무지한 사람들이 많기 때문에 우리는 이러한 선교적 자세를 갖추어야 한다.

문화와 조화를 이룬 복음

문화적 접근은 초대 교회가 복음 전도에 성공한 요인 중 하나다.

초대 교회 성도들은 타 문화에 복음을 효과적으로 전하기 위해 이방인과 유대인의 사고방식을 가져보는 습관이 있었다.[1] 그렇다면 오늘날 우리는 비그리스도인의 사고방식을 이해하기 위해 무엇을 해야 할까? 먼저 기독교 게토ghetto에서 벗어날 방법을 강구해야 한다. 기독교 문화 안에만 갇혀 지내다 보면 우리 주변의 비그리스도인에 대해 이해하거나 접근하기가 어려워진다.

그러면 어떻게 기독교 게토에서 벗어날 수 있을까? 우선 기독교 문화 활동에서 벗어나야 한다. 기독교 독서 모임 대신 지역 서점에서 열리는 북클럽에 참여한다. 교회에서 열리는 스포츠 경기 대신 도시 리그전에 참가한다. 저녁식사에 그리스도인 친구들만 초대하지 말고 이웃들을 초대한다. 주위 사람들에게 다가가면 그들이 세상을 어떻게 바라보는지 알 수 있다. 또 그들의 세계관을 고려해 복음을 어떻게 전할지 생각해 볼 수도 있다. 이는 우리가 좀 더 성숙해지는 기회이며, 그들에게도 다른 생각을 가진 사람들을 존중할 줄 아는 사려 깊은 그리스도인을 만날 수 있는 기회다. 게토에서 벗어나 거리로 나가면 다른 사람들이 무엇을 믿고 왜 그것을 믿는지 배울 수 있다. 또한 상대방을 존중하면서 조심스럽게 그리스도에 대한 대화를 나눌 기회도 얻게 된다.

일단 복음을 믿지 않는 사람들을 이해하면, 복음을 그 사람의 문화적 배경에 충분히 맞출 수 있다. 사람들이 복음의 어떤 점에 반감을 갖고 있는지 파악하면, 복음을 어떻게 이해시켜야 할지 방법에 대한 통찰력도 얻을 수 있다. 문화가 다양한 만큼 복음을 전하는 방식도 다양해질 것이다. 도시적이고 반문화적인 오스틴에서 복음을 전하는 것과 농촌 지역인 이스트 텍사스에서 복음을 전하는 것은 아주 다르다.

그렇다고 복음을 새로운 문화에 맞추기 위해 지금 사는 도시를 떠날 필요까지는 없다. 매달 우리 도시의 몇몇 단체들은 오스틴 동부의 비영리 단체인 호프 스트리트Hope Street에서 봉사 활동을 한다. 호프 스트리트를 통해 우리는 부커 T. 워싱턴Booker T. Washington의 오래된 정부 주택에 살고 있는 가난하고 소외된 사람들에게 하나님의 자비를 보여주려고 노력한다. 우리는 온정을 베풀고 먹을 것을 나눠주면서 아이들을 불러모은다. 그리고 아이들이 모이면 복음을 전한다. 아이들은 모두 아프리카계나 히스패닉계 미국인이고 아버지가 없는 아이들이 많다. 대부분 나보다 교도소 생활에 대해 더 잘 알고 있다.

어느 날 저녁 우리가 복음을 나누는 자리에서 열한 살 남자아이가 교도소에 수감 중인 아버지 이야기를 꺼냈다. 아버지는 마약을 복용하다가 그곳에 가게 되었다고 했다. 아이는 덤덤하게 범죄나 교도소의 시스템에 대해 이야기했다. 그 그룹의 리더는 우리 인생에서 예수님이 왜 꼭 필요한지 설명하려 애쓰고 있었다. 나는 남자아이가 해준 이야기를 생각하다가 불쑥 끼어들었다.

"너도 알다시피, 예수님이 꼭 필요한 이유는 우리가 저지른 일에 대해 누군가는 총대를 메야 하기 때문이야. 만약 누군가가 우리를 대신해 벌을 받지 않으면, 고스란히 우리가 죗값을 치러야 한단다. 예수님이 바로 우리 대신 총대를 메신 분이야. 그래서 우리는 빚더미에서 벗어나고 사랑이 많고 의로우신 하늘 아버지께 용서를 받을 수 있는 거지."

내 말이 아이의 마음을 움직였는지는 모르겠다. 다만 성령께서 그 이야기를 하도록 이끄셨다는 것만 안다. 여하튼 내가 총기나 범죄, 교도소가 일상적인 대화인 사람들과 함께 시간을 보내지 않았다면, 아이에게 복음을 그러한 방식으로 결코 전하지 못했을 것이다. 나는 상황에 맞게 복음을 생각해 내고 있었다. 이는 각 사람이 처한 문화적 배경에 맞게 현명하게 대응한다는 것을 뜻한다.

복음이 새로운 방식으로 문화와 만날 때, 하나님을 향한 예배가 된다. 우리는 새로운 관점으로 예수님을 보게 된다. 예수님의 희생을 새롭게 표현하다 보면 나 자신이 먼저 복음에 더 감사하게 된다. 새로운 문화는 우리에게 신학적인 통찰력을 주고, 개인적 변화를 가져오며, 복음을 더 능숙하게 전할 수 있게 한다.

탈기독교 세계에서의 사명

문화적 전화는 기독교 세계Christendom의 붕괴를 초래했다. 사람들이 조국의 시민 종교와 가졌던 공식적·비공식적 관계가 무너졌다. 과거 많은 유럽 국가에서는 기독교가 통치를 위한 신성하고 도덕적인 지침을 제공하는 공식적인 시민 종교였다. 미국에는 교회와 국가를 분리하는 법이 존재하지만, 역사적으로 기독교는 사실상 국교처럼 여겨졌다. 기독교 신앙은 통치를 위한 정신적·도덕적 지침을 제공함으로써 미국 정부와 법에 근본적인 영향을 미쳤다. 이러한 문화적 기독교 세계가 무너지고 있고, 그로 인한 정신적·윤리적·

정치적 여파가 서서히 일어나기 시작했다.

도덕적 구조가 느슨해지는 것과 더불어 기독교 세계가 붕괴되면서 사람들은 신학적 이해와도 멀어지고 있다. 사람들은 그리스도, 죄, 믿음, 하나님 같은 단어에 더 이상 관심이 없다. 많은 사람들이 이 단어들의 성경적인 원뜻을 알지 못하고, 그 결과 복음도 제대로 번역되지 못한다. 우리는 세속 문화의 사람들에게 교사그리스도, 나쁜 행위죄, 희망 사항믿음, 조물주하나님라는 용어로 말해야 할지도 모른다.

오늘날 사람들에게 신학적 이해력theological literacy이 있다고 생각하는 건 오판이다. 이는 우리가 사람들의 이야기를 듣고 질문을 던질 필요가 있다는 사실을 다시 한 번 상기시켜 준다. 선교학자인 티모시 테넌트Timothy Tennent는 지금까지 그리스도인들이 새로운 질문을 던지고 듣는 것을 제대로 못했기 때문에 기독교 세계의 붕괴를 초래했다고 말한다.² 기독교가 앞으로 계속 나아가려면, 교회는 사람들이 던지는 새로운 질문을 들을 수 있는 능력과 복음의 언어를 그들의 마음에 닿도록 번역할 수 있는 능력을 키워야 한다.

다른 예로, '회개'라는 용어를 사용하는 경우를 살펴보자. 복음 전도의 목표는 사람들이 회개하고 예수님을 믿게 하는 것이다. 물론 회개하고 예수님을 믿는 일은 말처럼 간단한 일이 아니다막 1:14-15; 롬 9:9. 내가 사람들에게 '회개'의 뜻을 물으면, 대개 성경과는 동떨어진 답을 한다. 즉 자신의 죄에 대해 나쁘게 느끼는 것, 하나님을 기쁘게 하기 위해 좀 더 도덕적인 사람이 되는 것, 영적인 사람이 되는 것 등을 회개라고 생각한다.

오스틴에서 어느 교회 개척자가 풀로 덮인 도로 중앙분리대에 'RepentAustin.org'라고 쓴 간판을 세웠다. 나는 그것이 '회개하고 믿으라'는 예수님의 말씀에 따라 공격적인 전략을 취했다는 걸 인정한다. 하지만 복음을 전하는 입장에서 이의를 제기하고 싶다. 'repent회개하다'라는 단어에 대해 요즘 사람들이 어떻게 이해하고 있는지 전혀 고려하지 않았기 때문이다.³ 그 간판은 마치 '죄인'을 향해 증오심 가득하고 독선적인 비난을 쏟아놓길 좋아하는 사람들을 연상시킨다. 오스틴에서 과연 그 간판을 보고 친밀감을 느낄 사람이 얼마나 될지 모르겠다. 흥미를 끌기는커녕 복음에 대해 더 무관심해지거나 왜곡된 생각을 갖게 할지도 모른다. 이는 회개에 대해 오해하는 대표적인 사례다.

복음을 이런 식으로 제시하면 무엇이 잘못될까? 첫째, 예수님께 집중할 수가 없다. 예수님이 어떤 분이고 무엇을 하셨는지 듣기 전에, 사람이 바뀌어야 한다는 것에 초점을 맞추게 된다. 둘째, '회개'라는 단어는 문화적 기억과의 관련성이 아주 높다. 특히 텍사스에서는 회개를 예수님과는 아무 상관없이 바르고 도덕적인 삶으로 돌아가는 것으로 받아들이는 경향이 있다. 텍사스의 많은 젊은이들은 '회개'라는 말을 세속 음악을 그만 듣고, 여자친구와 잠자리도 그만하고, 교회로 돌아가라는 말로 듣는다.

이런 종류의 회개에는 자기 자신이 아니라 구원자를 신뢰한다는 의미가 전혀 내포되어 있지 않다. 그냥 세속적인 사람에서 그리스도인으로 생활 방식만 바꾸는 것이다. 단순히 도덕적이 되는 것은 회개하고 예수님을 믿는 것과는 상관이 없다. 예수님을 믿지 않고도 행동을 고칠 수 있다. 사람들은 종교적 관습을 행하거나, 도덕적인 삶을 살려고 노력하거나, 혼전 순결 반지를 끼고 CCM을 듣는 등 기독교적인 문화 생활을 하는 것을 신앙 생활로 여긴다. 하지만 이러한 문화적 회개가 진정으로 그리스도께 돌아오는 행위는 아니다. 그것은 단지 기독교라는 종교 문화로 돌아오는 것에 불과하다.

복음을 알기 쉽게 전하려면, 사람들이 무엇을 듣고 어떻게 말하는지 시간을 두고 충분히 이해해야 한다. 하나님께서 중요하게 생각하시는 바를 전하기 위해서는 사람들이 무슨 생각을 하는지 들어야 한다. 또한 사람들에게 좋은 질문, 즉 하나님께서 우리에게 하시는 질문을 던지기 위해 그들의 질문에 귀를 기울여야 한다. 이를 위해서 성경이나 신학 관련 박사 학위를 따야 하는 건 아니다. 우리에게 필요한 것은 사랑이다. 상대방을 위해 시간을 들이고, **빡빡**한 일정을 수정하고, 정형화된 대답을 피하고, 진심어린 대화를 나누는 것이다.

지금까지 문화적 배경이나 개별적인 상황에 맞춰 복음을 전하는 사례들을 알아보았다. 3부에서는 더 많은 예화를 살펴볼 예정이다. 나는 당신이 이 책에서 말하는 요지를 잘 파악하고 좀 더 믿을 만한 복음을 전했으면 좋겠다. 복음을 전할 때 예수님의 이름을 친구 부르듯 가볍게 대하거나, 한 사람의 인생과 문화적 배경과 전혀 상관 없이 1세기에 십자가에서 죽은 유대인 이야기를 어설프게 끼워넣는 일은 삼가야 한다. 그런 수준을 뛰어넘는 것이 중요하다. 사람들은 30초 복음을 필요로 하지 않는다. 그들에게는 복음이 왜 믿을 만한지 아는 것이 중요하다. 이를 위해 그들의 언어를 배우고, 그들의 이야기를 알아야 한다. 우리는 '문화적으로 능란해질' 필요가 있다. 우리는 복음을 그들의 언어로 전달할 수 있어야 한다.[4]

핵심질문

1. 비그리스도인과 좀 더 가까워지고 진정한 우정을 쌓기 위해 당신의 생활 방식을 어떻게 바꿀 수 있을까?

2. 친구와 이웃들이 기독교에 대해 오해하고 있는 것은 무엇인가? 만약 모른다면 그들에게 죄, 그리스도, 믿음, 하나님이라는 말을 들었을 때 어떤 생각이 드는지 물어 보라.

3. 이러한 개념들을 성경적이면서도 문화적으로 알기 쉽게 전달할 수 있는 방법을 생각해 보라. 그리고 다음번에 친구와 이야기를 나눌 때 시도해 보라.

3부
어떻게 전해야 할까

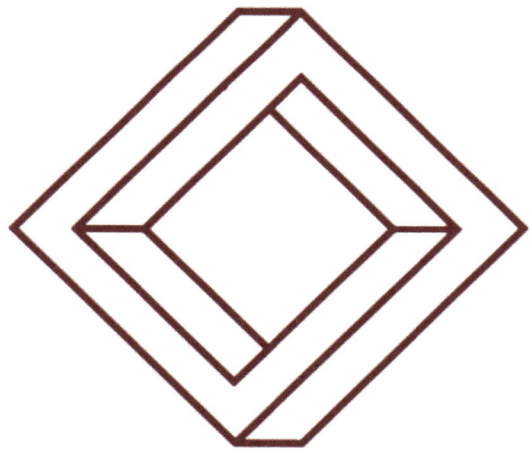

3부에는 네 개의 복음 메타포를 상징하는 네 면의 다이아몬드가 나온다. 네 개의 면은 하나로 연결되어 그리스도와의 연합을 나타낸다. 이 다이아몬드 모형은 끝없이 이어지는 복음의 메타포와 복음의 메시지 안에 들어 있는 무한한 구원의 능력을 나타내는 것이다.

3부는 이 책에서 가장 실제적인 내용을 담고 있다. 다섯 가지 복음의 메타포를 적용해 어떻게 하면 믿을 만한 복음을 전할 수 있는지 보여주는 사례들로 채워져 있다. 이 이야기들이 당신의 선교적 상상력을 자극하고, 다른 이들에게 복음을 좀 더 효과적으로 전하는 데 좋은 아이디어가 떠오르게 했으면 좋겠다.

여기 소개되는 이야기들은 특별히 각색하지 않았다. 실제 우리

네 인생처럼 불확실하고 불완전하고 현재 진행 중인 이야기들이다. 보통 복음 전도 훈련은 커리큘럼에서 현실성을 배제해 버린다. 나는 관계에서 맞닥뜨리는 실제적인 도전들을 그대로 담아내려고 노력했다. 그처럼 살아있는 이야기들이 당신에게 진정 도움이 되고 용기를 북돋워주길 바란다. 또한 이 책을 읽고 삶에서 믿을 만한 복음을 함께 나눌 수 있는 지혜를 키울 수 있길 간절히 기도한다.

9장
자신을 증명하려고 분투하는 사람에게

우리 모두는 예수님께서 십자가의 죽음을 통해 죄와 죽음과 악을 이기고 부활하셨으며 지금도 모든 것을 새롭게 하신다는 진리의 이야기, 즉 복음을 들어야 한다. 이 놀랍고도 어마어마한 복음을 우리같이 보잘것없는 사람들에게 전한다는 것 자체가 하나의 도전이다. 사람들은 왜 예수님이 믿을 만한 가치가 있는지 알아야 한다.

사람들이 간절히 필요로 하는 것 하나는 '받아들여짐acceptance'이다. 자신이 환영받고 거부당하지 않는다는 사실을 알고 싶어 한다. 부인하거나 감추고 싶어 하는 사람도 있겠지만, 우리는 타인이 나의 실상을 알아채고 나를 멀리하는 것을 수치스러워하고 두려워한다. 사람들은 이 수치심과 두려움을 덮기 위해 갖가지 반응을 보인다. 어떤 사람은 타인에게 인정받기 위해 애쓰는 반면, 또 어떤 사람들은 그러한 필요 자체를 대단치 않게 여기려 한다. 타인, 자기 자신, 심지어 하나님께 받아들여지고 싶어서 인간관계나 성취 등에 의존하는 일도 자주 발생한다.

무엇을 해야 하나님께 받아들여질지 고민하는가

내 아내인 로비는 지역 인디 서점인 북피플에서 안드레아를 처음 만났다. 안드레아가 입은 옷의 옷감이 로비의 시선을 사로잡았다. 재봉사인 아내는 당시 그와 똑같은 옷감을 갖고 일하고 있었기 때문이다. 하나님께서 관계의 문을 열고 대화를 시작할 수 있도록 각자의 관심사를 이용하신다는 게 나는 참 좋다. 로비는 안드레아와 곧장 대화를 나누었고 그녀가 지금 힘든 시기를 보내고 있다는 사실을 알게 되었다. 안드레아는 지나가는 말로 인생은 힘들지만 '우주에 답이 있다는 것'을 안다고 했다.

어떻게 하다가 두 사람은 이메일을 교환했고 아이들을 데리고 함께 만나기로 했다. 머지않아 두 사람은 아이들과 함께 생일파티도 열고 주말에 함께 놀기도 했다. 마침내 안드레아는 자기 남편과 함께 우리 부부를 만나면 좋겠다고 생각했고, 그녀는 남편을 주일에 교회로 데려가는 게 어떨지 제안했다.¹ 그러나 로비는 안드레아에게 그럴 필요까지는 없다고 했다. 대신 저녁식사에 그 가족을 초대했다.

왜 로비는 안드레아의 가족이 함께 예배를 드릴 수 있는 절호의 기회를 그냥 흘려버렸을까? 나중에 아내는 스티브가 나를 '설교자'로 만나지 않길 바랐다고 말해주었다. 스티브가 나를 그냥 평범한 사람으로 먼저 만나기를 바랐던 것이다.

우리는 함께 멋진 저녁을 보냈다. 스티브와의 만남은 정말 좋았고, 곧이어 우리는 정기적으로 점심식사를 함께하기 시작했다. 마침내 스티브는 가족들과 함께 주일 예배에 참석해서 매주 복음을 들었다. 교회 안의 다른 성도들과도 관계를 맺기 시작했다.

스티브는 젊을 때 연기에 대한 열정이 강했고, 부모가 물려준 회사를 열심히 운영하기도 했다. 하지만 지금은 보험 영업을 하면서 근근이 생계를 이어가고 있다. 그는 유대인 집안에서 태어났지만 불가지론자에 가까웠다. 그러나 시간이 지나면서 바뀌기 시작했다. 저녁에 가족 기도 모임에 참석하는가 하면 복음에 관한 책을 읽기도 했고 우리 교회의 공동체 모임인 시티그룹에도 참여하고 있다. 스티브는 이제 설교와 교회 안에서의 관계와 신앙 서적 등을 통해 복음을 많이 접하게 되었다. 나는 그가 언제 어디서 예수님을 만나게 되었는지 알고 싶어졌다. 그래서 스티브를 점심식사에 초대했고 내가 제자 훈련시키고 있는 다른 형제 한 명도 식사 자리에 데리고 나왔다.

우리는 음식을 주문하고 한동안 수다를 떨었다. 그러다가 나는 자연스럽게 스티브에게 신앙적으로 어떤 자리에 있는지를 물었다.

"그런데 스티브, 예수님과는 잘 지내고 있나요?"

스티브는 재정적인 부분과 영적인 부분에서 도전에 직면해 있다고 대답했다.

"저는 도덕적으로 우월하신 분의 발뒤꿈치도 못 따라갈 거예요. 그냥 영적인 사다리를 오르려고 애쓸 뿐이죠. 저는 그렇게 잘하고 있진 못해요. 하지만 노력하고 있어요."

그가 분투하고 있다는 것이 마음으로 느껴졌다. 그가 수고한 만큼 대가를 잘 받지 못하고 있었기 때문에 나는 다른 일들을 하도록 대안 제시를 해보았다. 그러고 나서 그의 눈을 똑바로 쳐다보았다. 힘든 시간을 보내고 있지만 그에게는 고민을 나눌 친구가 있다는 걸 알아주길 바랐다.

"스티브, 내가 당신이 말한 영적 분투에 대해 이야기를 해도 될까요? 내가 예수님과 잘 지내고 있냐고 물었을 때, 당신은 도덕적으로 우월하신 분의 발뒤꿈치도 못 따라갈 거라고, 영적 사다리를 오르는 게 어렵다고 했죠. 물론 당신이 노력하고 있다는 거 알아요. 하지만 나쁜 소식은 당신이 아무리 애써도 완전하고 거룩하신 하나님을 만족시킬 만큼 도덕적일 순 없다는 거예요."

나는 계속 말을 이었다.

"스티브, 당신만 그런 건 아니에요. 나 역시 결코 완벽하게 도덕적인 사람이 될 수 없어요. 하지만 좋은 소식도 있어요. 예수님께서 우리의 도덕적 실패 때문에 영적인 사다리에서 내려와 죽으셨다는 거예요. 완벽하게 도덕적일 수 없는 당신을 용서하기 위해 죽으신 거죠. 예수님은 우리 모두를 위해 가장 도덕적인 분이 되셨어요. 그리고 우리를 등에 업고 영적 사다리를 올라 거룩하신 하나님 앞에 데려가시죠. 우리는 완벽하게 받아들여지고 사랑받는 사람이 된 거예요. 그것이 스티브 당신을 위해 예수님께서 하신 일이에요."

나는 스티브가 이 이야기를 듣고 어떤 반응을 보일지 예상하지 못했다. 그런데 스티브의 표정에 놀라는 기색이 역력했다. 그는 나를 똑바로 쳐다보더니 이렇게 물었다.

"그게 정말 그렇게 쉬운 건가요?"

나는 잠시 어떻게 대답해야 할지 생각해야 했다.

"그럼요, 정말 쉬워요. 자기 자신을 내려놓고 예수님께 항복하면 됩니다. 하나님은 당신을 완벽하게 받아들여주셨어요. 그게 바로 '은혜'라는 거예요."

스티브의 이야기를 듣다 보니 그의 인생에 필요한 것이 무엇인지 알 듯했다. 그건 재정적인 필요가 아니라 영적인 필요, 다시 말해 받아들여지는 것이었다. 스티브는 내 설교도 듣고 신앙 서적도 읽고 교회 공동체에 소속되기도 했다. 하지만 여전히 복음이 내적 필요를 어떻게 채워주는지는 경험하지 못했다. 심지어 자기가 무엇을 필요로 하는지조차 알지 못했다. 그는 받아들여짐을 필요로 했고, 칭의라는 렌즈를 통해 복음을 들을 필요가 있었다.

8장에서 우리는 칭의가 "의로우신 하나님께서 어떻게 죄 많은 인간들과 관계를 맺고 그러면서도 계속 의로울 수 있는가?" 하는 질문에 답을 준다고 이야기했다. 바울의 로마서는 칭의에 대한 권위 있는 교재라 할 수 있다. 로마서 3장에서 바울은 "의인은 없나니 하나도 없으며" 롬 3:10라고 했다. 스티브는 자신이 의인이 아니라는 걸 알았다. 그래서 하나님을 만족시킬 만큼 '의로워지기' 위해 열심히 노력했다. 그렇지만 하나님을 만족시킬 만큼 자기가 선하지 못하다는 느낌이 들었고, 그 느낌은 사실 당연한 것이었다. 또한 스티브가 취한 방법은 잘못된 것이었다. 내가 이렇게 말할 수 있는 이유는 칭의의 복음을 알고 있었고 스티브가 하는 이야기를 주의 깊게 들었기 때문이다.

이 복음의 메타포가 모든 사람이 겪고 있는 분투에 즉각적인 해결책을 제시해 주지는 않는다. 앞으로 살펴보겠지만, 다른 필요를 느끼는 사람은 그에 맞는 방식으로 설명하는 복음을 들어야 한다. 하지만 나는 스티브가 사회적으로나 직업적으로, 그리고 이제는 영적으로 힘든 시간을 보내고 있다는 걸 알았다. 그는 더 이상 부모를 위해 일하지 않고 스스로 능력 있는 사람임을 증명하려고 노력했다. 하지만 그의 의욕은 바닥을 치고 말았다. 자신의 능력을 증명하고자 하는 욕구는 하나님께 받아들여지고 그분을 기쁘게 하려는 욕구로 바뀌었다. 그런 그에게는 칭의라는 복음이 절실했다.

나는 스티브가 진심 어린 노력이 줄어들거나 낙심하지 않길 바랐다. 물론 지난 몇 달간 몇 가지 눈에 띄는 변화가 일어났다. 하지만 그가 아무리 노력해도 하나님 앞에서는 한참 부족하다. 바울은 이렇게 말했다. "그러므로 율법의 행위로 그의 앞에 의롭다 하심을 얻을 육체가 없나니" 롬 3:20. 우리는 자신이 옳고 받아들여질 만하다고 주장함으로써 스스로를 정당화하려 애를 쓴다. 하지만 완벽을 요구하는 거룩하신 재판관 앞에서는 누구도 스스로 옳다고 정당화할 수 없다.

우리는 스스로 완벽하다고 입증할 수도 없고 죄가 없다고 선언할 만큼 선해질 수도 없다. 그러므로 자신의 죄악에 대한 대가를 치러야 한다. 감옥살이를 해야 한다는 말이다. 범죄에 대해 응당 처벌을 받아야 한다. 영원하신 하나님의 기준에 맞추어 의롭게 살지 못한다면 우리는 영원한 형벌을 받을 수밖에 없다. 그 형벌을 피하려면 누군가 대신 영원한 옥고를 치러야 한다. 바로 그 일을 예수님께서 하셨다. "그리스도 예수 안에 있는 속량으로 말미암아 하나님의 은혜로 값없이 의롭다 하심을 얻은 자 되었느니라"롬 3:24.

예수님은 우리가 당해야 할 죽음을 대신해 죽으셨다. 그것이 바로 은혜다. 죗값을 대신 치름으로써 우리를 죄의 자리에서 구원하셨다. 그의 죽음으로 우리는 자유를 얻었고, 그의 부활로 우리는 의로운 자로 인정을 받았다롬 4:25. 그러므로 그를 의지하는믿는 자는 누구나 무죄 판결을 받는다. 그뿐 아니라 그 사람은 하나님께서 만족할 만한 의로운 자가 된다. 하나님은 여전히 의로운 심판자지만 우리 역시 형벌을 받지 않고 예수님 안에서 의롭다 하심을 얻게 된다롬 3:26. 이는 엄청난 역사적 거래다!

스티브는 이 사실을 이해하지 못한 것이 분명했다. 예수님에 대해 물었을 때 처음 나온 대답이 예수님께서 자신을 위해 하신 일이 아니라 자신이 예수님을 위해 해야 할 일이었기 때문이다. 스티브는 '영적 사다리'를 오르기 위해 '더 노력해야' 한다고 말했다.

그렇다면 하나님께 받아들여지기 위한 이 싸움에서 복음이 어떻게 그를 해방시킬 수 있을까? 답은 분명했다! 스티브의 이야기를 듣고 그의 언어를 이용해서 하나님이 주시는 다른 의義의 소망을 전함으로써 그가 추구하는 자기 의가 아무 소용없다는 것을 보여주는 것이다. 스티브는 예수님을 기쁘게 하려고 혼자 끙끙거릴 게 아니라 예수님께서 그를 위해 예비하신 구원에 참여해야 했다. 그리스도께서 스티브를 의롭게 하셨기 때문에 더 이상 하나님께 받아들여지기 위해 애쓸 필요가 없었다. 스티브를 대신해 의로우신 그리스도께서 죽으셨고 다시 부활하셨기 때문에 의의 하나님으로 말미암아 거리낌 없이 받아들여질 수 있었다 롬 4:25.

사실 스티브처럼 많은 사람들이 하나님께 받아들여지기 위해 의로워지려고 분투한다. 하지만 그들에게 필요한 건 그리스도께서 대신 행하신 일이다. 나는 속량이나 새로운 창조 같은 메타포로 복음을 전할 수도 있었다. 그러나 스티브의 이야기를 들은 후 칭의라는 메타포가 그에게 가장 의미 있을 거라고 판단했다. 도덕적인 사람이 되고자 분투하는 그에게 칭의의 복음을 적용해, 믿지 못할 복음을 믿을 수 있게 만들었다. 복음이 스티브의 필요를 채워주자 그에게 복음은 믿을 만한 소식이 되었다. 복음은 그가 붙들고 있던 나쁜 소식을 없애주는 진짜 좋은 소식이었다.

스티브처럼 사회에 받아들여지기 위해 열심히 노력하는 사람들이 무수히 많다. 사회뿐 아니라 교회에 출석하는 그리스도인 중에도 그런 사람들이 부지기수다. 스티브는 교회 공동체에서도 그리스도 안에서 의롭게 된다는 칭의에 관한 설교를 분명히 들었다. 그럼에도 여전히 의로워지려고 노력했다. 교회 공동체라는 환경도, 예배 설교도 그를 바꾸지 못했다. 문제는 그의 마음이었다. 그는 성공적인 삶을 살고 싶어 했고 자신의 노력을 인정받고 싶어 했다. 물론 모든 사람이 같은 방식으로 받아들여지기를 추구하는 건 아니다. 어떤 이들은 칭의의 복음이 그다지 마음에 와닿지 않을 수도 있다. 팀 체스터Tim Chester는 사람들이 인정받기 위해 노력하는 양상을 몇 가지 범주로 분류했다.[2]

- 자기 자신에게 입증하기.
- 타인에게 입증하기.
- 하나님께 입증하기.

누구에게 받아들여지기를 바라느냐에 따라서, 즉 자기에게냐, 사람들에게냐, 하나님에게냐에 따라서, 각각 다른 종류의 노력을 하게 된다. 지금 살펴보았듯이 우리의 노력으로는 충분하지 않다. 우리 모든 인간이 추구하는 종류의 받아들여짐은 하나님이 아닌 그 누구도 채워줄 수 없다. 하나님만이 우리를 영원히 받아주시며 완전한 사랑을 베푸신다. 하나님 아버지께서 우리를 온전하게 받아주실 분이라는 것이 바로 칭의의 소망이다. 예수님으로 말미암아 이제 더 이상 하나님께 자신을 증명하기 위해 노력할 필요가 없다. 그분과 함께, 그분을 위해 영원한 삶을 살아갈 모든 이유가 우리에게 이미 주어졌다.

귀를 기울여 듣다 보면 다른 사람들의 마음에서 받아들여지기를 바라는 사람들의 속내를 읽을 수 있다. 물론 아닌 경우도 있다. 모든 사람이 그 점을 가장 긴급한 필요로 느끼는 건 아니다. 다른 필요를 느끼는 사람은 다른 복음의 메타포를 통해 변화될 수 있다. 그렇지만 칭의가 죄 많은 사람들이 의로운 하나님과 함께할 수 있도록 의롭게 변화시키는 유일한 길이라는 사실을 아는 건 중요하다. 칭의는 우리 모두가 들어야 할 복음이며, 특히 지속적으로 받아주시기를 바라는 사람에게는 더 없이 좋은 소식이다.

핵 심 질 문

1. 주변에 받아들여지기를 원하는 사람들이 있는가? 당신은 그들에게 어떻게 칭의의 소망을 전할 수 있는가?

2. 사람들은 받아들여지기 위해 어떤 방법들을 취하는가? 예수님이 다른 사람이나 대상보다 어떤 점에서 더 나은가?

3. 이 사람들과 그다음 단계는 어떻게 할 것인가?

4. 그들이 하나님이 그리스도 안에서 그들을 받아주신다는 진리를 깨닫도록 기도하라.

10장
실패하고 상처받고 망가진 인생에 소망을

'새 창조'라는 메타포는 특히 인생에서 새 출발을 하고자 하는 사람들에게 반응을 이끌어낼 수 있다. 인생이 실패로 얼룩지고, 학대로 상처받고, 고통으로 의기소침해지고, 중독으로 엉망이 된 사람들에게는 새로운 창조라는 소망이 필요하다. 새로운 창조의 소망은 거룩하신 하나님 앞에서 죄를 지으며 살았던 사람들에게, 그리고 옛 생활에서 벗어나 그리스도 안에서 새로운 삶의 자유를 누리고 싶은 사람들에게 호소력이 있다. 바울은 새로운 창조의 소망을 이렇게 표현했다.

"그런즉 누구든지 그리스도 안에 있으면 새로운 피조물이라 이전 것은 지나갔으니 보라 새것이 되었도다" 고후 5:17.

이 구절은 우리에게 새로운 창조의 삶을 경험하는 게 어떤 건지 알려준다. 새로운 창조는 "그리스도 안"에서, 즉 그리스도와의 연합을 통해 일어난다. 새로운 창조는 "그리스도께서 우리와 조화를 이루신" 결과이며 속량, 믿음을 통해 그것이 "하나님의 의 칭의"로 이어진다. 이는 복음의 메타포들이 서로 독립적으로 존재하지 않는다는 사실을 다시 한 번 상기시켜 준다. 이 메타포들은 구원이라는 교향곡을 연주하는 오케스트라의 각 섹션처럼 작용한다. 그럼에도 어떤 복음의 코드가 더 깊이 울리는지 아는 게 중요하다. 복음의 메타포들은 사람들이 처한 상황에 따라 그들의 마음을 울린다. 종종 살아온 이야기를 통해 그 사람의 필요가 분명하게 드러나는 경우가 있다. 벤처럼 말이다.

중독된 인생을 위한 새로운 소망

나는 주립 중독치료센터로 개조한 어느 주택 건물에서 벤을 처음 만났다. 1980년대 스타일의 1층 건물에 들어서자마자 나는 분위기가 심상치 않다는 걸 알아차렸다. 무장한 경찰관은 나에게 소지품을 다 놓고 들어가라고 말했다. 나는 등록 절차를 마치고 난 뒤에야 벤에게 말을 걸 수 있었다. 우리는 이야기를 나누려고 건물 밖으로 나왔다.

텍사스의 무더위에 땅은 메말라 있었고 풀은 듬성듬성 자라 있을 뿐이었다. 그나마 나무 몇 그루가 뜨거운 태양 아래 그늘을 만들어주었다. 벤은 깨진 둥근 석조 테이블이 있는 곳으로 가더니 벤치에 앉았다. 테이블과 벤치들은 공동묘지를 연상케 했다. 벤과 마주보고 앉아 있을 때 사방에는 담배 냄새가 가득했다.

몸이 부어 있던 벤은 긴장된 표정으로 나를 쳐다보았다. 나는 벤에게 만나줘서 고맙다는 말로 대화의 문을 열었다. 이런저런 말을 나누다가 나는 벤에게 살아온 이야기를 들려달라고 부탁했다.

"벤, 지금 이 생활이 당신이 바라던 게 아니라는 걸 알아요. 어릴 때 꿈꿔왔던 삶도 물론 아닐 테고요. 어떻게 여기까지 오게 되었는지 말해줄 수 있나요? 당신의 이야기를 듣고 싶네요."

벤은 어린 시절로 돌아가 가까운 사람들에게 거절당한 경험들을 이야기해 주었다. 그는 어릴 때 입양되었고 자신이 새로운 가족과 어울리지 않는다고 생각했다. 가족에게 소속감을 느끼지 못했던 것이다. 벤은 사람들이 자기를 받아들여주지 않는다고 생각했고 극심한 외로움을 느꼈다. 그때 마약이 외로움에서 벗어나는 탈출구가 되어주었다. 벤은 같이 마약을 하는 친구들이 자신을 잘 받아주는 공동체라고 생각했다. 그렇지만 시간이 지나면서 그들은 삶을 나누기보다 단지 '쾌감'만 나누는 무리라는 걸 알게 되었다. 그들이 자신을 받아주는 데도 한계가 있었다. 마약 공동체가 더 이상 안전한 곳이 아니라는 것을 알았을 때, 벤은 더 강한 마약으로 자신의 고통을 무감각하게 만들려고 했다.

그 사실을 깨닫는 데 10년이라는 세월이 훌쩍 지나버렸다. 그리고 지금은 중독치료센터에서 보호관찰을 받고 있고, 예전에 단 한 번도 만난 적 없는 목사와 마주 앉아 지난 이야기를 나누고 있었다.

벤은 어릴 때 교회에서 자랐고 예수님이 누구인지 말할 수 있었다. 하지만 복음이 정말 믿을 만한 건지는 알지 못했다. 나이가 들면서 예수님이 자신을 위해 십자가에서 죽으셨다는 이야기는 들었지만, 그가 교회에서 경험한 것은 받아줌이 아니라 밀어냄이었다. 벤은 교회 안에서 진정으로 자신이 받아들여지는 것을 경험해 보지 못했기 때문에 복음은 믿을 만한 가치가 없다고 결론 내렸다. 결국 예수님을 거부했고 무신론자로 돌아섰다.

나는 벤의 이야기를 들을 때, 계속해서 스스로에게 물으며 기도했다.

'벤이 지금 있는 자리에서 만나주시는 예수님을 어떻게 이야기해야 할까? 상하고 외롭고 불안해하고 중독 치료를 받는 환자에게 무슨 말을 해야 하나? 걱정 말아요, 십자가에서 돌아가신 예수님을 믿기만 하면 모든 일이 잘될 거예요, 라며 그가 전에 숱하게 들었을 말을 되풀이해야 하나?'

분명히 벤은 그가 예수님에 대해 이미 암기한 몇 가지 사실들 이상이 필요했다. 예수님의 인격과 사역이 실제로 그의 인생을 어떻게 바꿔놓을 수 있는지 알려줄 사람이 필요했다. 이러한 생각들이 마음속에서 어지럽게 일어날 때, 나는 불현듯 한 가지 사실을 깨달았다. 벤은 '소망'을 간절히 필요로 했다. 그렇다. 벤은 자신이 받아들여지기를 바란다고 했지만, 그가 한 이야기의 핵심 메시지는 소망이 부족하다는 것이었다.

벤은 마약 중독으로 죽을 고생을 했고 지금은 몹시 쇠약해져 벼랑 끝에 몰려 있었다. 그리고 새 출발을 준비 중이었다. 예수님의 이름만 들먹인다고 해서 나아질 리가 없었다. 예수님의 이름은 그 전부터 들어왔다. 복음이 근본적으로 약속하는 바를 직접 보고 느끼는 게 필요했다. 나 역시 그의 삶을 바로잡기보다는 왜 그러한 삶을 살았는지 이해할 필요가 있었다.

"언제 교회가 당신을 거절했고, 또 부모님으로부터도 거절을 당했나요? 벤, 그때 어떤 느낌이 들었어요?"

벤은 확실히 부모님은 좋은 분들이라고 말했다. 그리고 교회를 확실히 싫어했다. 나는 왜 사람들이 그를 진심으로 받아주지 않는다고 느꼈는지 물었다. 벤은 사람들이 항상 자기를 놓고 뒤에서 수군거렸던 것 같다고 대답했다.

"함께 마약을 했던 사람들과는 어땠나요?"

벤은 마약을 끊으려 하기 전까지는 그들이 자기를 포용해 주는 걸 느꼈다고 했다. 그 이후로는 오히려 그를 힘들게 했다. 마약 친구들은 벤이 함께 마약을 할 때만 친구로 받아주었다.

"벤, 당신이 정말 바라는 건 무엇인가요?"

벤은 한참을 생각하더니 사실은 잘 모르겠다고 시인했다.

"지금 바로 뭔가를 가질 수 있다면, 그게 무엇이면 좋을까요?"

이 말을 들은 벤은 결정적인 단서를 알려주었다. 그는 중독치료센터에서 퇴소해 정상적인 생활을 하고 싶다고 말했다.

나는 벤에게 진심으로 마음을 쓰고 있었기 때문에 이러한 질문들을 던졌다. 정해진 복음 전도 공식을 따르거나 체크 리스트에 있는 질문들을 읽었던 게 아니다. 힘겨워하는 동료 인간을 진심으로 이해하기 위해 사람 대 사람으로 다가간 것이다. 나는 그에게 공감했고, 관심을 가졌으며, 연민을 느꼈다. 벤에게 정말 필요하고 그가 믿을 만한 가치가 있는 것이 무엇인지 온 마음을 다해 찾았다. 그가 받아들여지기를 바란다고 쉽게 판단하고 칭의의 복음을 전해줄 수도 있었다. 아니면 입양아였으니 '양자됨'의 관점에서 소속감과 친밀감을 필요로 하는 것 같다고 말해줄 수도 있었다. 하지만 그때마다 적용할 수 있는 마법의 공식 같은 것은 없다.

 대신 나는 대화하는 내내 성령께서 인도해 주시라고 기도했다. 복음을 전할 수 있는 다른 방법들도 있었지만, 벤에게 새로운 창조의 소망이 필요하다는 걸 강하게 느꼈다. 벤은 받아들여짐과 인정을 바라고 있었지만, 그의 이야기 이면에는 더 간절하고 더 깊은 갈망이 숨어 있었다. 얼핏 듣기에는 소망에 대해 간절해 보이지 않았다. 하지만 그는 받아들여짐이나 친밀함을 구하고 있지 않았다. 오히려 마약으로 중독된 삶에서 벗어나 새로운 인생을 사는 게 가능한지 알고 싶어 했다.

 나는 벤에게 물었다.

 "당신은 무엇을 찾고 있나요?"

 그러자 그는 자기가 느끼는 외로움과 낙심에 대해 이야기했다. 하나님이 그의 갈망에 대해 어떻게 하실지 생각해 보았냐고 물었더니, 잘 모르겠다고 답했다. 그가 옛 생활에 많이 지쳐 있고, 부서지고 공동묘지 같은 인생에서 벗어나 새 인생을 살고 싶어 한다는 걸 느꼈다. 벤은 자기에게도 밝은 미래가 찾아올 수 있다고 믿고 싶어 했다. 하지만 소망은 어딘가에 파묻혀 보이지 않았다. 벤은 새로운 창조라는 복음을 들을 필요가 있었던 것이다. 나는 벤이 새로운 창조의 약속을 들으면 복음을 더 믿을 만한 것으로 받아들일 수 있겠다고 생각했다. 그는 과거의 실패를 치유하고 자신을 새로운 인간으로 만들어주는 은혜가 있는지 알고 싶어 했다. 벤은 대화 내내 굉장히 회의적이었지만, 나는 거절당할 위험을 무릅쓰고 새로운 창조라는 복음의 소망을 전하려 애썼다.

"벤, 당신이 매우 지쳐 있다는 거 알아요. 지금 이런 삶이 당신이 바라던 바가 아니라는 것도 알아요. 하나님이 당신을 사랑한다는 사실을 알았으면 좋겠어요. 하나님은 당신을 새롭게 하길 원하세요. 옛 생활에서 벗어나 예수님 안에서 새로운 삶을 주시려고 해요. 예수님은 당신에게 새로운 삶을 허락하시고, 용서를 베푸시고, 은혜를 부어주시고자 십자가에서 돌아가셨어요. 예수님은 당신이 집으로 돌아와 그분의 사랑과 받아들여짐과 화평을 누리길 바라세요. 마약이라는 도피처에 의지하는 대신 근본부터 다시 새롭게 만드시는 그리스도를 신뢰하길 바라고 계세요. 어떻게 생각하세요?"

벤은 내 이야기를 가만히 듣고 있었다. 그곳에는 화려한 불꽃놀이도 없었고 자발적인 세례식도 없었지만 나는 별로 신경 쓰지 않았다. 성령께서 역사하시고 복음이 전해지고 있다는 것을 알았기 때문이다.

벤은 자신이 하나님을 아직도 믿고 있는지 잘 모르겠다고 고백했다. 그래서 나는 그 의심을 품은 채 그냥 믿어보라고 제안했다. 다만 그가 품은 의심은 나중에라도 점검해 볼 필요가 있다고 말했다. 나는 성경을 읽고 그것을 가지고 하나님과 이야기해 볼 생각이 있는지 물어보았다. 벤이 그렇게 하겠노라고 대답해서 나는 그에게 성경을 건네고 함께 기도했다.

중독 증세가 깊어질수록 벤에게는 더 깊이 있는 복음이 필요했다. 얕은 복음의 지식으로는 어떤 것도 해결할 수 없었다. 더 열심히 노력하라는 말이나 덮어놓고 예수님만 믿으라는 소리는 귀에 들어가지도 않는다. 예수님께서 그의 죄를 위해 돌아가셨다는 이야기는 숱하게 들었기 때문에 같은 이야기를 반복할 필요가 없었다. 그에게 진정 필요한 것도 아니었다. 벤은 그런 이야기에 귀를 막았을지도 모른다. 대신 어떻게 복음이 좋은 소식이 되는지, 왜 예수님의 죽음이 그의 삶을 바꾸어놓는지를 들어야 했다. 벤은 성경이 그가 갈망하는 새로운 삶에 대한 소망을 말하고 있다는 사실을 알아야 했다. 나는 이제 옛 사람은 벗어버리고 새 사람을 입을 수 있다고 말해주었다 고전 5:17-18; 갈 6:15; 엡 4:20-24; 골 3:9-10 참고. 벤에게는 믿을 만한 복음이 필요했다.

두 해가 지났을 때, 벤은 주일 교회 모임에서 사람들 앞에 섰다. 더 이상 몸이 부어 있지 않았다. 치아도 다시 치료했다. 신체적으로 그는 새 사람처럼 보였지만, 그것이 소망을 바라던 진짜 이유는 아니었다. 벤은 성도들 앞에서 자기가 그동안 겪었던 힘든 싸움들, 특히 마약에 빠지고 치유되는 과정에 대해 침착하게 이야기했다. 그날 아침 방 안은 숨소리가 들릴 정도로 조용했다.

벤은 의미를 찾고 받아들여지기 위해 분투했던 경험을 나눴다. 우리는 무엇이 그의 인생을 바꿔놓았는지 물었고, 그는 예수님을 믿는 믿음이라고 대답했다.

"이제, 저는 믿습니다. 저는 하나님의 은혜를 받았습니다. 제가 저지른 일에 대해 용서를 받았다는 걸 압니다. 하나님께서 저를 알고 싶어 하신다는 걸 압니다."

벤은 이제 마약에 중독되지 않고 하나님의 은혜에 중독되어 가고 있다.

우리는 또 어떻게 하나님의 은혜를 경험하게 되었는지 알려달라고 했다. 벤은 새로운 창조의 복음, 다시 말해 '새롭게 시작할 수 있다'라는 복음을 들었을 때 은혜를 경험하게 되었다. 벤에게 하나님의 은혜는 새로운 삶, 옛 생활로부터 벗어난 완전한 변화를 의미했다. 그는 자기의 옛 생활에 대해 이야기했다.

"엄청 오래전 일인 것같이 느껴지네요. 과거의 나는 과거에 남겨져 있는 사람 같아요. 1년 반 만에 제가 이렇게 성장할 수 있었다는 게 놀라울 뿐입니다."

은혜로 말미암아 벤은 옛 사람은 벗어버리고 그리스도 안에서 새 사람이 되었다! 새로운 창조의 복음이 벤을 새롭게 만들었다. 새로운 창조의 소망과 그의 갈망이 공명했고, 그로 하여금 예수님을 신뢰하도록 만들었다. 그리스도께 돌이켰을 때, 벤은 자신의 죄에 슬퍼했고 죄를 용서받음에 기뻐했다. 거절당하는 느낌이라는 족쇄에서 벗어나 그리스도 안에서 깊은 받아들여짐과 사랑을 발견했다. 이제 벤은 다른 사람들을 위해 시간을 내서 빵을 굽고, 공동체 사람들을 위해 일일이 기도하고 있으며, 조부모를 돌보고 있다. 나 역시 벤의 변화를 지켜보면서 새로운 창조에 대해 많은 것을 배웠다.

하룻밤 사이에 완벽해질 수 없다

벤의 이야기는 끝나지 않았다. 그는 매일 그리스도 안에서 새로운 생활을 지속하기 위해 노력한다. 우리처럼 벤 역시 가끔 옛 생활로 돌아가고 싶은 유혹을 받는다. 하나님은 하룻밤 사이에 완벽해질 것을 요청하시지 않는다. 대신 평생 신앙을 지켜 살아가기를 바라신다.

그리스도께 나아가고 그리스도 안에서 신앙을 유지하려면 복음의 메타포가 하나 이상 필요하다. 죄와의 싸움이 계속되고, 관계가 변화되고, 그리스도 안에서 성장할 때마다 여러 복음의 메타포를 벤의 삶에 적용해야 할 것이다. 우리는 예수님의 삶, 죽음, 부활, 통치가 주는 유익이 모두 필요하다. 복음의 여러 요소는 우리가 제자도를 갖추는 데 여러 지점에서 필요하다. 벤의 인생을 짧게 소개했지만, 이 안에서도 속량, 칭의, 양자됨, 새로운 창조라는 요소를 모두 발견할 수 있다.

우리의 이야기에는 우리의 분투와 소망, 두려움과 꿈이 드러난다. 사람들과 대화를 나눌 때 우리는 사랑하는 마음으로 인내하고, 관심을 갖고, 그들의 이야기를 잘 들을 필요가 있다. 가장 중요한 건 성령을 의지하면서 기도하는 마음으로 듣는 것이다. 그러면 여러 복음의 메타포들이 떠오르고, 나쁜 상황에서 어떻게 복음이 좋은 소식이 될 수 있는지 분별할 수 있고, 믿을 만한 복음을 전할 수 있다.

핵 심 질 문

1. 당신이 아는 사람들 가운데 벤과 같은 이가 있는가? 혹시 소망을 추구하는 다른 류의 사람들이 있는가?

   ---

2. 새로운 창조와 관련된 다른 메타포가 있는가?

   ---

3. 소망이 없는 사람에게 소망을 전하는 다른 방법이 있는가?

   ---

4. 새로운 창조라는 소망에 대해 들어야 할 사람을 알고 있는가?

11장
친밀함을 원하는 외로워하는 사람들에게

영화 〈그녀Her〉에서 호아킨 피닉스Joaquin Phoenix가 연기한 시어도어는 외로운 대필 작가다. 그는 인공지능 운영 체제인 Os1과 관계를 발전시켜 나간다. 영화의 시간적 배경은 가까운 미래이고, Os1은 말을 알아듣고 감정을 느끼며 인격을 지니고 있다. 그녀의 이름은 사만타로, 매력적인 목소리를 소유하고 있었다(스칼렛 요한슨이 목소리를 연기했다).

시어도어는 은둔자가 아니다. 그는 사람들과 관계도 맺고 연락도 하면서 지낸다. 겉으로 보기에는 일상생활에 문제될 게 하나도 없다. 하지만 자신이 갈망하는 친밀함과 사랑을 대체 현실 속의 '그녀'에게서만 찾을 수 있다. 황당한 이야기처럼 들리겠지만, 사실 당신이 생각하는 것보다 주변에서 흔히 일어나는 일이다. 그만큼 사람들은 친밀함을 추구한다.

우리는 대부분 다른 사람들과의 관계에서 친밀함을 추구한다. 깊은 만족감을 주는 관계도 가끔 있으나 상대가 누구든 결국은 실망하고 만다. 실망감을 느끼면 우리는 관계를 정리하고 다른 사람을 찾는다. 부모, 친구, 중요한 지인, 배우자 등 친밀한 사람들의 목록을 차례차례 지워나간다. 최근 이혼율이 높은 것도 놀랄 일이 아니다. 하지만 깊은 친밀함을 추구하는 건 결혼에만 한정되어 있지 않다. 미국에서는 20-40대 남녀 3,700만 명이 결혼을 미루고 있다. 이들 가운데는 계속 친밀감을 찾느라고 일정 기간마다 배우자를 바꾸는 '순차적 일부일처제 serial monogamy'를 하는 경우도 많다.[1]

다른 관계에서도 마찬가지다. 우리는 친구와의 우정에서 소속감을 느끼고 싶어 한다. 있는 그대로 받아들여지고, 마음속 얘기를 마음껏 털어놓을 만큼 안심할 수 있는 관계를 바란다.

그리스도인도 예외는 아니다. 불행하게도 많은 그리스도인이 친밀한 관계를 찾아 이 교회 저 교회로 옮겨다니고 있다. 자신을 완벽하게 받아줄, 그래서 자신을 절대 실망시키지 않을 공동체를 찾아다닌다. 존 역시 내가 만났을 때 그런 공동체를 찾고 있었다.

나는 '하이볼'이라는 호화로운 복고풍 술집에서 존을 처음 만났다. 그곳에는 고급 볼링장, 노래방, 무도장, 그리고 다양한 술이 마련되어 있었다. 부스와 좌석이 금빛으로 빛나는 천으로 감싸져 있었다. 모터사이클 헬멧이나 볼링공 같은 것들도 휘황찬란한 금빛을 뿜어냈다. 미국의 배우 겸 가수인 프랭크 시나트라가 자주 왔던 곳이라고 했다.

우리 교회는 주일마다 하이볼을 빌려 예배를 드리고 도시를 위해 기도한다. 그날 주일, 존이 문을 열고 안으로 들어왔다. 표정은 시니컬했지만 뭔가 간절하게 찾는 듯 보였다. 마음의 문에 '출입 금지'라는 글자가 새겨져 있는 듯했던 존과 대화를 나누면서 나는 그가 어린 시절 교회에 다녔다는 것을 알게 되었다. 그날 아침도 '교회'에 다시 다녀보고자 찾아왔던 것이다.

몇 달이 지나 존은 우리 교회 공동체에 더 깊이 들어오게 되었다. 그는 교회가 주일에 예배만 드리는 장소 이상이라는 점을 좋아했다. 우리 교회가 주중에도 서로 연락하고 정기적으로 삶을 나누는 관계 중심적인 공동체라는 사실을 마음에 들어 했다. 공동체가 큰 모임을 가질 때면 요리 솜씨를 발휘하며 함께 참여했고, 다른 사람들과 어울리는 걸 진짜 좋아했다. 존은 장애인과 노인을 위한 올림픽 행사에 참여하자고 공동체에 제안하기까지 해서 많은 성도들이 그와 함께 올림픽 봉사 활동에 참여했다. 존은 정말이지 공동체 안에서 그리스도인으로 성장하는 것처럼 보였다.

하지만 그의 성장 과정에 문제가 하나 있었다. 교회에 소속감을 느끼며 성장해 나가긴 했지만, 정작 그리스도께는 소속감이 없었다. 그리스도 없이는 진정한 변화가 일어날 수 없고 새로운 사람으로 성장하지 못한다. 그는 공동체에 건강하지 못한 애착관계를 형성하고 있었다. 오직 하나님만이 주실 수 있는 수준의 친밀함과 사랑을 구하고 있었던 것이다. 만약 누군가가 존이 준비한 모임에 참석하지 않았다면 그는 불평을 쏟아냈을 것이다. 위선자라고 비난하며 자신을 실망시켰다고 말했을 것이다. 존의 갈망은 그를 맡아서 훈련시키는 목사에게로 옮겨갔다. 존은 목사에게 무한한 애착을 보였고 지속적으로 도움을 요청했다. 심지어 다른 성도들은 제쳐두고 자신만 돌봐주기를 바랐다. 존이 바라던 대로 반응을 보이지 않으면 목사 역시 그를 배신하는 꼴이 되었다.

존은 기독교적인 돌봄과 훈련을 받고 기도 모임을 비롯해 여러 공동체의 모임에도 참석했지만, 여전히 친밀함이라는 우상을 예수님과 바꾸려 하지 않았다. 친밀함을 향한 욕구는 아내마저 밀쳐냈다. 그의 마음은 급격히 냉담해져만 갔다. 친밀함에 대한 욕구, 관계에서 안정감을 누리고자 하는 욕구는 존에게는 하나의 신이었다. 보통의 인간에게 신에 대한 기대감을 가지고 있었기 때문에 교회도, 목사도, 심지어 그의 아내도 기대에 부응할 수 없었다. 애석하게도 그는 이혼하고 말았다. 친밀함이라는 우상은 그를 게걸스럽게 집어삼켰고 결국 교회마저 떠나게 했다.

하나님은 우리 모두를 서로 사랑하고 친밀함을 나눌 수 있는 존재로 창조하셨지만, 사람에게서 완벽한 사랑과 친밀함을 기대할 수는 없다. 안타깝게도 우리의 치유 문화therapeutic culture는 타인으로부터 자신의 욕망을 충족시키는 것이 중요하다고 말한다. 우리 모두가 갖고 있는 이 선하고 깊은 갈망은 그것을 충족시킬 만큼 큰 존재만이 채워줄 수 있다. 그러한 필요들이 채워지지 않아 다른 사람들에게서 구하게 되면, 결국 비난과 분노, 우울과 무력감만 남는다. 친밀함의 우상은 두 가지 모습으로 나타난다. 존은 계속 친밀함을 요구하면서도 한편으로 우울해했다. 그의 삶은 끝없는 밀고 당기기 게임과 같았다. 복음은 오직 하나의 관계만이 이 갈망의 무게를 견뎌낼 수 있다고 말한다. 바로 '그리스도와의 연합'이다.

그리스도와의 연합은 말 그대로 그리스도와 친밀하고 애정 어린 관계를 맺는 것이다. 그리스도와의 연합은 우리가 하나님과 관계를 맺는 방식, 그리스도의 '몸' 안에서 형제자매와 관계를 맺는 방식에 영향을 미치고, 우리 자신 정체성을 바라보는 태도에도 변화를 가져온다. 이러한 관계는 전적으로 그리스도께서 우리를 위해 행하신 일, 즉 그분의 삶, 고난, 죽음, 부활, 승천과 깊이 관련 있다. 이 모든 것은 그리스도께서 우리와 함께하고 우리가 그분의 완전한 사랑과 받아들임, 거룩한 친밀함을 누리게 하려고 이루신 일이다. 그리스도 안에서 우리의 생명은 하나님의 사랑 안에 감추어지고, 더 이상 우리의 잘못과 죄와 허물로 판단받지 않을 것이다 골 3:1-4. 우리는 그리스도와 함께하는 자로 여겨지고, 영적으로 그리스도와 연합하여 전적으로 새로운 정체성을 얻게 된다.

성경 전체에 나오는 '그리스도 안에서'라는 표현은 그리스도와의 연합이 우리 한 사람 한 사람을 위한 것이고 하나님의 공동체를 위한 것임을 보여준다. 에베소서 1장은 '그리스도 안에서' 하늘에 속한 모든 신령한 복이 우리에게 온다고 말한다 엡 1:3. 다른 말로 하면 우리는 결코 예수님 없이는 하나님 앞에 홀로 서지 않는다는 것이다. 이러한 하늘의 복에는 택함받음(하나님께서 우리를 선택하심), 은혜(하나님의 분에 넘치는 호의), 속량(하나님께서 죄에서 우리를 구원하심), 화해(하나님께서 우리와의 관계를 회복시키심), 용서(하나님께서 우리의 죄에 대해 묻지 않으심), 성령의 인치심(우리를 변화시키시는 하나님의 능력)이 포함된다. 그리스도와의 연합은 모든 구원 교리에 흐르는 핵심이다.

우리가 그리스도 안에 속해 있다는 진리를 알면 자기 자신에 대한 생각과 다른 사람과의 관계에 대한 생각에 근본적인 변화가 일어난다. 우리의 권리를 요구하거나 다른 사람으로부터 숨는 대신에, 관계 맺음 자체를 하나님을 향한 사랑 안에서 성장하는 하나의 방식으로 바라보기 시작한다. 다른 사람들을 섬기고 그들에게 섬김을 받을 때 하나님의 은혜를 경험하고 그리스도를 만나게 된다.

이것이 존에게 전해주고 싶었던 이야기였다. 친밀함을 향한 그의 갈망을 보았고, 그 갈망을 복음의 진리와 연결시키려고 노력했다. 그 진리란 그리스도 안에서 더 이상 친밀함의 갈망을 충족시키기 위해 애쓸 필요가 없다는 것이다. 물론 단 한 번의 대화로 해결될 문제는 아니었다. 우리는 존과 많은 시간을 함께 보냈다. 같이 파티를 즐기고, 그의 가시 돋친 말에 상처를 받기도 하고, 그를 위해 기도하고, 고민도 들어주었다. 어떤 의미에서 그에게 그리스도와의 연합이라는 진리를 몸소 보여주었던 것이다.

누군가의 필요를 발견하거나 그 필요에 대해 말하는 것만큼이나, 믿을 만한 복음을 전한다는 것은 단순한 일이 아니다. 궁극적으로 복음은 성령의 초자연적인 역사를 통해 사람의 마음과 이어져야 한다. 우리는 존과 오래도록 관계의 길을 걸어가면서 우리가 생각한 복음을 나누었다. 하나님은 우리에게 불완전한 사람들을 불완전하게 사랑하라고 말씀하신다. 친밀함에 대한 갈망이 불러온 '밀고 당기는' 양상을 존에게서 발견하고는, 몇 가지 질문을 통해 그가 현재 처한 상태를 존에게 알려주었다. 우리는 이렇게 물었다.

"당신에게 깨진 관계의 양상이 나타나고 있다는 걸 알고 있나요?"
"왜 그런 일이 일어난다고 생각하나요?"
"친밀함에 대한 당신의 기대는 다른 사람을 향한 요구로 변하기도 하나요?"

이런 이야기 속에서 존은 화를 키워갔을지도 모른다. 성경을 읽는다고 친밀한 감정이 생기는 건 아니라고 불평했을 수도 있다. 많은 사람들이 이런 식으로 이의를 제기한다. 하지만 친밀함이 항상 감정을 동반하는 것은 아니다. 나는 아내와 매우 친밀하다. 우리의 관계는 안정적이며 서로에게 헌신한다. 그렇다고 해서 내가 늘 아내와 가까운 감정을 느끼는 건 아니다.

성경과 기도는 하나님께 가까이 다가가고 그분을 신뢰하기 위한 은혜의 수단일 뿐이다. 주님은 우리에게 강렬한 감정을 주실 때도 있지만, 이것이 우리가 경험하는 관계의 전부는 아니다. 그리고 분명히 감정은 오래 지속되지 않는다. 우리가 맺는 관계들은 여전히 죄의 현실에 영향을 받는다. 다른 관계가 하나님보다 더 높아지기 쉽다. 바로 이 점을 존에게 보여주고 싶었다. 그의 행동과 요구들은 다른 사람들과의 관계에 영향을 미치고 있었고, 그는 하나님에 맞서 죄를 지었다. 자신의 갈망을 채우기 위해 하나님을 신뢰하는 대신 계속해서 사람들을 찾아다님으로써 하나님을 거부하고 있었던 것이다.

몇 개월간 대화를 나눈 뒤, 존은 마지못해 우리의 생각에 동의했다. 적어도 이성적으로는 그리스도께서 그의 유일한 희망이라는 것을 알았다. 하지만 친밀함이라는 자신의 우상을 오랫동안 숭배해 온

탓에 쉽사리 그리스도께 나아가지는 못했다. 비난이나 책임감을 받아들일 마음의 준비가 되어 있지 않았다. 복음을 머리로는 이해하지만 아직 믿을 수는 없었다.

존은 (지금까지도) 복음을 믿지 못하고 있다. 믿을 만한 복음을 전하는 건 쉬운 일이 아니기 때문에, 늘 소망하는 반응을 얻지 못한다는 사실을 인정하는 것이 중요하다. 즉각적인 반응을 확인하지 못한다고 해서 복음 증거가 헛된 일은 아니다. 믿을 만한 복음을 사랑하고, 듣고, 말하는 것 자체가 늘 하나님께 영광이 된다. 며칠, 몇 달, 심지어 몇 년 후에 열매를 맺을 수도 있다. 게다가 거절도 복음 사역의 열매가 될 수 있다. 회심은 계속해서 진행된다.

복음을 전하려면 얼마나 기다려야 하나

지금까지 나는 장기적으로 관계를 유지하는 가운데 복음을 전하는 것이 중요하다고 강조했다. 왜 그럴까? 많은 사람들이 우리가 전하는 이야기를 별로 듣고 싶어 하지 않기 때문이다. 그들의 이야기를 들으려면 5분간의 대화로는 턱없이 부족하다. 그렇다면 예수님에 대해 말하기 전까지는 **항상** 오랜 관계를 유지해야 할까? 늘 관계를 형성할 필요가 있을까?

반드시 그럴 필요는 없다. 다급하고 중대하고 놀라운 소식이 있으면 처음 본 사람이라도 거리낌 없이 전할 수 있다! 좋아하는 스포츠 팀이 경기에서 이겼을 때 경기장을 둘러보며 이렇게 생각하지는 않는다. '내가 얼마나 기쁜지 사람들에게 말해서는 안 돼. 다들 모르는 사람이잖아!' 우리는 승리의 기쁨을 표현하기 위해 기다리지 않는다. 응원하던 팀이 이기면 바로 환호를 지른다. 콘서트에서 좋아하는 노래가 나오면 노래를 따라 부르거나 노래가 좋다는 말을 하기 위해 기다리지 않는다. 그 자리에서 노래를 따라 부르고 낯선 사람에게도 노래가 좋다고 말할 수 있다. 정말로 멋진 게 있다면 그걸 이야기하려고 오랜 시간 기다리지 않는다. 우리는 주변에 있는 사람 누구에게든 좋은 소식을 전할 수 있다.

예수님에 대한 소식은 분명히 좋은 소식, 즉 복음이다. 긴급하고 중대하며 놀라운 소식이다. 너무나 놀라워 주변에 있는 사람들에게 전하고 싶을 정도다. 하지만 몇 가지 이유 때문에 매번 바로 전하지 않는다. 왜일까? 간혹 우리는 그냥 별 이유 없이 쉴 때도 있다. 복음의 자유를 누리고 있기 때문에 복음을 전하지 않을 수도 있다. 복음이 우리 마음에 살아있지 않거나 행동으로까지 퍼지지 않기 때문에 복음에 대한 감흥이 없을 때도 많다.

우리가 복음에 몰두하지 못하기 때문에 그럴 수도 있다. 복음을 누리거나 복음에 자부심을 갖거나 복음에 완전히 사로잡혀 있지 않다. 그보다는 성공이나 쾌락, 안정에 관한 이야기에 더 끌린다. 즉 예수님을 별로 좋아하지 않기 때문에 그분의 이야기를 하지 않는 것이다.

복음이 우리 마음으로 깊이 들어오지 않는 한, 그것은 삶을 바라보는 방식을 안내하는 이야기가 될 수 없다. 하나님을 우리 삶의 주인공으로 보지 않고 여전히 우리 자신이 주인공이 된다. 그 결과 대화의 주제는 나 자신으로 향하게 된다. 하지만 그리스도의 아름다움에 푹 빠져 있다면 복음은 더 이상 케케묵은 고물처럼 보이지 않을 것이다. 그리스도와 신선한 만남을 갖게 되면 어느새 다른 사람들에게 그리스도를 전하게 된다. 좋은 소식이 우리에게 진짜 좋은 소식일 때, 비로소 복음에 대해 말하고 싶어진다.

가끔은 복음을 전하기 위해 기다릴 필요가 없다

나는 머리칼을 자르러 버즈바버 숍이라는 미용실로 갔다. 그곳은 오스틴의 상징이다. 펑크 음악과 자유분방한 가구 인테리어, 3D 안경(미용실에서 제공하는)으로 보는 벽화 등이 이색적이다. 버즈바버 숍은 오스틴 반문화의 핵심이다. 손님이 자리에 앉기 전에 그곳에서는 텍사스의 상징인 론스타 맥주 한 잔이나 물 한 병을 제공한다.

평소 내 머리를 잘라주던 미용사가 그날은 자리에 없었다. 하지만 내 머리칼은 벌써 많이 자라 있었다. 나는 미용실 의자에 철퍼덕 앉았고 새로운 미용사가 내 머리를 잘라주었다. 위험 부담이 컸다. 뭐, 그래도 복음을 위해서라면 이런 일쯤은 감수해야 한다!

앰버는 그날 내 머리를 잘라준 미용사였다. 내 소개를 한 뒤 앰버에게 미용 일이 재미있는지 물어보았다. 우리는 그녀의 직업에 대해 이야기를 나누었다. 그런 다음 늘 그렇듯 그녀도 내 직업을 물어보았다.

"그런데 무슨 일 하세요?"

"시내에 있는 시티 라이프 교회 목사예요."

내가 대답했다.

"우리의 비전은 이 도시에 생명을 빼앗는 것이 아니라 생명을 불어넣는 것이죠."

나는 우리 교회가 가지고 있는 생각을 앰버와 나누었다. 기독교인들이 지역의 필요에 무관심하다는 악평이 높기 때문에 우리는 도시를 사회적으로, 영적으로, 문화적으로 새롭게 하는 데 헌신하고 싶다고 했다. 내 말에 앰버도 호기심을 갖기 시작했다. 그녀는 나에게 좀 더 자세하게 설명해 달라고 했고, 나는 우리가 이 도시에서 벌이고 있는 다양한 사역들 가운데 몇 가지를 소개했다. 특히 시티그룹을 만들어서 노숙인들에게 음식을 제공하고, 부모 없는 아이들과 시간을 함께 보내고, 지역 보호소에 있는 아이들에게 상담도 해주면서 소외된 이웃들에게 봉사를 하고 있다고 말했다. '뮤직 포 더 시티 Music for the City'라는 프로그램을 만들어서 앨범, 페스티벌, 콘서트 등을 통해 신예 아티스트들의 음악을 지역에 알린다고도 했다. 이야기를 듣더니 그녀는 아주 멋진 생각이라고 말해주었다.

나는 거기서 이야기를 멈출 수도 있었다. 앰버는 우리 교회에 대해 아주 좋게 생각했다. 이런 일은 자주 일어나지 않는다. 나는 그 자리에서 바로 그녀를 교회에 초대할 수도 있었다. 하지만 미용실 의자에 앉아 있을 때 성령께서 나에게 좀 더 이야기하도록 인도하셨다. 나는 하나님께서 앰버를 사랑하신다는 걸 느꼈고, 거절당할 위험을 무릅쓰고 앰버에게 종교가 있는지 물었다. 그녀는 어렸을 때 할머니 손을 붙잡고 교회에 나간 적도 있는데, 교회 안 나간 지 벌써 10년이 넘었다고 했다. 교회 사람들은 좋긴 하지만 교회가 세상에 무관심한 것처럼 보인다고 했다. 현실을 잘 몰라 퇴보하는 것처럼 보인다고 꼬집어 말했다.

앰버만 그렇게 느끼는 건 아니다. 수많은 사람들이 오늘날 교회가 세상과 유리된 채 고립되어 있다고 생각한다. 그래서 복음에 대해서도 자신과의 관련성을 전혀 찾지 못한다. 앰버는 지역을 변화시키는 복음에 대해 전에는 한 번도 들어본 적이 없었다. 그래서 내 이야기에 강한 흥미를 느꼈다. 내 무릎 위로 머리카락이 우수수 쏟아져 내리는 동안 우리는 이야기를 계속 이어나갔다.

이발이 마무리될 즈음 나는 다시 우리 교회 이야기로 돌아왔다.

"앰버, 지역을 위해 이런 일을 하는 건 제가 대단한 사람이라서가 아니에요. 저는 훌륭한 목사도 아니에요. 우리 하나님이 대단한 분이시죠. 저는 예수님과 인격적으로 만난 뒤 삶이 근본적으로 바뀌었어요."

나는 예수 그리스도께 속해 있기 때문에, 우리가 잘나서 이러한 지역 봉사를 하는 게 아니라는 걸 앰버도 알길 바랐다. 그 모든 건 예수 그리스도 때문에 하는 일이었다. 나와 그리스도의 연합으로 말미암아 지역을 사랑하게 되었고 그래서 지역으로 들어가게 되었다. 가끔은 놀라운 소식을 전하기 위해 기다릴 필요가 없을 때도 있다.

나는 미용실 의자에 앉기 전까지 앰버와 단 한 번도 대면한 적이 없었다. 그렇지만 45분 동안 우리는 삶, 직업, 교회 그리고 그리스도에 대해 의미 있는 대화를 나누었다. 나는 그녀가 나를 신뢰하고 내 가족에 대해 알고 교회 모임에 나올 때까지 기다리지 않았다. 하나님의 사랑이 나를 강하게 휘어잡았다고후 5:14. 그녀는 내 복음 전도 대상 목록에 올라 있는 사람이 아니었다. 뭔가 강요하고 싶은 생각도 없었다. 교회에 나오라는 말도 하지 않았다. 단지 주님에 대한 진리와 그분이 나를 통해 하시는 일을 나누고 싶었을 뿐이다.

많은 현대 도시인들이 공감하는 사실 중 하나가 바로 '진짜'를 찾기가 정말 어렵다는 것이다. 상술적인 마케팅, 팝업 광고, 스팸 광고가 범람하고 있어 가짜에 몸서리가 날 정도다. 그래서 그리스도에 대한 진짜 감정을 나눌 때, 사람들의 마음이 움직이는 것이다. 굳이 이야기를 꾸미거나 조작할 필요가 없다. 복음에 푹 담겨 있다면 예수님의 진짜 사랑이 입에서 자연스럽게 흘러나온다.

그리스도의 사랑 때문에, 앰버에게 교리를 설교하지 않고 자연스럽게 질문을 이어갈 수 있었다. 시작부터 복음을 나열하지 않았다. 그녀를 한 사람으로서 존중하고 사랑했을 뿐이다. 진심으로 그녀의 직업에 관심을 보였고, 교회에 대한 반감에 공감했고, 미용 솜씨에 아낌없는 찬사를 보냈다. 그리고 마지막에 팁도 후하게 주었다.

우리가 예수님에 관해 나눈 이야기는 강제적인 것이 아니었다. 대화를 주고받다가 자연스럽게 흘러나왔을 뿐 권유도 없었다. 그 순간 나는 하나님이 하시는 일에 대한 경외감을 느꼈다. 교회나 나 자신이 아니라 바로 예수님을 믿게 되었다. 그녀와 나눈 대화 주제는 마침내 예수님으로, 예수님과의 인격적인 만남으로 흘러갔다. 나는 예수님께 사로잡혀 있었기 때문에 예수님에 대해 이야기를 했다. 앰버에게 그리스도를 증거하지 않았지만, 앰버는 내 안에서 그리스도의 증거, 곧 영광의 소망을 발견했다골 1:27!

사람은 자신을 사로잡고 있는 것에 대해 이야기한다. 만일 예수님께서 아직 관계를 맺지 않았다는 이유로 십자가에 매달린 강도에게 영생을 보류했다면 어땠을까? 작가나 목사, 설교자들이 당신과 관계를 맺지 않았다는 이유로 복음을 이야기하지 않고 있다면 어떨까? 매우 놀라운 소식은 기다릴 필요 없이 바로 나누어야 한다.

하지만 머리를 자르던 그날처럼 나는 항상 예수님께 사로잡혀 있지는 못하다. 매일 예수님을 인격적으로 경험하지 않기 때문에 사람들에게 복음을 효과적으로 전하지 못한다. 그래서 예수님과의 신선한 만남이 계속 필요하고, 새로운 사랑으로 우리의 마음을 깨워야 한다. 그러면 진심 어린 마음으로 복음을 전할 수 있다. 그리스도와 연합될 때 우리가 전하는 말에 사랑이 담긴다.

지금 살펴보는 다른 추구들과 마찬가지로 친밀함에 대한 추구 역시 모든 사람에게 적용되는 것은 아니다. 모두가 사랑과 친밀함에 목말라하지는 않는다. 하나님은 각자의 삶과 관련된 복음의 진리를 전하기 위해 다양한 방법들을 제공하신다.

다음 장에서 보겠지만, 대부분의 사람들에게 중요한 문제가 되는 것은 관용이다. 받아들여짐, 소망, 친밀함에 대한 갈망처럼, 복음은 관용에 대한 갈망에 대해서도 말을 건넨다.

핵심질문

1. 누군가가 친밀함을 구하고 있다는 것을 당신은 어떻게 아는가? 살면서 그런 사람들을 알아챌 수 있는가?

   _____
   _____

2. 당신은 그리스도와의 연합이 주는 소망을 어떻게 나눌 수 있는가? 그리스도인 친구들을 대상으로 연습해 보라!

   _____
   _____

3. 왜 관계를 맺지 않고도 그리스도와의 연합이 복음 전도를 이끌어내는가?

   _____
   _____

12장
기독교를 편협하다고 비난하는 이들에게

　예수님만이 하나님께 가는 유일한 길이냐는 질문을 오스틴에 살면서 자주 들었다. 대부분의 사람들은 그 말을 믿지 않는다. 4장에서 살펴보았듯이 '새로운 관용'은 우리 시대의 주된 흐름 중 하나다. 우리는 다양성을 찬양한다. 다양하면 다양할수록 더 좋다는 것이다. 문제는, 많은 사람들이 그런 관용과 상반되는 삶을 산다는 사실을 모른다는 점이다. 모든 사람에게 관용을 베풀고자 하지만, 자기주장이 강한 사람들은 제외시킨다. 예수님이 하나님께 이르는 유일한 길이라고 하면서 다른 누군가에게 틀렸다고 지적하면, 편협하다는 비난을 면치 못한다. 이런 관용의 추구 뒤에는 무엇이 숨어 있을까? 그리고 관용을 갈망하는 사람들에게 복음을 어떻게 전해야 할까?

승려와 나눈 배타적 진리

얼마 전 우리 선교 팀은 태국의 방콕을 방문했다. 우리는 태국 북부와 미얀마의 샨다이족 사람들을 민족지학적으로 연구하기 위해 내륙 지역으로 갈 예정이었다. 그 전에 우리는 문화 탐방의 일환으로 방콕 에메랄드 사원왓 프라깨우에 들렀다. 에메랄드 사원은 태국의 대표적인 상징이자 가장 신성시되는 불교 사원이다. 사원의 부지는 무려 234에이커약 1제곱킬로미터-옮긴이나 되었다. 화려하게 꾸며진 많은 탑과 사원 건물들로 둘러싸여 있었는데 하늘을 찌를 듯한 첨탑이 인상적이었다. 기독교인으로서 이런 사원 문화를 접하는 것은 신기하면서도 동시에 마음 아픈 일이다. 당신도 그토록 아름다운 사원을 짓고 거짓 신을 섬기는 사람들을 보면 마음속에 경탄과 슬픔의 감정이 뒤섞일 것이다.

호기심 많은 나는 사원의 승려 한 명과 담소를 나누기 시작했다. 사원과 탑이 훌륭하다고 칭찬했고 그들의 종교에 대해서 물어보았다. 내 질문은 곧 진리에 관한 철학적인 토론으로 이어졌다. 내가 기독교의 배타적인 진리에 대해 이야기하자 황색 승복을 입고 삭발을 한 승려가 이렇게 말했다.

"한 나무는 여러 방향에서 불어오는 바람을 맞습니다."

그때 나는 동양과 서양의 사고방식에 큰 차이가 있다는 것을 알고 꽤 놀랐다. 서양에서는 이처럼 진리를 이미지화하는 것에 익숙하지 않다. 그렇다면 그 승려는 무엇을 이야기한 것인가? 진리를 향해 기독교의 방향에서도 영적인 바람이 불어오고, 불교 방향에서도 불어온다는 말이었다. 다시 말해서, 불교의 바람이 불든 기독교의 바람이 불든 나뭇가지는 흔들리지만 진리의 나무는 변함없이 그 자리에 서 있다는 것이다.

나도 인정한다. 쉬운 문제는 아니었지만 나는 이 주제에 매우 흥미를 느꼈다. 동양인들의 정신세계, 특히 불교도들이 어떻게 생각하는지 조금은 알 것 같았다. 물론 학교에서 불교의 두 가지 철학적 흐름에 관한 강의를 들었지만, 서양인들의 관점에서 본 것에 불과했다. 하지만 이제는 동양 문화의 한복판에 서 있지 않은가. 따라서 동양인들이 복음에 대해 어떻게 생각하는지 알아볼 수 있었다. 승려의 발 앞에 앉아 직접 배우는 것이다.

나는 승려의 말에 대답할 필요를 느꼈다. 그래서 마음속으로 기도한 뒤 이렇게 말했다.

"스님의 말씀은 아주 진귀하고 옳은 말씀입니다. 나무는 이 방향으로도 흔들리고 저 방향으로도 흔들립니다. 그런데 나무에는 뿌리도 있지요."

나는 승려가 비유한 이미지를 그대로 이용해 나름대로 설명해 보려고 노력했다. 맞다, 나무는 흔들린다. 하지만 나무는 같은 자리에 뿌리박고 있다. 나의 요지는 나무에는 흔들리지 않는 뿌리가 있다는 것이었다. 그리스도의 복음과 불교의 팔정도 중 하나만이 진리의 나무에 영양분을 제공한다. 둘 다 그 일을 할 수는 없다. 나무는 어느 정도까지 휘어질 수는 있지만 바람이 너무 강하게 불면 부러져버린다. 우리는 진심 어린 마음으로 많은 이야기를 나누었다. 두 사람에게 모두 유익한 대화였다. 나는 상대방의 이야기를 듣는 법을 배웠고 관용적인 불교도에게 좀 더 믿을 만한 복음을 어떻게 전할 수 있을지 고민하게 되었다.

오늘날 사람들과 이야기를 나누다 보면, 결국 기독교 신앙의 관용에 대해 비슷한 질문을 받게 된다. 대부분의 사람들은 기독교의 배타적인 주장을 좋아하지 않는다. 하지만 그들의 생각을 비난하거나 세계관을 공격하기 전에, 우리는 그들의 생각과 관점을 제대로 이해하고 질문을 던져야 한다. 상대를 존중하며 대화를 나누다 보면 기독교가 편협하다는 이미지를 바꿀 수 있다. 그렇게 할 때에야 비로소 닫혔던 마음의 문이 열리게 된다.

술집에서 벌어진 다원주의 토론

불교는 3대 선교적 종교 중 하나다. 이슬람교도 이에 속한다. 다시 4장의 진저맨 펍으로 돌아가 데이브와 브라이언을 만나보자. 그때 브라이언은 예수님의 배타적인 주장에 의문을 품고 있었다.

"무슬림은 어떤가요? 그들도 진지하지 않나요? 자기들이 믿는 바에 대해 기꺼이 죽을 준비가 되어 있어요. 그런 사람들이 천국에 갈 수 없다는 말인가요?"

당신은 이 질문에 어떻게 답하겠는가?

나는 이렇게 대답했다.

"브라이언, 나는 그들의 진정성을 존중해. 그들은 정말 웬만한 그리스도인들보다 더 믿음이 진지하지. 그렇지만 그 사람들이 진지하다고 해서 옳은 건 아니야. 진지하지만 잘못된 것을 추구하는 사람들도 굉장히 많아. 예를 들면, 과거에 지구가 우주의 중심이라고 진지하게 믿었던 과학자들이 있었어. 우리는 진정성을 진리라고 오해해서는 안 되지."

이야기를 들은 브라이언은 이 문제에 대해 좀 더 생각해 봐야겠다고 했다.

나는 대화의 주제를 진지한 무슬림들이 생각하는 영원한 운명으로 옮겨갔다. 대화를 나누다가 브라이언에게 요한복음에서 예수님이 하신 말씀, "내가 곧 길이요 진리요 생명이니"요 14:6에 대해 어떻게 생각하는지 물었더니, 그분이 유일한 길과 진리와 생명은 아닌 것 같다고 대답했다.

나는 관용을 옹호하는 사람들이 자주 진리보다는 진정성에 더 가치를 두고 있다고 말했다. 진정성을 추구하는 것도 중요하지만, 그것이 전부는 아니다. 예수님은 진정성과 진리 모두를 중요하게 여기셨다. 실제로 예수님은 진실한 사랑은 진리에 대해 진정성을 갖는 것임을 몸소 보여주셨다. 단지 타인과 그의 신념에 관용을 베푸는 정도의 문제가 아니다. 만일 우리가 다른 사람에게 진심으로 관심이 있고 진리에 헌신하고 있다면, 존중하는 마음으로 그들의 깊은 신념에 도전할 수 있을 것이다.

나는 이슬람교와 기독교의 주요한 차이점을 대략 설명한 다음, 그리스도의 유일성에 대해 간단하게 이야기했다.

"세계 주요 종교들의 종교적 코드는 신에게 도달하기 위해 스스로 노력하는 거야. 하지만 문제는, 우리 인간은 그런 규칙을 지킬 수 없다는 거지. 우리는 불완전한 존재거든. 반면 기독교에서는 하나님께서 우리를 위해 일하신다고 가르쳐. 하나님이 직접 모든 규칙을 지키고 길을 만드시지. 이것을 '은혜'라고 불러. 기독교와 다른 종교들의 근본적인 차이점이기도 하고. 진지하고 숭고하게 자기를 희생한다고 해서 거룩한 하나님께 나아갈 수 있는 건 아니야. 그보다는 우리의 잘못을 위해 희생하고 우리가 하나님께 받아들여질 수 있도록 만들어줄 완벽한 누군가가 필요하지. 이것이 바로 예수님이 하신 일이야. 다른 종교에는 하나님이 자기 사람들을 위해 상하고, 죽고, 다시 살아난 다음, 그들을 용서하고 죄 없는 사람들로 만들어준다는 이야기가 전혀 없어."

그날 밤 브라이언의 반응을 잊을 수 없다. 우리는 밤새 이야기를 나누었고, 브라이언은 끊임없이 질문했다. 내 기억으로는 브라이언이 이따금씩 고개를 끄덕이기도 하고 내 이야기에 진심으로 마음을 열기도 했다. 그날의 대화 이후로 몇 년의 세월이 지난 지금 브라이언은 결혼을 했고, 한 교회에서 예배 인도 사역을 도우며 예수님 안에서 발견한 유일한 은혜의 길에 헌신하고 있다.

기독교가 유일한 이유는 그리스도인이 다른 사람들보다 나아서가 아니라 그리스도께서 우리보다 낫기 때문이다. 그분은 우리가 가진 문제에 대한 더 좋은 해답이다. 기독교에서는 하나님이 죽기 때문에 사람이 살 수 있다고 가르친다.[1] 반면 다른 종교에서는 인간은 자신이 실제로 죽지 않을 거라는 불확실한 소망을 가지고 살아간다고 가르친다. 복음은 하나님께서 우리에게 내려오셔서 예수님을 통해 우리의 짐을 대신 지고 자신의 생명을 우리에게 주신다고 말한다. 그러나 대부분의 종교에 따르면, 인간은 감당할 수 없는 짐을 진채 내세에 대한 막연한 희망을 가지고 살아간다.

그리스도는 유일하신 분이다. 그분은 죽고 다시 부활하셨기 때문에 우리도 죽고 진정으로 다시 살아날 수 있다. 믿음으로 말미암아 예수님의 죽음과 부활은 우리의 죽음과 부활이 된다. 예수님은 하나님에게 무관심하고 불신하고 적대적인 죄인을 위해 하나님께 바쳐진 대속물이다. 이것이 바로 '속량 redemption'이다. 대화가 더 진전되기 위해서 브라이언은 복음이 왜 유일한 진리이며 다른 종교의 관점과 어떻게 다른지 들을 필요가 있었다.

하나님의 율법은 우리에게 속량이 필요하다는 사실을 알려준다. 우리에게는 범죄에 대한 대가를 지불해 줄 누군가가 필요하다. 속량이라는 복음의 메타포는 그리스도께서 우리를 위해 대가를 지불하셨다고 선언한다. 그것이 바로 우리를 위한 선물이며 은혜다. 사형선고를 받은 우리를 위해 예수님께서 대신 형벌을 받으셨다. 예수님은 죄가 없으신 분이지만 그럼에도 우리를 향한 하나님의 진노를 누그러뜨리기 위해 스스로 죗값을 치르셨다. 죄가 없이 완벽하고 놀라운 은혜를 베풀 수 있기 때문에 예수님만이 하나님과 우리를 화해시킬 수 있는 유일한 길이다. 다른 종교는 행위를 강조하지만 기독교는 우리를 위해 대신 돌아가신 예수님의 은혜를 주장한다. 예수님이 하나님께 나아가는 유일한 길이라는 사실을 부인하는 것은 용서와 구원의 유일한 길을 거절하는 것이다.

"우리는 그리스도 안에서 그의 은혜의 풍성함을 따라 그의 피로 말미암아 속량 곧 죄사함을 받았느니라" 엡 1:7.

속량이라는 복음의 메타포를 통해 나는 다른 종교들과 비교해서 그리스도의 유일성을 전할 수 있었다. 이러한 복음 전도의 목적은 이슬람이나 무슬림들의 진정성과 종교적 열정을 비하하거나 무시하는 것이 아니다. 사실 나는 그들의 진정성을 높이 평가했다. 그렇지만 모든 것이 동일하게 옳다고 주장하는 '새로운 관용'의 오류는 피했다. 이슬람교의 숭고함을 존중했지만, 예수 그리스도의 복음에서 드러나는 유일하고 경이로운 진리에 주의를 집중시켰다. 예수님은 사람들의 선택을 '존중'하셨지만, 분명한 사실은 오직 예수님을 믿음으로써 구원받을 수 있다는 것이다. 예수님은 자신이 아버지께 나아가는 유일한 길이고 죽음만이 자신을 믿는 죄인들을 생명으로 이끈다는 주장에는 '편협'하셨다.

예술가들을 위한 구원의 관용

내가 아는 매우 진지한 사람 중 하나가 바로 벤 로버츠다. 벤은 교회에서 흑역사를 경험했다. 그는 이렇게 말한다.

"제가 떠난 교회는 풋볼, 총기, 러시 림보Rush Limbaugh, 미국의 방송인이자 평론가-옮긴이, 중동 지역에 대한 융단 폭격, 최악의 찬송가에 사로잡혀 있는 교회였어요. 교회의 문화는 식탁에 그려진 토머스 킨케이드Thomas Kinkade, '빛의 화가'로 유명한 미국의 화가-옮긴이의 그림 같았죠. 저는 예민한 영혼의 소유자였어요. 문학, 철학, 건축을 좋아했고요. 입을 열 때마다 내 자신이 정신이상자처럼 말한다고 느꼈죠. 십대일 때는 제가 교회 사람들과 어울리지 않는다고 생각해 자살 충동까지 느꼈어요. 결국 교회 문화를 떠났고 저와 같은 사람들이 따로 있다는 것을 알았어요. 단, 그들은 교회에 나가지 않았어요. 술집이나 작업실에 있었죠."

벤은 관용과 존중을 갈망하고 있었다. 불행하게도 복음주의적인 많은 교회들이 조직적으로 다양성과 차이를 없애고 일치시키려는 경향을 보이고 있다. 창의적인 사람인 벤은 다양성을 중요하게 생각했다. 그는 새로운 생각을 자유롭게 토론하고, 대안을 주장하고, 교회 문화를 좁은 틀 안에 국한시키지 않길 바랐다. 벤만 그런 생각을 갖고 있는 건 아니다. 많은 예술가들이 교회는 다양한 의견을 무시하고 자기 생각 없이 세뇌된 사람들을 만들어내는 편협한 조직이라고 생각한다. 이들 중 어떤 이들은 교회에 머물면서 고통을 당하지만, 많은 사람들은 결국 교회를 떠나고 만다.

우리 교회에 처음 왔을 때, 벤은 우리가 전통적인 종교의 틀에서 기꺼이 벗어나려는 것에 매우 관심을 보였다. 그는 주일 예배 모임에 정기적으로 참석했고 시티그룹 사역에도 동참했다. 우리는 글쓰기, 예술, 문화 등에 대해 많은 토론을 했다. 벤과 내가 늘 의견이 일치한 건 아니지만 나는 인생에 대해 더 깊이 공감하는 계기가 되었다. 벤과 대화 후에는 세상이 다르게 보였다. 물론 더 좋게 보일 때가 많았다.

벤은 우리가 본인을 바꾸려고 하거나 예술, 철학, 문학(그리고 메탈리카)에 대한 그의 관점에 딴죽을 걸지 않는다는 걸 알았다. 난생 처음으로 교회가 관용의 장소, 심지어 사랑의 장소가 될 수 있다는 걸 알았다. 내가 이와 관련해 생각을 나누어달라고 하니 벤은 이렇게 적었다.

시티 라이프 교회에서 나는 이곳에 내가 적합하다는 것을 느꼈다. 사람들은 실제로 책과 예술에 관해 이야기를 나누었다. 그들은 자기 생각이 없거나 무미건조한 예수 좀비들이 아니었다. 심지어 나에게 자신만의 독창적인 생각들을 얘기하기도 했다. 나는 매트라는 친구에게 메탈리카의 노래 〈리퍼 메시아Leper Messiah〉는 타당한 예술적 표현이라고 조심스럽게 설명했다. 그의 대답은 이랬다. "메탈리카도 진리를 표현할 수 있지. 모든 진리는 하나님의 진리야."

벤은 진리를 위해 특정 교파가 아닌 하나님 나라의 장막을 친 그리스도인들과 조우했다. 그가 가장 놀랐던 것은 공동체의 환대하고 존중하는 태도였다. 그래서 알코올중독과 같은 주제에 대해 숨기지 않고 이야기할 수 있었다. 우울증과 낙태와 같은 주제를 이야기하면서 구원의 소망을 찾게 되었다. 그가 그리스도께 회심한 극적인 순간은 없었다. 대신 시간이 지나면서 관용을 베푸는 공동체의 영향을 받아 서서히 그리스도께 돌아서게 되었다. 사실 벤과 공동체는 서로 공통점이 전혀 없었다.

어느 날 밤, 시티그룹 모임을 마친 뒤 벤은 내 아내에게 이렇게 말했다.

"여기 사람들은 예수님 빼고는 나랑 공통점이 전혀 없더라고요."

우리는 그 말을 칭찬이라고 생각한다! 예수님도 이렇게 말씀하신 적이 있다.

"너희가 서로 사랑하면 이로써 모든 사람이 너희가 내 제자인 줄 알리라" 요 13:35.

교회는 종교적인 개인들을 모아놓은 느슨한 집단이 아니다. 교회는 예수 그리스도를 중심으로 똘똘 뭉친 사랑의 공동체다. 이기심, 차이에서 오는 두려움, 다툼 등을 내려놓을 때 우리는 다른 사람들을 사랑하고 그리스도의 빛으로 밝게 빛날 것이다. 벤이 속한 공동체는 성장 배경이나 향유하는 문화, 민족성이나 직업에 의해 하나가 된 것이 아니라, 구원자에 대한 소망으로 함께 나아갈 수 있었다.[2]

구원의 복음은 서로 다른 사람들을 위한 공통의 기반을 마련해 준다. 각자의 취향, 취미, 불만거리 등을 초월하여 높은 수준의 연합을 이루게 한다. 예수님께서 공동체의 중심이 될 때 용서와 사랑, 인정과 관용을 나눌 기초를 마련할 수 있다. 교회라는 플러그를 구원의 복음이라는 콘센트에 잘 꽂으면 빛이 환하게 들어와 생각지도 못한 사람들까지 찾아올 수 있다. 심지어 미치광이 예술가들까지도 말이다.

핵심질문

1. 관용에 가치를 두는 사람들을 알고 있는가? 그들과 고전적인 관용과 새로운 관용의 차이에 대해 대화를 나누어 보라.

2. 다른 사람들의 종교적 신념에 대해 물어보라. 끼어들거나 바로잡을 생각은 하지 말고 그냥 들어보라.

3. 왜 기독교가 다른 종교들과 다르게 유일한가?

4. 예수님은 어떻게 구원의 관용을 베푸셨는가? 십자가에서 베푸신 예수님의 관용은 무엇인가?

13장
사람들 인정에 목매다는가

　인정받는 걸 싫어할 사람이 있을까? 우리는 모두 부모나 존경하는 사람, 동료들이 우리를 좋게 생각해 주길 바란다. 나의 아버지는 대단한 분이었다. 아버지는 자신이 가진 것으로 많은 일을 성취해 냈다. 내가 어릴 때 우리 가족은 샌더스가 127번지 기찻길 옆 셋방에서 살았다. 아버지는 더 나은 집에 살기 위해 좋은 직업을 택하기보다는 유리 닦는 일을 시작했다. 일정 조절이 자유로워 세 아들과 최대한 많은 시간을 보낼 수 있었다.
　아버지는 우리 스포츠 팀에서 코치 역할도 맡고, 학교 행사에도 직접 참여하고, 우리의 취미 생활도 지원해 주었다. 아버지는 우리와 늘 함께했다. 또 일부러 아들 한 명 한 명과 대화를 나누면서 각자를 어떻게 사랑해 주어야 할지 배웠다. 우리는 아버지라는 태양 아래서 무럭무럭 자라났다. 친구들도 아버지를 좋아했다. 우리가 친구들을 집에 불러오면, 함께 시간을 보내며 많이 놀아주었다. 거실 바닥에서 함께 뒹굴기도 하고 장난도 치고 우리가 무엇을 하든 관심을 보였다.

아버지는 가정에서 영적인 지도자이기도 했다. 우리에게 진리의 가치를 알려주고, 진실하게 살고 그리스도를 찬양하는 법을 가르쳐 주었다. 어머니는 묵묵히 이 모든 것을 위해 본을 보여주고 기도해 주었다. 우리들이 나이를 먹으면서 아버지는 주니어 칼리지에서 영어 교사로 10년간 일했다. 그 뒤 교사를 그만두고 인터넷 회사를 운영하기 시작해 현재는 CEO 자리에 있다. 아버지는 교회에서도 장로이자 교사이자 제자로 활발하게 활동하고 있다.

아버지에 대해 이렇게 자세히 이야기하는 이유는, 실제로 아버지는 훌륭한 분이기 때문이다. 물론 아버지가 완벽한 사람은 아니지만, 여러 모로 우리와 함께했고 본이 되어주었다. 나는 늘 아버지의 사랑과 인정을 느꼈다. 이제 나도 나이가 들고 가정도 꾸리고 있지만, 지금도 아버지는 집필과 설교로 그리스도를 섬기는 내가 자랑스럽다며 칭찬하기를 주저하지 않는다. 동료나 멘토나 다른 존경하는 사람이 아닌 바로 아버지로부터 칭찬을 듣는 건 무엇보다 나에게 큰 의미가 있다. 내가 30대 후반에 이런 이야기를 하자 아버지는 다소 놀라는 눈치였다. 아버지는 내가 둥지를 떠나 하늘을 훨훨 날아다닐 만큼 충분히 자라서 더 이상 아버지의 지지와 인정이 필요 없을 거라고 생각했기 때문이다.

부모가 가진 생각은 자녀들에게 큰 영향을 미친다. 내가 성장할 때 나의 부모가 나에 대해 갖고 있는 생각이 내게는 중요했다. 그분들의 생각이 한순간에 나를 무너뜨리기도 하고 세워주기도 했다. 우리는 인정을 받아야 하는 존재로 태어났다. 물론 대부분은 부모로부터 가장 먼저 이런 인정을 받지만(또는 거절당하지만), 사실 다른 사람들로부터도 인정받기를 항상 갈망한다. 인정받고 있다는 느낌은 매일 우리가 하는 생각과 선택, 행동에 의식적이든 무의식적이든 영향을 미친다. 이는 모든 사람에게, 특히 그리스도께 돌아오길 바라며 우리가 기도하는 사람들에게 분명한 사실이다.

나는 주말에 진행되는 집중적인 회복 프로그램 '디스커버리'에서 제임스를 만났다. 내가 어떤 상황에 처해 있었는지 몰랐다는 사실을 인정한다. 아내는 내게 그 프로그램에 참여해 보라고 했다. 그것이 아내에게 의미하는 바를 알았기 때문에 마지못해 제안을 받아들였다. 내게 해가 될 것도 아니었고 오히려 더 좋은 목사가 되는 데 도움이 될 것들을 배울 수 있다고 판단했다. 게다가 그 안에서 다른 누군가를 도울 수도 있을 거라고 생각했다.

제임스는 프로그램 첫 번째 시간을 기다리던 중에 가장 처음 만난 사람이었다. 나는 곧바로 그에게 다가갔다. 언뜻 보기에 우리 두 사람은 공통점이 전혀 없어 보였다. 제임스는 나이도 어렸고 갱스터 스타일의 옷을 입었으며 뭔가 우울해 보였다. 반면 나는 목사였고 옷 입는 것도 전혀 달랐고 발걸음도 경쾌했다.

프로그램에서 서로 '친구'를 선택하는 시간이 있었는데, 나는 지체 없이 제임스를 선택했다. 나는 그의 삶이 궁금했다. 성령께서 그에게 관심을 갖도록 이미 나를 인도하셨다. 그 프로그램에서 친구가 된다는 것은 앞으로 3일 동안 짝이 된다는 것이었다. 우리는 밥도

같이 먹고, 운동도 같이 하고, 남들에게 말하지 못할 상처도 나누었다. 함께 슬퍼하고 분노하고 기쁨의 눈물도 흘렸다.

나는 제임스의 이야기를 들으면서 그가 어린 시절에 입양되었다는 사실을 알게 되었다. 제임스를 둘러싸고 있는 마음의 벽들 때문에 그와 관계 맺기가 쉽지는 않았다. 어린 시절 버림받고 힘겨운 성장 과정을 겪었던 터라 마음속에 생모에 대한 원망과 분노가 가득했다. 왜 자신을 버렸는지 대답을 듣고 싶어 했다. 결국 어머니를 만났지만 어떤 대답도 듣지 못했고 심지어 그토록 바라던 관심과 인정도 받지 못했다.

필로폰에 중독되는 등 인생의 우여곡절을 겪은 제임스는 점점 무감각해져 갔다. 그는 멍한 표정을 짓고 있었다. 자기를 소개하는 시간에 그는 이렇게 고백했다.

"전 아무것도 느끼지 못해요. 공허함을 잊기 위해서 마약에 손을 댔죠. 다시 즐거움이라는 것을 느껴보고 싶지만 불가능하다는 걸 알아요."

나는 쉬는 시간이든 활동 시간이든 늘 제임스와 함께했는데, 시간이 지나면서 제임스가 인정에 대한 갈망이 간절하다는 것이 분명하게 드러났다. 함께하는 시간 동안 나는 아버지가 내게 보여주었던 그 인정과 사랑을 그에게도 보여주려고 노력했다. 제임스를 도와주고 이야기도 듣고 격려해 주었다. 나는 그에게 사랑을 베풀었다.

우리는 회복의 과정을 계속 이어갔다. 그러다 제임스는 기로에 서게 되었다. 어머니의 사랑과 인정을 갈망하면서도 제임스는 어머니를 용서하고 싶어 하지 않았다. 초반에 그는 몰래 나에게 어머니를 용서하지 않을 거라고 말했다. 그래서 나는 누구도 무언가를 강요하지 않을 거라고 말해주었고, 마음속으로 그가 그리스도의 용서를 경험하길 바란다고 기도했다. 그는 자신의 분노를 계속 표출했지만 그러면서도 이렇게 말했다.

"저는 다시 신앙을 찾고 싶어요."

제임스는 어릴 때 감리교단 소속의 교회에 가끔씩 나갔다. 나는 그와 마주 서서 두 손을 그의 어깨에 올리고 눈을 마주치며 말했다.

"제임스, 나는 예수님이 나누셨던 이야기를 들려주고 싶어요."

그러고는 누가복음 15장에 나오는 '돌아온 탕자' 이야기를 해주었다. 하나님 아버지는 대문 앞에 서서 무섭게 노려보며 질책하시는 분이 아니라고 말했다.

"하나님 아버지는 당신을 보자마자 버선발로 뛰어나오실 거예요. 그분은 당신을 두 팔로 끌어안고, 반지와 제일 좋은 옷을 주고, 사랑한다고 말할 준비가 되어 있어요. 당신은 버림받았다고 느낄지 몰라도 하나님은 당신을 집으로 초대하고 계세요. 하나님은 이렇게 말씀하시죠. '제임스, 돌아오너라. 돌아오너라. 내가 너를 사랑한다.'"

아버지의 사랑에 제임스는 결국 마음의 벽이 무너졌다.

"네 믿어요."

우리는 서로 부둥켜안았다. 나는 제임스를 1분쯤 그렇게 안고 있었고 그는 흐르는 눈물을 주체하지 못했다. 내가 나누었던 성경 말씀의 약속이 그의 마음에 새로운 희망을 불어넣었다. 훨씬 더 중요한 건 제임스가 마침내 그토록 찾아 헤매던 영원한 집을 찾았다는 것이다. 제임스는 그리스도의 영원하고 온전한 인정을 경험했다.

디스커버리 프로그램을 마치고 나는 집으로 돌아왔다. 그리고 열흘도 채 지나지 않아 제임스가 뇌막염으로 세상을 떠났다는 소식을 들었다. 그렇다, 저 세상으로 떠났다. 제임스의 장례식장에는 그의 소중한 인생을 보여주듯 낯선 이들로 가득했다. 나는 장례 예배에서 제임스에게 개인적으로 전했던 복음을 함께 나누었다. 제임스는 하나님의 가족으로 입양되었다. 제임스의 인생에 하나님의 은혜가 개입된 섭리는 천국의 역사책에 기록된 사건이다. 제임스가 디스커버리 프로그램에 등록하고, 내가 마지못해 참여하고, 그가 그리스도 안에서 회복되고 구원받는 일련의 사건들이 노예가 아들로 변하는 은혜의 일주일이었다. 제임스는 집으로 돌아가는 참된 길을 찾았다.

우리는 인정받기를 갈망한다. 우리의 가족생활이 얼마나 끔직하든 좋든 간에 부모가 해주는 인정만으로는 충분하지 않다. 마찬가지로 선생님, 코치, 친구, 배우자가 해주는 인정으로도 그 빈 공간을 채울 수 없다. 이러한 관계들은 기껏해야 인정이라는 걸 잠깐 맛보게 해줄 뿐이다. 우리에게 필요한 건 하늘 아버지께서 우리를 양자로 삼으시는 무한한 사랑이다.

킨코스에서 경험한 양자됨의 진리

우리가 그리스도께 나아갈 때, 양자됨이라는 복음의 메타포는 우리를 하나님 아버지의 아들딸로 삼는, 결코 사라지지 않는 인정으로 인도한다. 그분은 우리의 잘못에도 불구하고 우리를 자녀로 삼으신 게 아니라, 우리의 잘못 때문에 우리를 아들딸로 삼으신 것이다. 하나님 아버지는 우리에게서 그분만이 채워주실 수 있는 인간의 갈망을 보셨다. 인간을 불쌍히 여기신 아버지는 우리를 구원하기 위해 자기 아들을 세상에 보내셨다.

양자됨은 인격적인 구원이기도 하다. 우리가 아버지를 배신하고 모욕할 때 그분은 우리를 집으로 돌아오라고 손짓하신다. 우리가 해야 할 일은 그저 돌아오는 것이다. 그때 하나님은 탕자의 아버지처럼 우리를 향해 달려와 얼싸안고 입을 맞추실 것이다 눅 15:20!

그런데 아버지께 돌아오려면 우리를 억누르고 있던 노예 상태에서 벗어나야 한다. 갈라디아서 4장 1-7절에서 바울은 하나님께서 우리를 양자삼으신 결과 우리가 노예에서 자녀로 지위를 영원히 바꾸게 되었다고 말한다. 바울은 우리가 '이 세상의 초등학문 아래에서' 종노릇하고 있다고 지적한다. 이 세상의 유치한 원리가 바로 우리를 지배한다. 이 지배에서 벗어나려면 세상 권력의 손아귀에서 벗어나야 한다.

우리는 동료, 부모, 상사 또는 전혀 낯선 사람이 우리를 어떻게 생각하고 있을까에 연연해하고 있다. 혹은 그들이 우리의 감정적 필요를 채워줄 거라고 생각하는 환상에 목을 매기도 한다. 어떤 경우든 그리스도께 인정받기를 바라는 것이 아니라 세상의 다른 것으로부터 인정을 받고자 하는 것이다.

어느 날, 인쇄물을 찾으러 킨코스 Kinko's, 복사 전문 가게-옮긴이에 들렀다. 나는 기독교 컨퍼런스에서 바로 돌아오는 길이라 컨퍼런스 티셔츠를 입고 있었다. 줄을 서서 기다리고 있는데, 갑자기 내가 '기독교' 티셔츠를 입고 있다는 생각에 당혹스러워졌다. 킨코스 직원이 티셔츠의 문구를 보고 무슨 뜻인지 물어보면 어쩌지? 뭐라고 대답해야 할까?

직원이 프린트하고 있는 책도 생각이 났다. 직원이 책 제목 《복음 중심의 제자도》를 보면 어쩌나? 어떻게 대답해야 할까? 그 순간 나는 두려움에 사로잡혔다. 킨코스 직원이 그리스도에 대해 어떻게 생각할지 걱정한 것이 아니라 나에 대해 어떻게 생각할지 걱정했다. 나는 전혀 낯선 사람에게 인정받지 못할까봐 두려워했던 것이다! 얼마나 터무니없는가! 복음에 대한 믿음을 주제로 책을 쓴 작가가 그 믿음을 잃어버린 꼴 아닌가?

물론 나는 매일매일 하나님의 변함없는 인정과 사랑에 깊이 감동을 받는다. 그러다가도 사람에게 인정받고자 하는 노예 상태에 빠지게 될 때 그 감동은 이내 내던져버린다. 주님은 그런 나를 여전히 사랑하신다.

다른 사람에게 인정받는 것에 크게 신경 쓰지 않는 사람도 있을 것이다. 내 동생 루크는 아무하고나 어떤 주제로도 거리낌 없이 대화를 할 수 있다. 다른 사람들이 자신을 어떻게 생각하는지는 신경 쓰지 않는 것처럼 보인다. 그런 동생을 보면 참 놀랍다. 나는 남의 시선을 의식하지 않으려면 의도적으로 노력해야 한다. 그러한 외부적 힘으로부터 영향을 받고 싶지 않지만, 나는 인정을 받고 싶어 간혹 선택의 노예가 된다.

우리는 다른 사람이 나를 하찮게 보기보다 우러러보길 바란다. 나를 깔보기보다는 올려다보면서 "그 사람 정말 성공했어." "그 사람 진짜 똑똑한데!"라고 칭찬해 주길 바란다. 칭찬을 구한다는 건 지나치게 인정을 바라는 행태다. 우리가 세상의 어떤 주인에게 얽매여 있든 복음은 우리를 그 굴레에서 벗어나게 해준다.

복음은 내가 죄인이라서 그리스도께서 나를 위해 죽어야 했다고 말한다. 그러나 하나님은 은혜로운 분이기도 해서 그리스도께서 나를 위해 다시 살아나셨다고 말한다. 덧없는 세상의 주인을 섬기는 한심한 노예들을 위해 예수님께서 돌아가셨고, 진정한 주인께 모든 걸 바칠 수 있도록 죽음에서 다시 살아나셨다.

다른 주인들은 우리를 인정과 칭찬 앞에 굽실거리게 만들지만 그리스도께서는 그렇지 않다. 그리스도는 우리를 해방시키기 위해 죽음의 사슬에 매이셨다. 그리스도 안에서 우리는 하나님의 은혜로 말미암아 복음이라는 대박을 터뜨리게 되었다. 승리의 증거는 다음과 같다.

하나님께서 우리를 양자삼아주셨으니 우리는 겸손해진다. 한편 그리스도께서 하신 일이 충만하고 영원하므로 우리는 확신을 갖게 된다. 예수님 안에서 소망을 품는 것은 오만과 자기 회의로부터 우리를 지켜준다. 더 이상 자신의 행위에 가치를 두지 않고 예수님께서 우리를 위해 베푸신 일에 가치를 둔다.

복음을 믿는 믿음은 겸손한 확신을 낳는다. 겸손한 이유는 우리가 얼마나 구원을 받을 만한 자격이 없는 사람인지 알기 때문이다. 확신을 갖는 이유는 하나님께서 그리스도 안에서 우리에게 놀라운 은혜를 부어주셨기 때문이다. 양자됨이란 성령을 통해 우리의 지위가 노예에서 아들딸로 변화되는 것이다.

"너희가 아들이므로 하나님이 그 아들의 영을 우리 마음 가운데 보내사 아바 아버지라 부르게 하셨느니라. 그러므로 네가 이 후로는 종이 아니요 아들이니 아들이면 하나님으로 말미암아 유업을 받을 자니라"갈 4:5-7.

성령은 우리에게 그저 새로운 지위를 부여하신 것이 아니다. 엄청난 보배, 아버지 앞에서 목소리를 주신다. 그 아들의 영은 하나님을 "아바! 아버지!"라고 부른다. '아바Abba'라는 말은 '사랑하는 아버지'를 뜻하는 아람어다. 어떤 사람들은 하나님을 '아빠Dad'라는 호칭으로 부르는 것이라고 하지만 이는 잘못된 해석이다. 하나님 아버지를 '아빠'라고 부르면 그분의 사랑은 강조되지만, 초월적인 거룩함과는 무관해진다.

아바는 성경에서 예수님이 유일하게 사용하신 호칭이다마 6:9; 요 14:21; 20:17. 그리고 '아버지Father'라는 말을 사용하기 위한 근거로 보인다. 예수님이 하나님을 아바라고 부를 때마다, 그분이 하나님 아버지와 독특한 관계이며 하나님의 거룩함이 사랑에 결합되어 있음을 보여준다. 예를 들면 예수님은 제자들에게 두려워할 필요 없다고 말씀하시면서 하나님의 위대하심을 확언하셨다.

"아버지는 나보다 크심이라"요 14:28.

또한 예수님은 하나님 아버지를 향한 순종과 그분의 사랑을 자주 연관시키셨다요 14:23-24, 31; 15:8-10. 하나님 아버지는 신학자 데이비드 웰스David Wells가 말한 '거룩한 사랑the holy-love of God'을 갖고 계시다.[1] '하나님 아버지'라는 그림에는 예수께서 아버지와의 관계에서 온전히 깨달은 친밀함과 경외감이 드러난다.[2]

이러한 점을 고려하면 양자됨은 더욱 놀라운 복음으로 다가온다. 하나님은 우리를 그리스도와 동등한 수준으로 자녀 삼아주신다. 우리 역시 아버지의 거룩함을 예배하고 그분의 사랑을 누릴 수 있다. 그 결과 아버지께서 우리를 자녀 삼으시는 것이 겸손한 확신의 기초가 된다. 우리는 하나님의 위대하심 앞에서 겸손해지고, 그분의 끝없는 사랑 안에서 확신을 얻는다.

이제 위대하신 하나님께서 우리의 목소리를 들으신다. 우리가 하나님을 '아버지'라고 부를 수 있는 이유는 성령과 성자께서 이루신 사역 때문이다. 아버지는 우리의 두려움을 들으시고, 우리의 예배를 받으시며, 우리가 그토록 바라던 인정을 해주신다. 하나님이 위대하지 않은 분이었다면 그분의 인정도 별 볼 일 없었을 것이다. 아버지의 가족으로 받아들여졌을 때, 우리는 무엇과도 비교할 수 없는 영원한 사랑을 얻게 된다.

"보라 아버지께서 어떠한 사랑을 우리에게 베푸사 하나님의 자녀라 일컬음을 받게 하셨는가, 우리가 그러하도다 그러므로 세상이 우리를 알지 못함은 그를 알지 못함이라" 요일 3:1.

이에 대한 적절한 반응은 하나님을 경외함으로 예배하고 마음을 다해 사랑하는 것이다.

양자됨의 복음은 우리에게 정말 필요한 것을 제공한다. 다시 말해, 우리는 거룩하신 하나님을 찬양하고 그분의 완전한 사랑을 누릴 수 있게 된다. 이 완벽한 조화는 다른 어느 곳에서도 발견할 수 없다. 그것은 사람들이 이 불완전한 세상에서 찾아 헤매고 있는 것이다. 제임스는 자신을 용서할 수 있을 만큼 충분히 거룩하고 사랑이 많은 하나님을 필요로 했다. 자신의 죄와 고통에 억눌려 있던 제임스는 완벽하지 않은 어머니로부터 완벽한 사랑을 요구하지 않았을 때 비로소 자유를 경험할 수 있었다.

우리 중에도 제임스와 같은 상황에 처한 사람들이 많다. 많은 사람들이 하나님을 싫어하면서도 뒤에서는 말없이 온전한 사랑을 갈망하고 있다. 그들이 하나님 아버지의 거룩한 사랑을 알게 될 때 비로소 복음이 믿을 만한 소식이 될 것이다. 복음을 전할 때 우리는 죄나 십자가가 아닌 하나님이 아버지로 시작해야 할지도 모른다.

따라서 우리는 복음을 듣는 사람이 부모와 어떤 관계를 맺고 있는지부터 파악해야 한다. 부모로부터 사랑을 충분히 받지 못한 사람들은 이 결핍을 채우고 싶어 한다. 누군가가 이러한 갈망을 갖고 있다면 그 사람에게 믿을 만한 복음을 전할 수 있다. 인정에 대한 그의 갈망을 채워주기 위해, 십자가에서 무언가를 이루실 만큼 충분히 강하고 거룩하고 충분히 약한 사랑이 많은 하나님을 전해야 한다.

핵 심 질 문

1. 제임스처럼 인정을 갈망하는 사람들을 알고 있는가? 그들에게서 그러한 갈망을 어떻게 보게 되었는가?

2. 양자됨의 복음은 최고의 부모나 멘토보다 어떤 점에서 더 나은가?

3. 다른 사람으로부터 인정을 구하는 대신 양자됨의 복음을 받아들인다면 어떤 일이 일어나는가?

14장

공동체 안에서의 복음 전도

이 책에 소개한 이야기 가운데 우리 교회 공동체와 관련이 없는 이야기는 하나도 없다. 내게 복음의 메타포를 들은 각 인물들은 대부분 공동체 안에서도 복음을 듣고 복음의 능력을 경험했다. 이 이야기들은 하나님께서 세상에 그분의 다양한 지혜를 어떻게 드러내시는지 잘 보여준다엡 4:4-6. 교회는 하나님의 복음을 전하는 전령들이지 복음을 끌어안고 고립되어 있는 사람들이 아니다. 실제로 한 번의 복음 증거로 신앙을 갖게 되는 일은 거의 없다. 대부분의 회심은 오랜 시간 다양한 복음 증거를 듣고 복음을 몸소 경험한 결과다.

복음전도학 교수인 리처드 V. 피스Richard V. Peace는 이렇게 말한다. "연구 결과에 따르면, 실제로 회심자 중 단번에 회심한 사람은 30퍼센트에 불과하다. 대체로 회심은 오랜 시간이 필요하고 지속적으로 이루어지는 것도 아니다. 대부분의 사람들에게 회심은 사건이 아니라 과정이다."[1]

이것이 사실이라면, 공동체가 중요할 수밖에 없다. 공동체를 빼고 이야기하는 건, 복음 전도에서 주위 사람들의 역할을 무시하는 것일 뿐 아니라 복음 전도의 성공이 나 혼자에게만 달려 있다는 잘못된 인상을 남길 수 있다. 이는 내가 이야기하고자 하는 것과는 정반대다. 그래서 나는 주위 사람들의 역할과 지역 교회의 중요성을 강조하고자 앞에서 소개한 이야기를 다시 한 번 나누려고 한다.

우리는 10장에서 벤을 만났다. 벤은 마약 중독으로 삶이 무너졌지만 새로운 창조라는 복음의 빛으로 회복되었다. 벤에게 그리스도를 소개한 건 공동체였다. 벤의 처제가 그를 옆에서 많이 도와주었다. 그녀가 내게 벤을 소개해 주었고 중독치료센터에서 벤을 만날 때도 동행해 주었다. 벤이 퇴소한 뒤에는 다른 목사가 그를 정기적으로 만나 제자 훈련을 하기도 했다. 하지만 아무래도 그에게 가장 중요한 경험은, 그를 변함없이 사랑하는 공동체인 시티그룹의 일원이 된 것이었다.

우리 교회에서 '공동의 복음 증거'는 도시에서 복음을 나누는 일에서 중요한 부분이다.[2] 벤은 바로 시티그룹에서 진정한 그리스도 중심의 공동체를 발견했다. 공동체는 주일 설교를 듣고, 함께 토론하고, 먹을 것을 나누고(벤은 가끔 디저트를 준비했다), 함께 웃고 즐거워하며, 가난한 사람을 돕고, 벤의 세례 축하 파티도 계획했다. 벤은 공동체를 경험하면서 자신이 예수님과의 개인적인 관계가 아닌 공동체와의 관계 속에서 구원을 받는다는 사실을 알게 되었다. 많은 사람들이 벤을 그리스도께 나아갈 수 있도록 인도해 주었다. 그들

중 몇몇은 벤과 특별히 친하게 지냈다. 그들은 벤이 가진 의심을 스스로 점검하도록 도와주었고, 신앙을 격려해 주었으며, 복음을 잘 이해할 수 있도록 가르쳐주었다.

12장에서는 데이브와 브라이언을 만났다. 두 사람은 예수님의 독단적인 주장을 두고 씨름하고 있었다. 음악을 하는 두 사람은 우리 도시의 몇몇 그리스도인 예술가들과 사귀었다. 나는 그들이 동료 예술가들과 복음에 대해 얼마나 많은 대화를 나누는지는 잘 모른다. 다만 뮤직 포 더 시티라는 프로그램을 통해 복음이 지닌 능력을 목도했는데, 데이브와 브라이언도 뮤직 포 더 시티에 참여해 그리스도인 예술가들과 함께 소외된 아이들에게 첼로와 바이올린을 가르치고 있다. 심지어 데이브는 우리 교회의 뮤지션 한 명을 스튜디오에 초대해 함께 노래도 녹음하고 늦은 밤까지 신학과 예술에 대해 이야기를 나누었다고 한다. 데이브와 브라이언은 말과 행위를 통해 스테레오로(입체적으로) 복음을 접했고 마침내 구원과 소망을 주시는 그리스도께 돌아왔다. 미미한 목소리 하나보다 웅장한 복음의 코러스가 더 강력하게 영혼을 사로잡는다.

많은 이야기들이 매듭지어지지 않고 여전히 현재 진행 중이다. 도린은 그리스도의 부활을 받아들이지 못했고, 존은 아직도 그리스도가 아닌 다른 곳에서 친밀함을 찾고 있다. 스티브는 이혼한 뒤에도 여전히 인정받는 사람이 되고 싶어 한다. 이들은 각자 다양한 관계를 통해, 심지어 공동체 전체로부터 사랑과 섬김과 가르침을 받았다. 이는 교회가 회심의 능력이 아니라 복음 전도의 책임이 있다는 사실을 다시금 상기시켜 준다.

나는 이 책에서 복음 증거에 기여한 사람들을 계속해서 소개할 수 있다. 복음은 교회 공동체를 통해 전해진다. 그러나 불행히도 우리는 사명을 '개인적인 복음 전도'로 축소시키는 경우가 많다. 공동체를 통한 하나님의 사역에서 사람들을 배제시킨다. 사실 예수님은 우리가 서로 사랑하면, 이를 통해 세상이 우리가 그분의 제자임을 알 것이라고 말씀하셨다요 13:35. 우리는 복음을 공동체적으로 전도하는 방법에 대해 깊이 연구하고 지속적으로 실행에 옮겨야 한다.

공동체적인 복음 전도와 개인적인 복음 전도

복음 전도는 개인적으로 이루어지는 일이 아니다. 서양에서는 개인주의적인 사고방식이 기독교의 모든 측면을 오염시켜 버렸다. 성경적으로 보면 복음 전도는 공동체적인 프로젝트에 더 가깝다.

예수님께서 만드신 새로운 공동체는 그 자체를 위해 존재하는 것이 아니라 세상을 위해 존재한다막 16:15; 행 1:8. 그 공동체의 주된 목적 하나는 예수님께서 제자들(그리고 그 이후의 그리스도인들)을 위해 기도했듯이 사명을 위한 공동체가 되는 것이다.

"그들을 보전하사 우리와 같이 그들도 하나가 되게 하옵소서. (……) 아버지께서 나를 세상에 보내신 것같이 나도 그들을 세상에 보내었고"요 17:11, 18.

예수님은 '한 공동체로' 우리를 구원하시고 세상에 보내신다.

놀랍게도 바울이 교회에 보낸 편지에는 복음 전도를 권하는 내용이 별로 없다. 바울은 그리스도인 각자가 밖으로 나가서 예수님을 전하라고 말하지 않았다. 그보다 성령 안에서 예수님 중심의 공동체적 삶을 사는 것을 강조했다. 공동체적 삶이야말로 부활하신 주님에 대한 공동의 증거다. 하나님은 믿지 않는 사람들의 눈에 띄도록 공동체를 사용하신다.

작가이자 교수인 존 딕슨 John Dickson의 주장에 따르면, 바울은 교회가 거대한 선교 활동에 참여함으로써 사도들, 선지자들, 복음 전도자들을 지원해 주기를 기대했다.[3] 바울의 편지를 보면 기도, 재정 지원, 이웃과 어울리기, 복음적 행실, 진리를 보여주고 말하기, 공중 예배, 이방인과의 즉석 대화 등이 이러한 지원에 포함된다. 딕슨은 '복음을 선포하는 것 복음 전도'과 '복음을 장려하는 것 사람들을 그리스도께 인도하는 다른 행위들'을 구별했다. 그는 교회가 복음을 세상에 전하는 책임만큼이나 중요한 일이 복음을 장려하는 것이라고 보았다. 복음을 장려한다는 개념은 복음의 메시지를 전하는 행위의 범위를 확장시킨다.

복음 장려를 강조함으로써 복음 선포의 중요성을 축소시키려는 것은 아니다. 사실 효과적인 복음 증거를 위해서는 선포와 장려 둘 다 중요하다. 만약 복음을 선포하지 않고 복음 장려만 지속한다면 사람들은 자기 자신에게 적용되는 복음의 체계를 세우지 못하게 된다. 그러면 필연적으로 사람들은 하나님의 자비를 의지하는 것이 아니라 열성적인 개인이나 숭고한 비영리 단체를 의지하게 된다. 결국 우리의 노력은 그리스도와 세상을 변화시키는 복음이 아니라 인간의 호의나 단체의 목적을 선전하는 결과만 가져온다.

그렇다고 모든 구제의 행위가 복음 선포와 동반되어야 한다고 말하는 건 아니다. 오히려 나는 복음의 선포와 장려 둘 다를 포함하는 교회의 공동체적 복음 증거에 주목하고 있다. 교회는 복음 선포와 복음 장려 모두 필요하다.

교회는 선교적인 가족이다

복음서를 보면, 제자들은 공동체를 이루며 지냈다. 그들은 예수님의 강의를 개별적으로 수강하지 않았다. 제자들은 함께 예수님을 따랐다. 메시아를 중심으로 공동체를 이루었던 것이다. 왜 그랬을까? 그리스도와 깊이 연결되어 있기 때문에 그들은 서로 간에도 연결되어 있었다. 그래서 먹을 것, 기도, 복음 전도, 설교, 예수님의 가르침, 가난한 자를 먹이는 것, 성찬식, 박해, 하나님의 약속 등 모든 것을 함께 나누었다. 하나님은 단순히 '제자 만들기'만 하신 게 아니라 새로운 가족을 만드셨다.

"둘러앉은 자들을 보시며 이르시되 (……) 누구든지 하나님의 뜻대로 행하는 자가 내 형제요 자매요 어머니이니라"막 3:34–35.

예수님은 사람들을 그분 자신에게 나아오게 했을 뿐 아니라 서로가 서로에게 나아가게 하셨다. 예수님과 아버지가 하나인 것처럼, 그분은 우리를 하나로 만들어주셨다요 17:11.

교회가 그리스도께 속하고, '그리스도 안에' 존재한다는 것은 필연적인 사실이다. 머리와 몸은 하나로 붙어 있다. 주춧돌이 있어야 성전이 세워진다. 포도나무에도 가지들이 붙어 있다. 우리는 그리스도께 한 번만 회심하는 것이 아니다. 그리스도께, 교회에, 사명에 세 번 회심한다.⁴ 분명히 그리스도만이 주님이시다. 그리스도와 연합할 때 자연스럽게 교회로 회심하고 사명으로 회심하게 된다. 그리스도께서 당신의 주님이시라면, 당신은 그분의 가족이 될 것이고 그분의 사역에 동참하게 될 것이다.

신약학자인 조지프 헬러먼Joseph Hellerman은 이 진리에 대해 잘 설명한다.

"신약성경에서 교회 성도가 아닌 그리스도인을 찾을 수 없다. (……) 우리는 하나님과의 개인적인 관계만 즐기고자 구원을 받는 것이 아니라 (……) 공동체가 되고자 구원을 받는 것이다."⁵

다른 제자들과 의미 있는 관계를 맺지 않는다면 그리스도와의 연합이 주는 의미를 온전히 깨닫지 못하고, 그리스도 안에서 '양자됨'이 무슨 의미인지 제대로 알지 못할 것이다. 대신 잘못된 개인주의적 복음을 믿게 된다.

아마 당신은 그리스도의 공동체를 통해 구원받은 것이 아니라 개인적인 예수님과의 관계에서 구원을 받았다고 믿어왔을 것이다. 그리스도 안에서, 하나님은 가족의 아버지가 되시고 우리는 서로에게 속하게 된다. 우리는 같은 영적인 피를 나누었기 때문에 한가족처럼 행동해야 한다. 건강한 가족은 삶, 재산, 먹을 것, 돈, 실패, 성공, 고난을 공유한다. 영적인 가족은 용서, 은혜, 소망, 진리, 사랑, 그리고 무엇보다 예수님을 공유한다. 이러한 공동체는 복음의 증인으로 세상에서 눈에 띄게 드러난다.

이 책에서 이야기한 방식대로 복음을 적용하는 것은, 공동체적인 시도다. 우리는 서로가 서로에게 '필요'하다. 당신은 어느 영역에서 진리를 믿거나 왕이신 예수님께 순종하는 데 어려움을 겪어보았는가? 진리를 믿지 않고도, 혼자 힘으로 진리를 아는 건 가능하다. 하지만 진리를 믿고 진리에 순종하려면 다른 사람들, 특히 교회 안에 있는 사람들이 필요하다. 그래서 신약성경이 '진리와 은혜'의 공동체가 되라고 수없이 권고하는 것이다. 복음으로 사는 사람이 된다는 건 단지 복음 전도의 문제가 아니다. 복음은 우리의 제자도, 즉 날마다 예수님을 따라 사는 삶에 영향을 미친다.

복음은 비그리스도인은 물론 그리스도인에게도 좋은 소식이다. 스티브 티미스Steve Timmis는 이렇게 말한다.

"그리스도인들과 예수님에 대해 이야기하는 게 어렵다면, 믿지 않는 사람들과는 어떻게 그분에 대해 이야기할 수 있겠는가? 매일 그리스도인들과 예수님에 대해 이야기를 나누는 습관을 들인다면, 믿지 않는 사람들과 그분에 대해 이야기를 나누는 게 좀 더 수월해질 것이다."[6]

복음의 메타포를 적용하는 연습을 하려면 다른 그리스도인들이 필요하다. 동료 그리스도인들의 이야기를 듣는 연습부터 시작해 보라. 그리고 그들에게 소망이 될 만한 복음의 메타포를 전해주는 연습도 해보라. 교회 안에서 복음의 메타포들을 깊이 적용해 본다면, 믿지 않는 사람들에게도 좀 더 진실한 마음으로 복음을 전할 수 있을 것이다. '소리 내어 복음을 나눌' 기회를 얻게 될 것이다.

가정은 복음 사역의 기초

만약 교회가 복음을 선포하고 복음을 장려하는 곳이라면, 공동체의 복음 전도는 어떤 모습이어야 할까? 마이클 그린은 이렇게 말한다.

"고대에 복음을 전하는 중요한 방법 중 하나는 바로 가정home이었다."7

가정은 복음 사역의 기초다. 야손은 데살로니가에 있는 자신의 집을 복음 전도에 사용했다. 디도는 고린도에, 빌립은 가이사랴에, 루디아는 빌립보에 있는 자기 집을 개방했다행 17:5; 18:7; 21:8; 고전 16:9. 가족들이 함께 지내고 친구들이 드나드는 가정이 복음 전도의 핵심 배경이 된다면, '손 대접'이 복음 전도의 성패를 좌우할 것이다.

성경에서 말하는 손 대접은 친구와 이웃을 초대하기 위해 집을 깨끗하게 청소하는 것 이상을 말한다. 성경적인 손 대접은 문을 열어놓고 부자든 가난한 자든, 친구든 이방인이든 모든 사람을 반갑게 맞아들이는 것이다.

내 아내 로비는 손 대접을 아주 잘한다. 우리 가족은 일주일에 평균 50명 정도를 집에 초대하고, 한 달에 한 번씩 사람들을 모아 홈 파티를 연다. 로비는 믿지 않는 사람들을 일부러 찾아가고, 새 신자와 대화를 나누고, 즐거운 분위기를 만들어낸다. 믿는 사람이든 믿지 않는 사람이든 모두가 즐거운 시간을 보낼 수 있는 (그리고 복음에 대해 많은 대화를 나누고 공동체가 더 발전할 수 있는) 환경을 연출한다.

우리는 거의 1년간 새로운 이웃들과 함께 지냈고, 상당히 많은 이웃을 집에 초대했다. 나는 환대와 사랑이 넘치는 가정을 만들어준 아내와 아이들에게 감사한다. 우리 집은 열 살 이하 이웃 아이들의 놀이터가 되어주기도 한다. 아이들은 파리 떼처럼 몰려다니며 집 안 이곳저곳을 마음껏 뛰논다. 그렇게 우리는 아이 부모들에게 잠시나마 휴식을 제공한다.

이러한 환대를 통해 나는 불교 신자, 세속주의자, 불가지론자, 무신론자들도 공동체 안에서 만나게 되었다. 우리는 그리스도인과 비그리스도인이 한데 어울리는 장을 마련하고 있고, 이웃들은 교회 친구들과 함께 시간을 보내는 것이 즐겁다고 말해준다. 교회 공동체 사람들은 이 안에서 복음을 전하는 역할을 감당하고 있다.

복음 전도는 공동체적인 사역이다. 교회는 세상을 향한 하나님의 사명 공동체다. 우리 공동체에 믿지 않는 사람들을 초대하고 우리가 저들의 공동체로 들어가면, 우리의 복음 증거가 더 다양해지고 뚜렷해질 것이다. 미미한 목소리 하나보다 웅장한 복음의 코러스가 더 강력하게 영혼을 사로잡는다.

핵심질문

1. 개인적인 복음 전도로는 왜 충분하지 않은가?

2. 공동체적인 복음 전도의 이점은 무엇인가? 목록을 작성하고 친구와 토론해 보라.

3. 복음을 선포하는 것과 복음을 장려하는 것의 차이점은 무엇인가?

4. 복음을 말로 어떻게 전할 것인가? 왜 그것을 생각해 봐야 하는가?

5. 성경적인 환대손 대접는 복음 전도에 필수다. 그렇다면 환대 이후 단계에서는 어떻게 해야 할까?

맺음말
모두를 위한 좋은 소식

사람들에게 개인적으로 또는 공동체적으로 복음을 전할 때, 예수 그리스도께서 주님이라는 사실을 우리 힘으로는 확신시킬 수 없다. 우리에겐 그들을 그리스도께 나아가도록 설득하거나 사랑하거나 섬길 만한 능력이 없다. 그렇다면 구원의 능력은 어디서 오는 것인가?

구원의 능력은 어디에서 오는가

바울은 복음이 "모든 믿는 자에게 구원을 주시는 하나님의 능력"이 된다고 전한다 롬 1:16. 어떻게 복음에 구원의 능력이 있는가? 복음은 믿는 자들에게 하나님의 강력한 구원의 약속이다 롬 1:17. 복음은 **세상을 향한 진리의 말씀**이기 때문에 영향력이 있고, 영향력이 있기 때문에 능력이 있는 것이다.

복음은 인간, 하나님 그리고 세상에 대해 정직하게 이야기한다. 복음은 참이기 때문에 역사하는 능력이 있다. 복음은 실패하지 않고 매번 적중한다. 하지만 복음의 능력은 복음 자체가 참이기 때문에 발휘되는 것은 아니다. 복음이 강력한 이유는 바로 **전능한 인격이 말씀하신** 진리이기 때문이다. 전능한 인격은 정확히 말하면 세 인격이다. 성부께서 지명하시고, 성자께서 구원하시며, 성령께서 생명의 숨결을 불어넣으시기에 죄인이 구원을 받을 수 있는 것이다. 하나님께서 구원하지 못할 사람은 아무도 없다욥 42:2.

성령은 삼위 가운데 세 번째 위격에 해당하며, 우리를 새로운 창조물로 만드시는 그리스도의 구원 사역을 지원한다. 로마서 1장에서 바울은 그리스도께서 육신으로는 다윗의 혈통에서 나셨고, **성결의 영으로는** 죽은 자들 가운데서 부활하신 분이라고 말한다롬 1:3-4.

생명을 베푸시는 성령의 능력이 예수님을 죽은 자들 가운데서 일으키셨던 것처럼, 예수님을 믿는 자들에게도 부활의 생명을 허락하신다. 내가 성령의 사역에서 주목하는 요점은 성령께서 생명을 베푸시는 말씀으로 그리스도의 마음을 일으킨다는 것이다. 복음의 능력은 하나님의 입에서 나와, 그리스도의 말씀을 거쳐, 성령을 통해 새로운 생명을 부여한다. 삼위일체이신 하나님은 그리스도를 믿는 모든 사람들에게 하나님의 놀라운 은혜를 허락하신다. 요약하자면, 복음은 구원을 위한 **하나님**의 능력이다.

그러므로 당신이 복음을 전하거나 다른 사람의 구원을 위해 기도할 때, 하나님께서 구원의 모든 능력을 지닌 분이라는 사실을 신뢰하고 안심해도 된다. 실제로 이 진리를 통해 당신은 복음 전도의 부담감을 덜 수 있을 뿐 아니라, 성령이 인도하시는 가운데 복음을 전할 수 있다. 당신이 성령님과 동행한다면 사람들에게 복음을 전할 수 있도록 인도받을 것이다.

성령이 주시는 마음은 거창한 것이 아니다. 머릿속에 스치는 단순한 생각일 수도 있고 깊은 영적 감동일 수도 있다. 성령은 친구의 이름을 떠오르게 하거나, 이웃을 저녁식사에 초대하고 싶은 마음이 생기게 하거나, 누군가에게 어느 지점에서 복음을 전하도록 마음을 움직이신다. 아무튼 하나님은 부름받은 자들을 구원하기 위해 강력히 역사하신다는 약속을 믿고 소망을 품길 바란다.

하나님을 성가시게 하라

성령은 우리가 복음을 전할 때와 마찬가지로 기도할 때도 함께 하신다. 특히 복음을 선포하기 위해 "성령 안에서" 기도하도록 초청 또는 명령을 받는다엡 6:18-20; 골 4:2-6. 불의한 재판관을 성가시게 했던 과부처럼 우리는 가족, 친구, 동료, 세상 사람들을 위해 하나님께 끈질기게 기도해야 한다.

예수님은 영혼을 추수하시는 주님께 기도하도록 우리를 인도하신다. 사람들이 죄에서 구원받고 새로운 창조물이 되고 하나님이 하시는 일을 볼 수 있도록 기도하는 가운데 우리는 풍성한 은혜를 얻는다. 복음을 전하는 교회는 기도하는 교회가 될 수밖에 없다. 복음을 전하는 교회는 우리의 기도와 하나님의 의지에 반응하시는 성령

의 강력한 역사 없이는 복음 전도 자체가 불가능하다는 사실을 알기 때문에 기도해야 한다.[1]

복음 전도는 전쟁이다

복음 전도는 전쟁이라는 사실을 잊지 말아야 한다. 우리가 다른 사람들의 구원을 위해 기도하고, 말하고, 행동할 때, 마귀는 결코 호락호락 넘어가지 않는다. 마귀는 두루 다니며 삼킬 자를 찾는 우는 사자이며, 불순종의 자녀들을 죄와 수치와 불신의 골방에 가둬놓는 악한 부모다.

복음 전도는 영적 전쟁이다. 원수 마귀의 영역을 침범하고 사자의 코털을 건드리는 것이므로 마귀의 사나운 반응에 대비해야 한다. 사탄은 우리의 노력을 좌절시키고, 기도에 집중하지 못하게 하며, 우리를 고통으로 뒤흔들어놓는다. 마귀는 교회 안에 불화를 만들어 하나님의 사역에 집중하지 못하게 한다.

그렇다고 실망할 필요는 없다. 하나님의 말씀은 화평을 이루는 말씀이다. 별 볼 일 없는 사자의 울음소리와 비교할 수 없다. 하나님의 말씀 한 마디에 마귀는 쓰러진다. 마귀의 패배는 십자가의 진리만큼이나 명명백백하다.

그리스도는 죄와 사망에서 승리하셨고, 부활하여 모든 것을 새롭게 하셨다. 그리스도의 구원의 능력이 하늘에 있는 통치자들과 권세들에게 드러나는데엡 3:10, 거기서 하나님은 마귀를 수치스럽게 하신다. 이는 복음 전도가 궁극적으로 우리의 회심, 방법론, 제자 훈련, 공동체, 심지어 교회나 사역에 대한 것이 아니라는 걸 의미한다.

우주만큼 어마어마한 무대가 있고, 그 무대 위에서 복음은 교회를 통해 악의 세력을 수치스럽게 하고 천사들을 감동시켜 모든 영광을 하나님께 돌리게 한다. 복음 증거는 (효율성을 따지는) 실용주의의 문제가 아니라 (하나님의 이름을 위한) 예배의 문제다. 우리 자신과 회심하는 사람에게 집중할 게 아니라, 그리스도와 죄인을 구원하시는 그분의 사역을 기대해야 한다.

성령께서는 권능으로 일하시고, 우리의 마음을 이끄시며, 새로운 창조에 대한 약속의 말씀을 이루기 위해 우리의 기도에 응답하시므로 우리는 용기를 갖고 힘을 내야 한다.

주님께 맡겨라

사람들은 얄팍하고 피상적인 복음에 관심이 없다. 설교하려 들고, 인간미 없고, 편협하며, 천박한 메시지를 믿어야 할 이유가 없다. 그러나 진정한 복음은 얄팍한 메시지와는 전혀 다르다. 사람들은 당신이 말하는 복음을 왜 믿어야 하는지 알고 싶어 한다. 그들의 눈에 처음 들어오는 것은 당신의 삶이다.

당신은 영광의 복음에 사로잡혀 사는가? 아니면 소유와 돈으로 안정을 추구하는 삶을 사는가? 주님이 헤아릴 수 없는 화평을 주실 거라 신뢰하는가, 아니면 가족과 일을 염려하며 신음하는가? 당신의 인격은 그리스도의 희생과 아름다움을 반영하는가, 아니면 소비 사회의 가치를 드러내는가? 다른 사람들을 짓밟고 올라서거나 남의 눈치를 보면서 움츠리고 있는가, 아니면 그리스도 안에서 겸손한 확신을 갖고 있는가? 우리는 복음의 다양한 메타포를 통해 '다시' 복음을 전할 필요가 있다.

두 번째, 사람들은 우리의 말에서 복음이 믿을 만한 가치가 있는지 확인하려고 한다. 지난 50년간 복음 전도는 대부분 피상적이고 일방적이며 쉽게 믿어지지 않고 뭔가 가려진 느낌이었다. 우리가 전하는 복음의 실체나 핵심을 깨닫게 하려면, 개인에게 집중해야 하고 그가 처한 문화적 상황에 주목해야 한다.

예수님의 인격과 사역은 우리 주변에 있는 사람들의 갈망과 아픔, 우상 숭배와 어떻게 만나는가? 우리는 그들에게 무엇을 전하는가? 그리스도가 개인적으로, 인격적으로 필요하다는 사실을 전하는가? 아니면 생기 없는 교리만 재활용하고 있는가? 복음은 당신의 삶에, 즉 결혼 생활과 자녀 양육, 생업 등에 어떤 영향을 미치고 있는가?

복음은 우리 모두에게 좋은 소식이다! 예수님에 대한 소식을 다양한 방식으로, 즉 인간의 갈망에 집중한 복음의 메타포를 통해 전함으로써, 진정한 동기를 부여할 수 있다. 이 변치 않는 복음의 메타포는 현실을 살아가는 사람들에게 하나님이 베푸시는 다양한 구원의 은혜를 접하는 통로가 된다. 복음의 메타포는 문화와 세대를 통해 복음을 전한다. 우리는 깨지고 상한 사람들의 사연을 듣고 하나님께서 베푸시는 소망의 복음을 어떻게 전해야 할지 알게 된다.

하나님은 의의 심판을 내리기 전에 모든 사람에게 은혜의 복음이 전파되길 바라신다마 24:14. 하지만 사람들은 한 번도 들어본 적이 없는 하나님을 어떻게 믿을 수 있을까. 그리고 하나님을 전하는 사람 없이 어떻게 복음을 들을 수 있을까롬 10:14-15.

하나님은 우리에게 지상 사명을 주셨다. 이제 우리는 함께 살고 일하고 어울리는 주위 사람들에게 가장 효과적으로 복음을 전해야 한다. 당신은 무엇을 생각해야 하는지 걱정할 필요 없다. 물론 마귀는 당신이 두려움 앞에 움츠리는 걸 좋아하겠지만 말이다. 그리스도 안에서 하나님이 당신을 인정하셨으므로 사람들에게 거부당할까봐 노심초사하지 않아도 된다.

사람들에게 복음을 강제할 필요도 없다. 구원의 능력은 당신에게서 나오는 것이 아니라 복음 그 자체에서 나오는 것이다.

"내가 복음을 부끄러워하지 아니하노니 이 복음은 모든 믿는 자에게 구원을 주시는 하나님의 능력이 됨이라 먼저는 유대인에게요 그리고 헬라인에게로다" 롬 1:16.

그렇다, 하나님의 능력이다. 하나님에게는 능력이 있다. 당신이 하나님의 능력에 의지한다면, 하나님은 죄인들이 그리스도와 연합할 수 있도록 다양한 복음의 메타포를 제공하신다. 예수님이 왜 좋은 소식인지만 전하고 나머지는 주님께 맡겨라. 기도하고, 사랑하고, 듣고, 말하고, 하나님의 역사를 지켜보라. 그러면 믿을 만한 복음, 당신 안에 있는 진정한 소망의 이유를 찾을 수 있다.

감사의 말
하나님께서 먼저 나를 사랑하셨기에

어릴 적 그리스도의 아름다움에 눈뜨게 되면서 나는 선교사들의 전기를 엄청나게 읽기 시작했다. 내 어린 시절의 영웅들은 브루스 올슨Bruce Olson, 새뮤얼 모리스Samuel Morris, 스터드C. T. Studd, 허드슨 테일러Hudson Taylor, 에이미 칼마이클Amy Carmichael 등이었다. 성령께서는 이들의 스토리를 통해 성령의 바람을 불어넣으셨으며, 그리스도에 대한 사랑과 잃어버린 자들에 대한 사랑, 그리고 하나님의 선교에 대한 사랑을 내 맘에 스미게 해주셨다.

특히 지금은 고인이 된 할머니 '마더 조이스Mother Joyce'에게 감사한다. 할머니는 내 열정을 자극해 주셨고, 내게 진짜로 살아있는 선교사들을 소개해 주셨다!

할아버지 '파파Poppa'는 복음에 대한 헌신을 모범적으로 보여주시며 지금도 계속 나를 위해 기도하신다. 수요일 기도 때는 내 이름을 언급하며 특별히 기도해 주신다. 특히 내가 시티 라이프 교회를 개척하고 세워나가는 일을 놓고 기도해 주신다. 고마워요, 파파.

여러 교회와 선교단체가 이웃과 여러 '나라들'에 복음을 전하도록 나를 훈련시키고 파송했다. 덴튼 성경교회Denton Bible Church, 크루Cru, 오엠에프OMF, 베들레헴 침례교회Bethlehem Baptist Church가 그런 역할을 해주었다. 이들을 통해 내가 얻은 경험은, 고든콘웰 신학교에서 팀 테넌트로부터 풍성한 선교 훈련을 받는 데 초석이 되었다. 팀 테넌트는 학문과 선교, 경건의 부분에서 내게 강력한 영향을 주었다. 그의 가르침은 어떻게 세상을 바라보고 그 문화에 접근해야 할지를 깨닫게 해주었다. 그의 영향력은 설교하고 증거하고 교회를 개척하는 내 선교 사역의 많은 부분을 뒷받침해 주고 있다. 팀, 당신을 참으로 존경합니다.

제리 매큔, 크리스 올레드Chris Allred, 폴 드리블로우Paul Dreblow, 스티브 니파키스Steve Nipahakis, 네이트 나바로Nate Navarro, 타이럴 그로맨Tyrell Grohman, 더그 버드솔Doug Birdsall, 그리고 나의 친할아버지 조지 랜드럼 닷슨George Landrum Dodson은 내 위대한 전도 모델들이다. 나는 이들의 열성적인 신앙의 모범과 내게 남겨준 은혜의 유산에 감사드린다.

내 부모님은 그리스도에 대한 헌신, 끊임없는 기도 생활, 특별한 사랑으로 몇 년간 방황하던 나를 지켜 그 방황을 통과할 수 있게 해주었다. 부모님이 아니었다면 내가 어떤 사람이 되어 있을지 생각만 해도 떨린다. 아빠, 엄마, '감사합니다'라는 말로 충분하지 않습니다.

존더반 출판사의 라이언 패즈두어Ryan Pazdur, 제시 힐먼Jesse Hillman, 그리고 벌린 버브러기Verlyn Verbrugge에게 특별한 감사를 드린다. 이 책에 대한 이들의 제안과 믿음은 큰 도움이 되었고 진짜 큰 격려가 되었다. 내 에이전트인 실리 예이츠Sealy Yates에게도 나를 믿어주고 여러 출판사를 소개해 주어서 고맙다는 말을 전하고 싶다.

시티 라이프 교회에 감사드린다. 시티 라이프는 도시들을 사회적으로, 영적으로, 또 문화의 면에서 예수 복음으로 새롭게 하는 일에 동역하면서 이 책에 기록된 진정한 선교 스토리들을 엮어내 주었다. 누구와 이런 일을 함께할 수 있었을까? 도저히 상상이 안 된다.

언제나 그렇듯, 이 책은 내게 기쁨을 주는 동반자이며 복음의 동역자이며 탁월한 아내인 로비의 든든한 지원으로 쓰여질 수 있었다. 내가 자유롭게 생각하고 글을 쓸 시간을 주고, 나와 함께 이 책의 메시지를 삶으로 보여줌으로써 이 책의 내용을 옹호해 준 당신에게 감사드려요. 사랑합니다.

마지막으로, 성부 성자 성령 하나님에게 무한한 빚을 졌음을 인정한다. 하나님의 은혜로 내가 영원히 믿을 값어치가 있는 복음에 인도되었다. 하나님께서 먼저 나를 사랑하셨기에 제가 주님을 사랑합니다.

주

머리말 거리낌이 되어버린 전도

1. 스티븐 퍼틱(Stephen Furtick) 목사가 담임하는 엘리베이트 교회(Elevate Church)는 의도적으로 이미 세례를 받은 그리스도인들을 군중에 심어놓고 마치 세례를 받으려고 하는 사람처럼 앞으로 나오게 한다. 믿음을 주저하는 사람들의 마음을 자극하기 위해서 말이다. 이 '심어놓은 사람들'은 일부러 가장 잘 보이는 곳에 그리고 먼 거리에서 앞으로 나오도록 지시받는다. *Spontaneous Baptism How To-Guide*를 보라. 웹사이트 www.sunstandstill.org/baptismkit(2014년 3월 2일 접근)를 통해 접할 수 있다.
2. 복음 전도자인 그레그 로리(Greg Laurie) 목사가 이끄는 하베스트 크루세이드(Harvest Crusades)라는 전도대회에서 나온 한 가지 예를 살펴보자. '그레그 로리가 담임하는 교회 하베스트 크리스천 펠로십(Harvest Christian Fellowship)에서는 1986년부터 1991년까지 5년간 약 1만 6천 명의 회심자가 나왔다. (······) 하지만 이 가운데 단 10퍼센트만 그리스도인으로 남아 있다. Donald Miller, *Reinventing American Protestantism: Christianity in the New Millennium*(Berkeley: University of California Press, 1997), 171-72에 다음 책의 내용이 인용됨. Richard Peace, "Conflicting Understandings of Christian Conversion: A Missiological Challenge," *International Bulletin of Missionary Research* 28 no. 1(2004년 1월): 8.
3. 이러한 격차를 제대로 살펴보려면 다음 책을 참고하라. Charles H. Kraft, "God, Human Beings, Culture and the Cross-Cultural Communication of the Gospel," in

Culture, Communication, and Christianity: A Selection of Writings by Charles H. Kraft(Pasadena, CA: William Carey Library, 2002), 19-43.

1장 사람들이 더 이상 복음을 믿지 않는다

1. Joshua Long, *Weird City: Sense of Place and Creative Resistance in Austin, Texas*(Austin: University of Texas Press, 2010).
2. Richard Florida, *The Rise of the Creative Class*(New York: Basic Books, 2002), 355. (《창조적 변화를 주도하는 사람들》, 전자신문사 역간)
3. Ed Stetzer, "Greater Austin Church Survey," 2010년 Lifeway Research에서 실시함. 이 연구는 우리 교회가 모이는 도심에서 예수 그리스도를 구원자로 믿지 않는 사람들의 비율을 기술적으로 기록했다.
4. Penn Jillette on YouTube: www.youtube.com/watch?v=owZc3Xq8 obk&feature =player_embedded.
5. Vampire Weekend, "Unbelievers," from the CD *Modern Vampires of the City*. www.azlyrics.com/lyrics/vampireweekend/unbelievers.html에서 이 노래의 전체 가사를 볼 수 있다.
6. David Bosch, "Evangelism: Theological Currents and CrossCurrents Today," in *The Study of Evangelism: Exploring a Missional Practice of the Church*(ed. Paul W. Chilcote and Laceye C. Warner; Grand Rapids: Eerdmans, 2008), 9.
7. 전도 폭발은 모든 세대에게 '케네디 질문'을 하는 훈련을 시킨다. 이 질문은 이렇게 시작한다. "당신이 만약 오늘 밤에 죽는다면 천국에 들어갈 수 있을까요?" 이런 식의 복음 전도는 첫발부터 잘못 내디딘 것이다. 그리스도가 아닌 천국으로 사람들을 낚으려 하기 때문이다. 두 번째 질문은 이렇다. "당신이 천국에 들어가기 위해서는 하나님께 뭐라고 말씀드려야 할까요?" 이 질문은 대답을 듣기 위한 것이지, 믿지 않는 사람의 마음에 다가가기 위한 것은 아니다. 좋은 복음 전도는 머리와 마음에 모두 다가가야 한다. 저런 질문을 하느니 차라리 이 질문이 더 나을지도 모른다. "기독교가 매력적인가요? 그렇다면 혹은 그렇지 않다면 이유는 무엇인가요?"
8. 바나 그룹(Barna Group)이 연구 조사한 "Is Evangelism Going Out of Style?"를 참고하라. https://www.barna.org/barna-update/faithspirituality/648-is-evangelism-going-out-of-style#.U2PtX1TD-Uk.

2장 비인격적인 접근에 상해버린 마음

1. Robert Putnam, *Bowling Alone: The Collapse and Revival of American Community*(New York: Simon & Schuster, 2000), 61, 98. (《나 홀로 볼링》, 페이퍼로드 역간)
2. Sherry Turkle, *Alone Together: Why We Expect More from Technology and Less from Each Other*(New York: Basic Books, 2012), 309. (《외로워지는 사람들》, 청림출판 역간)

3. 사회학자들은 사회적 유대감이 강한지 약한지를 따져 관계의 정도를 결정한다. 이에 따르면, 가족이나 가까운 친구들은 사회적 유대감이 강한 반면 그냥 알고 지내는 사람들은 사회적 유대감이 약하다.
4. Robert Putnam and Lewis M. Feldstein, *Better Together: Restoring the American Community*(New York: Simon and Schuster, 2003), 9(emphasis added).
5. 나는 여기서 다음과 같은 훌륭한 책에 영향을 받았다. Jerram Barrs, *Learning Evangelism from Jesus*(Wheaton, IL: Crossway, 2009), 69-80.
6. 예수님이 목수가 아니었다는 주장도 있지만, 여기서는 여전히 목수이신 예수님의 모습이 떠오른다.
7. Dorothy Sayers, *Creed or Chaos: Why Christians Must Choose Either Dogma or Disaster*(Or, *Why It Really Does Matter What You Believe*) (Manchester, NH: Sophia Institute, 1995), 70.
8. Timothy Keller, *Every Good Endeavor: Connecting Your Work to God's Work*(New York: Dutton, 2012), 76-79. 《팀 켈러의 일과 영성》, 두란노 역간)
9. 여기에 복음 전도에 도움을 주는 도구들이 나온다. '로마의 길(Roman Road)'은 로마서의 여러 구절을 이용해 죄에서 구원까지 가는 코스를 도표로 나타낸다. 다른 두 가지 자료는 C.C.C.에서 만든 '사영리(The Four Spiritual Laws)'와 '마티아스 미디어(Matthias Media, 인생을 살아가는 두 가지 길)'이다.
10. Alister McGrath, *C. S. Lewis-A Life: Eccentric Genius, Reluctant Prophet*(Cambridge, UK: Tyndale House, 2013), 255.(《C. S. LEWIS 별난 천재, 마지못해 나선 예언자》, 복있는사람 역간)
11. 같은 책, 263.
12. Barrs, *Learning Evangelism from Jesus*, 61.
13. Michael Frost, *The Road to Missional: Journey to the Center of the Church*(Grand Rapids: Baker, 2011), 41-62.
14. Hugh Halter, *Sacrilege: Following the Unorthodox Ways of Jesus*(Grand Rapids: Baker, 2011), 112. 휴 홀터는 독자들에게 이러한 경험을 할 것을 권한다. 물론 엄격하게 지켜야 하는 규칙은 아니다. 우리는 언제나 성령의 인도를 따라야 한다.
15. See Jerram Barrs, "Francis Schaeffer: The Man and His Message," *Reformation 21*(November 2006): 14-15. 이 책 마지막 부분에서 좀 더 믿을 만한 복음을 전하기 위해 '우리는 무엇을 말해야 하는가'에 대해 다룬다. '우리가 누구인지' 그리고 처음에 어떻게 관계를 맺어야 하는지를 생각해 보는 게 중요하다.

3장 설교조로 잘난 체한다고 오해받기 싫다
1. 다음 책에서 '선교적 거룩함'이라는 개념에 대해 설명한다. Alan Hirsch, *Untamed: Reactivating a Missional Form of Discipleship*(Grand Rapids: Baker, 2010), 45 - 46.
2. 모든 신학자들이 개종과 전도의 의미를 명확하게 구분하는 건 아니다. 예를 들어

엘머 티센(Elmer Thiessen)은 *The Ethics of Evangelism*(Downers Grove, IL: InterVarsity Press, 2011)에서 개종과 설득에 대한 광범위한 철학적 논의를 전개한다. 하지만 논의 과정에서 도덕적 개종과 비도덕적 개종을 구분하고 있다. 그가 말하는 '비도덕적 개종'은 내가 말하는 개종과 비슷하고, 반면 '도덕적 개종'은 내가 말하는 복음 전도와 유사하다.
3. http://en.radiovaticana.va/news/2013/05/08/pope_francis_at_wednesday_mass:_build_bridges._not_walls/en1-690203를 보라.
4. Harvey Cox, *The Future of Faith*(New York: HarperCollins, 2009), 3. 《종교의 미래》, 문예출판사 역간》
5. 이 중요한 질문에 대한 답과 관련해 이 책을 보라. Jonathan K. Dodson and Brad Watson, *Raised? Finding Jesus by Doubting the Resurrection*(Grand Rapids: Zondervan, 2014).
6. 다음의 명료한 기사를 참고하라. Glenn T. Stanton, "Fact Checker: Misquoting St. Francis of Assisi," http://thegospelcoalition.org/blogs/tgc/2012/07/11/factchecker-misquoting-francis-of-assisi/
7. 스티브 이야기는 9장에서 계속된다.

4장 하나님께 이르는 길은 많지 않을까

1. 예수님께서 이른바 잃어버린 세월(12-30세)에 인도에 다녀왔다는 주장은 꾸며낸 이야기로 알려져 있으며 학술적으로도 논할 가치가 없다. 빌헬름 슈니멜허(Wilhelm Schneemelcher)는 이렇게 말한다. "예수님이 인도에 나타났다는 판타지는 곧 순전히 꾸며낸 이야기로 밝혀졌다. 그것과 관련된 예수님에 대한 기록을 본 사람은 아무도 없다."(*New Testament Apocrypha*; vol.1: *Gospels and Related Writings* [rev. ed.; Louisville, KY: Westminster John Knox; 1990], 84).
2. 이 이야기는 12장에서 계속된다.
3. www.carseyinstitute.unh.edu/publications/Report_Immigration.pdf.
4. D. A. Carson, *The Intolerance of Tolerance*(Grand Rapids: Eerdmans, 2012), 3.
5. 같은 책, 5.
6. Michael Green, *Evangelism in the Early Church*(Grand Rapids: Eerdmans, 2003), 21. 《초대교회의 복음전도》, 복있는사람 역간》
7. Jon L. Berquist, "Resistance and Accommodation in the Persian Empire, in *In the Shadow of Empire: Reclaiming the Bible as a History of Faithful Resistance*(Richard Horsley, ed.; Louisville: Westminster John Knox, 2008), 45.
8. Peter Leithart, *Babel and the Beast: America and Empires in Biblical Perspective*(Eugene, OR: Wipf & Stock, 2012).
9. 학술적인 수준에서 말하는 종교다원주의는 종교 간 대화를 지지하면서 모든 종교가 동일한 신에게 이른다는 내용을 다루지 않는다. 하지만 이는 대중적인 수준의

종교다원주의가 아니다. 그러므로 우리는 일반적인 대화에서 마주치는 상대론적 종교다원주의에 대해 다룰 것이다.
10. 이러한 관점은 다음 책에서 영향을 받았다. Timothy Tennent, *Christianity at the Religious Round Table: Evangelicalism in Conversation with Hinduism, Buddhism, and Islam*(Grand Rapids: Baker, 2002).
11. Stephen Prothero, *God Is Not One: The Eight Rival Religions That Run the World*(New York: HarperOne, 2011), 3.
12. 같은 책.
13. 다음 책을 읽다가 이 글에 주목하게 되었다. Jeffrey Burton Russell, *Exposing Myths about Christianity*(Downers Grove, IL: InterVarsity Press, 2012), 54. 다음 글에서 전체 인용되었다. Chawkat Moucarry, "A Lifelong Journey with Islam," *Christianity Today*(March 2010):www.christianitytoday.com/ct/2010/march/index.html?start=3(accessed April 8, 2014).
14. 1장에서 전체 인용한 것을 보라.
15. Paul Weston, ed., *Lesslie Newbigin, Missionary Theologian: A Reader*(Grand Rapids: Eerdmans, 2006), 175.
16. 이와 관련해 좋은 예들을 확인하려면 www.globalfaithforum.com에서 밥 로버츠 주니어(Bob Roberts Jr.)의 글을 보라.

5장 많이 모르는데 어떻게 증거를

1. 첫 번째 질문에 대해 어떻게 대답해야 하는지는 다음 장에서 알아볼 것이다. 그리고 두 번째 질문에 대한 답은 이 웹사이트를 확인해 보라. www.gospelcentered-discipleship.com what-to-say-when-someone-says-the-bible-has-errors/.
2. 기독교 신앙에 대한 합리적 근거를 제공하는 책을 몇 권 소개한다. C. S. Lewis, *Mere Christianity*(rev. ed.; San Francisco: HarperSanFrancisco, 2009) (《순전한 기독교》, 홍성사 역간); N. T. Wright, *Simply Christian*(Grand Rapids: Zondervan, 2010) (《톰 라이트와 함께하는 기독교 여행》, IVP 역간); Rebecca Pippert, *Hope Has Its Reasons: The Search to Satisfy Our Deepest Longings*(Downers Grove, IL: InterVarsity Press, 2001) (《토마토와 빨간 사과》, 사랑플러스 역간); Timothy Keller, *The Reason for God: Belief in an Age of Skepticism*(New York: Riverhead Books, 2009) (《살아있는 신》, 베가북스 역간). 다음은 기독교 변증에 대해 좀 더 종합적으로 다룬 책이다. Peter Kreeft, *Handbook of Christian Apologetics*(Downers Grove, IL: InterVarsity Press, 2005).
3. Green, *Evangelism in the Early Church*, 18.
4. 이 변증가들의 목록에는 '증거를 근거로 삼는 변증가들'과 '전제를 근거로 삼는 변증가들'이 뒤섞여 있다. 증거를 근거로 삼는 변증가는 주로 증거나 논증에 기초해 기독교 신앙을 변호한다. 전제를 근거로 삼는 변증가는 주로 복음의 능력을 가정

하며 성경에서 주장하는 진리에 의지한다. 증거를 근거로 삼는 변증가들은 특히 기독교 신앙에 대한 사실이나 증거를 구하는 근대주의자들에게 호소하고 있다. 전제를 근거로 삼는 변증가들은 그러한 문화적 사고방식에 제한되지 않으며, 기독교의 내러티브에 초점을 맞추고 있어 포스트모더니스트에게 호소하는 데 유리하다. 내 경험으로는 포스트모던한 도시인들조차 기독교가 믿을 만한 것인지에 관해 근대적인(이성적인) 질문을 품고 있다. 그러므로 두 가지 접근 모두를 염두에 둘 필요가 있다. 하지만 우리는 변증에만 의존해서는 안 되며, 십자가에서 죽고 부활하신 그리스도의 진리와 아름다움을 깨닫게 하시는 성령의 능력을 의지해야 한다.

5. Tim Chester and Steve Timmis, *The World We All Want*(Epsom, Surrey, UK: The GoodBook Company, 2011). 다음 웹사이트에 나오는 자료도 참고하라. *The Story of God* material by Some Communities, www.gcmcollectiv.org/resources/.

6. 기독교 세계관은 유용하고 참되지만 사람의 마음을 변화시키기에는 충분하지 않다. 우리가 갖고 있는 문제는 궁극적으로 이성적인 문제가 아니기 때문이다. 사람들이 기독교와 불화하는 주된 원인은 그리스도와 관련이 있다. 우리는 근본적으로 욕망하는 피조물인데 그리스도를 욕망하지 못하기 때문에, 기독교 세계관이 아무리 합리적으로 설명한다 해도 사람들을 구원할 수 없는 것이다. 오히려 인간의 마음은 지극히 선하고 아름다운 존재, 즉 그리스도를 향한 갈망에 사로잡혀야 한다. 우리는 예배의 대상을 바꾸어야 하는데, 실제로 이성(理性)이 바뀌어야 할 신일지도 모른다. 세계관에 대한 비판을 더 살펴보려면 다음 책을 참고하라. James K. A. Smith, *Imagining the Kingdom: How Worship Works*(Grand Rapids: Baker, 2013), 11-16.

7. Ken Myers, *All God's Children and Blue Suede Shoes: Christians and Popular Culture*(Wheaton, IL: Crossway, 1989), v.

8. Ross Douthat, *Bad Religion: How We Became a Nation of Heretics*(New York: Free Press, 2012).

9. Mark Driscoll, *A Call to Resurgence: Will Christian ity Have a Funeral or a Future?*(Carol Stream, IL: Tyndale, 2013).

6장 역사적이고 개인적이며 우주적인 복음의 재발견

1. Don DeLillo, *White Noise*(New York: Penguin, 2009), 188-89. (《화이트 노이즈》, 창비 역간)
2. Tweet @BurkParsons.
3. 나는 복음을 이와 같은 관점으로 바라보는 데 티모시 켈러(Timothy Keller)의 도움을 많이 받았다. 다음의 책을 보라. Timothy Keller, *Center Church*(Grand Rapids: Zondervan, 2013), 29-38. (《팀 켈러의 센터처치》, 두란노서원 역간) 이러한 관점은 존 프레임(John Frame)의 책에 근거를 둔다. John Frame, *The Doctrine of the Knowledge of God*(Phillipsburg, NJ: Presbyterian and Reformed, 1987), 75-77. 프

레임은 규범적이고, 실존적이며, 상황에 따르는 앎의 방식들에 기초한 인식론을 설정한다. 이 앎의 방식들은 역사적이고, 개인적이며, 우주적인 차원에 각각 부합한다.
4. 어떤 사람들은 '천국의 복음'과 '구원의 복음'을 상정하는데, 이는 실제로 두 가지 복음의 패러다임을 만들어낸다. 하지만 이는 복음에 대한 빈약한 해석에 불과하다. D. A. 카슨(D. A. Carson)은 예수님께서 가르치셨던 천국의 복음은 예수님이 복음의 이야기를 완성해 가면서 이루어지는 중이었다고 설명한다. 예수님께서 말씀하신 천국은 예수님이 십자가와 부활을 통해 회복될 때만이 가능했다. 그러므로 관점은 여러 가지지만 복음은 오로지 하나다. 다음 책을 보라. D. A. Carson, "What Is the Gospel?-Revisited," in *For the Fame of God's Name: Essays in Honor of John Piper*(ed. Sam Storms and Justin Taylor; Wheaton, IL: Crossway, 2010), 149-70.
5. Charles H. H. Scobie, *The Ways of Our God: An Approach to Biblical Theology* (Grand Rapids: Eerdmans, 2009), 48.
6. 내 책 *Gospel-Centered Discipleship*(Wheaton, IL: Crossway, 2012) (《복음 중심의 제자도》, 국제제자훈련원 역간)에서 복음을 중심에 두고 성령의 능력에 힘입은 경험들을 다루었다.
7. J. R. R. Tolkien, *The Fellowship of the Ring*(New York: Houghton Mifflin Harcourt, 1961), 361. (《반지의 제왕》, 씨앗을뿌리는사람들 역간)
8. Scot McKnight, *The King Jesus Gospel: The Original Good News Revisited*(Grand Rapids: Zondervan, 2011), loc. 28-29 in Kindle book. 나는 이 책에서 맥나이트가 오늘날 복음에 대한 이해 가운데 부족한 부분을 폭로한다고 생각한다. 그는 '구원주의(soterian)'라는 용어를 사용해 복음이 개인적인 차원에 머물러 있다는 점을 지적한다. 하나님의 구원 계획은 이스라엘 백성과 이방인 모두를 향한 것이기 때문에, '구원주의자'를 개인적인 구원으로 축소시키는 것은 세상에서 이루어지는 더 큰 하나님의 구원을 이해하기 어렵게 만든다. 물론 이것이 맥나이트의 관점은 아니다. 오히려 그는 성경 이야기 전체를 온전히 보여주기 위해 좀 더 이스라엘과 관련되고 창조에 초점을 맞춘 복음을 지지한다. 그러나 나는 그의 생각에 완전히 동의할 수 없다. 왜냐하면 복음 전도의 형태는 우주적이면서도 개인적이고, 내러티브적이면서도 '명제적'이어야 한다고 믿기 때문이다. 이 책은 안타깝게도 복음의 개인적 차원에 주로 머물러 있다. 그렇지만 나의 생각은 우리가 의미 있게 복음을 전하려면 복음을 듣는 사람 개인뿐 아니라 그가 속한 공동체와 문화도 이해하려고 노력해야 한다는 것이다. 사람들의 이야기를 귀 기울여 듣고 잘 관찰한다면 각 사람에게 어떤 방식으로 복음을 전할 수 있을지 안목을 얻게 될 것이다.

7장 각 사람에게 맞게 전하라

1. 복음 전도는 다양한 방식으로 진행될 수 있다. 신약성경에서는 복음을 전하는 방식으로 설교하기, 가르치기, 대화하기, 말하기, 상담하기 등을 보여준다.

2. 신약성경에는 상당히 개방적인 분위기에서 설교하는 사례가 많다. 하지만 설교가 이 책의 관심사는 아니다.
3. Jerram Barrs, *Learning Evangelism from Jesus*
4. 나는 한 가지 복음 전도의 방식에만 초점을 맞추면서 다른 유용한 방법들에 대해 비난할 생각이 전혀 없다. 예수님과 바울 역시 복음을 전하는 데 다른 방법들을 적용했다. 마이클 그린은 초대 교회에서 활용한 대중 복음 전도, 가정 복음 전도, 개인 복음 전도, 문서 복음 전도 등 몇 가지 전도 방법을 소개한다(*Evangelism in the Early Church*, 300-55).
5. 이보다 더 많은 메타포가 있지만 다섯 가지가 주요하다. 속량은 속죄, 화목 등의 메타포를 포함한다.
6. 에베소서 1장은 복음의 메타포인 양자됨(1:5), 속량(1:7), 그리스도와의 연합(1:1-14), 성령을 통한 새 창조(1:7)를 통해 하나님이 교회에 베푸시는 종말론적인 복에 대해 알려준다.
7. 칭의는 복음에서 고유한 역할을 하지만, 바울은 칭의가 다른 메타포와 어떻게 연결되는지 소개한다. 예를 들면, 갈라디아서에서 칭의의 교리가 양자됨의 메타포를 통해 아브라함의 가족으로 소속되는 것을 보여준다. 이 양자됨은 우리가 그리스도 안에서 속량됨으로써 일어나고, 그것은 다시 우리를 하나님 나라의 상속자, 즉 그분의 새로운 피조물로 만들어준다(갈 3-4장).
8. 각 복음의 메타포들은 만물에 적용되며, 복음을 믿는 믿음은 우리 모두가 원하는 미래, 즉 새 하늘과 새 땅을 얻게 된다는 것을 보여준다. 예수님도 세상이 새롭게 될 것이라고 말씀하셨는데, 이는 새로운 창조라는 메타포가 반영된 것이다(마 19:28). 베드로는 새 하늘과 새 땅이 의가 있는 곳이라고 말한다(벧후 3:13). 하나님이 자녀들을 입양하는 것은 모든 창조 세계가 회복되는 도화선이다(롬 8:18-25). 결국 만물은 예수 십자가의 피로 말미암아 화평을 이룬다(골 1:20). 비록 이 책의 범위를 넘긴 하지만, 복음의 우주적 차원은 복음 전도에서 매우 중요한 가치가 있다.

8장 기독교적 문화가 복음은 아니다

1. Green, *Evangelism in the Early Church*, 18.
2. Timothy Tennent, *Invitation to World Missions: A Trinitarian Missiology for the Twenty-First Century*(Grand Rapids: Kregel, 2010), Kindle book, loc. 124. 테넌트는 기독교 세계의 붕괴를 21세기 선교의 7가지 메가 트렌드 가운데 하나라고 말한다. 여기 나머지 여섯 가지 메가 트렌드를 소개한다. (1) 포스트모더니즘의 발흥 (2) '서양의 비서양 도달' 패러다임 붕괴 (3) 세계 기독교의 도전 (4) 기독교의 네 번째 분파 등장 (5) 세계화 (6) 에큐메니즘의 심화
3. 공정하게 말하면, RepentAustin.org는 복음을 소개하는 웹사이트 주소였다. 하지만 기분이 상한 오스틴 시 사람들은 그 웹사이트에 방문하지 않았을 것이다. 이러한 복음 전도 방식은 은혜가 아닌 타락 이야기로 시작한다. 예수님은 그와 반대로

인생을 향한 선한 갈망, 하나님 나라의 시민권 등으로 이야기를 시작하시는 경우가 많았다.
4. 나는 '유창한 복음 전도'라는 말을 내 친구 제프 밴더스텔트(Jeff Vanderstelt) 목사에게서 빌려왔다. 그는 다양한 상황에 마주할 때마다 '사랑 안에서 진리를 전하기'위해 복음을 적용할 수 있도록 복음에 대해 잘 알아야 한다고 강조한다. 나는 사려 깊고 열정적인 복음 전도를 위해 메타포를 확장하는 중이다. 만약 상황화가 필요하다면 '유창함'은 유용한 단어다. 우리가 다른 언어에 유창해지려면 소통을 잘하기 위해 시간을 내서 그 문화의 상징과 문법을 익혀야 한다. 마찬가지로 그리스도인들도 복음뿐 아니라 저들의 문화적 문법을 알아야 한다. 그래야 그들이 말하는 내용을 알아듣고 소통에 능해질 수 있다.

9장 자신을 증명하려고 분투하는 사람에게
1. 스티브의 이야기는 1장에서 다루고 있고 여기서도 이어진다.
2. Tim Chester, *You Can Change*(Nottingham, UK: Inter-Varsity Press, 2008), 27-29. (《나도 변화될 수 있다》, IVP 역간).

11장 친밀함을 원하는 외로워하는 사람들에게
1. Ethan Watters, *Urban Tribes: A Generation Redefines Friendship, Family, and Commitment*(New York: Bloomsbury, 2003), 1.

12장 기독교를 편협하다고 비난하는 이들에게
1. 하나님이 죽었다는 생각은 어느 의미에서는 틀렸다. 예수님은 분명 자신이 신성한 존재임을 주장했지만, 또한 인간이기도 했다. 예수님께서 죽으실 때 그의 인성은 죽음을 경험했지만 그의 신성은 여전히 살아있었다. 신성은 죽을 수 없었고 계속 스올에서 영혼들에게 복음을 가르치다가 부활한 육체와 다시 결합했다. 그렇다고 예수님은 둘이 아니다. 칼케돈 신조에서 주장하듯, 예수님은 완전한 하나님이자 완전한 인간이다.
2. 벤과 그의 아내 제시카는 둘 다 강한 회의주의자였는데 예수님을 진실로 믿는 신앙인이 되었다. 그들의 의심과 분투가 완전히 사라진 것은 아니지만, 그리스도를 위해 살며 그분에게 소망을 두고 있다. 웹사이트 www.raisedbook.com에 방문하면 두 부부가 회의에서 신앙으로 변화하는 여정을 담은 짧은 동영상을 볼 수 있다.

13장 사람들의 인정에 목매는가
1. David Wells, *God in the Whirlwind: How the Holy-love of God Reorients Our World*(Wheaton, IL: Crossway, 2014), 34-35.
2. James D. G. Dunn, "Prayer," in *Dictionary of Jesus and the Gospels*(ed. Joel B. Green and Scot McKnight; Downers Grove, IL: InterVarsity Press, 1992), 619. (《예

수 복음서 사전》, 요단출판사 역간)

14장 공동체 안에서의 복음 전도
1. Richard V. Peace, "Conflicting Understandings of Christian Conversion: A Missiological Challenge," 8-14.
2. 이것이 바로 우리 교회를 선교 공동체, 즉 공동의 사명을 갖고 사람들이 모이고 보냄을 받는 공동체로 세우는 이유다. 이 사명은 공동체를 본거지로 할 수도 있지만, 도시의 문화 속에 스며들어 있기도 하다. 예를 들면, 일부 시티그룹들은 오스틴 시 동부 지역에 사는 예술가들에게 집중하고 있다. 반면 또 다른 시티그룹들은 도심에서 해피아워나 콘도 이벤트를 통해 제자를 삼고 있다. 선교 공동체에 관한 자료를 좀 더 보고 싶다면 웹사이트 www.gcmcollective.org에 방문하면 된다.
3. John P. Dickson, *Mission-Commitment in Ancient Judaism and in the Pauline Communities: The Shape, Extent and Background of Early Christian Mission*(Wissenschaftliche Untersuchungen zum Alten und Neuen Testament 2/159; Tübingen: Mohr Siebeck, 2003). 딕슨(Dickson)의 논문에 대한 리뷰에서 켄트 잉거(Kent Yinger)는 다음과 같이 적고 있다. "딕슨은 전통적으로 바울의 교회들이(=모든 성도) 지역 선교 활동을 활발하게 전개했을 거라고 예상할 수 있는 성경의 내용들을 무시한다. 이는 선교를 두 가지 차원으로 나누어서 보게 만드는데, 사도들은 복음을 선포하고 평신도들은 사도들과 다양한 방식으로 동반자가 되는 것이다(즉 사명을 촉진하는 역할을 한다)."(Kent L. Yinger, "Review of *Mission-Commitment in Ancient Judaism and in the Pauline Communities*," *Journal for the Study of the New Testament* 27 no. 1 [2004]: 117). 이러한 구분이 복음 전도의 가치를 축소시키는 것이 아니라 오히려 복음을 장려하는 데 더 많은 헌신을 할 수 있도록 할 것이다. 딕슨은 이 논문을 확장해 대중적 수준의 책으로 출간했다. *The Best Kept Secret of Christian Mission: Promoting the Gospel with More Than Our Lips*(Grand Rapids: Zondervan, 2010).
4. 이 개념에 대한 전체 설명이 궁금하다면 저자의 책을 참고하라. *Gospel-Centered Discipleship*, 105-17.
5. Joseph H. Hellerman, *When the Church Was a Family: Recapturing Jesus' Vision for Authentic Christian Community*(Nashville: Broadman & Holman, 2011), 123-24.
6. Steve Timmis, *Everyday Church: Gospel Communities on Mission*(Wheaton, IL: Crossway, 2013), 111.
7. Green, Evangelism in the Early Church, 318.

맺음말 모두를 위한 좋은 소식
1. 복음 전도, 기도, 하나님의 권위가 어떻게 더불어 역사하는지 알고 싶다면 다음 책

을 보라. J. I. Packer, *Evangelism and the Sovereignty of God*(Downers Grove, IL: InterVarsity Press, 2001).

찾아보기

ㄱ

가말리엘 랍비Gamaliel, Rabbi 111
거짓 신들false gods 47, 71, 215
《고통의 문제Problem of Pain, The》 55
《관용의 불관용성Intolerance of Tolerance, The》 86
구원주의 복음soterian gospel 150, 266
〈그녀Her〉 199
〈그래비티Gravity〉 85
"그리스도와의 연합" 메타포'union with Christ' metaphor 159-63, 203-04, 208-11
그린, 마이클Green, Michael 86, 110, 247
기독교 세계관worldview Christianity 389, 115, 217, 265
기독교 세계의 붕괴Christendom, collapse of 168-73

ㄴ

《나 홀로 볼링Bowling Alone》 40
《나니아 연대기Chronicles of Narnia》 55
〈나를 믿으라Believe Me〉 11
네로Nero 89
넬슨, 톰Nelson, Tom 121
노아Noah 48-51
뉴비긴, 레슬리Newbigin, Lesslie 104
《느린 전도Slow Evangelism》 60

ㄷ

《다원주의 사회에서의 복음Gospel in a Pluralist Society, The》 104
대학생선교회Campus Crusade for Christ 26, 262
〈데어 윌 비 블러드There Will Be Blood〉 11
드비토, 대니Devito, Danny 44
드릴로, 돈DeLillo, Don 128
딕슨, 존Dickson, John 243

ㄹㅁ

로마의 길Roman Road 53, 262
루이스, C. S.Lewis, C. S. 55, 109
마이어스, 켄Myers, Ken 116
매큔, 제리McCune, Jerry 27
〈매트릭스Matrix, The〉 144
맥나이트, 스캇McKnight, Scot 150
무슬림Muslims 83, 84, 217-18, 221
무어, 맨디Moore, Mandy 67
문화적 전환cultural shifts 168-73
문화적 회개cultural repentance 171

ㅂ

바울Paul 22, 29-31, 72, 73, 76, 102, 111-12, 164, 120, 138, 154-57, 182-83, 188, 232, 242-43, 250-51

바이블 벨트Bible belt 17-18, 84
바즈, 제람Barrs, Jerram 59
버퀴스트, 존Berquist, Jon 87
베드로Peter 72, 110, 112, 115-18
변증apologetics 55, 110-18, 264-65
《복음 중심의 제자도Gospel-Centered Discipleship》 233
보쉬, 데이비드Bosch, David 31-32
부흥회revivals 17-19
불교Buddhism 84-85, 92-93, 97-99, 215-17, 248
〈빅 카후나Big Kahuna, The〉 44, 48, 65

ㅅ
사마리아인 이야기Samaritan story 55-56
사영리Four Spiritual Laws 25-27, 53, 262
새 창조 메타포new creation metaphor 159-62, 188-98, 267
성 삼위일체Holy Trinity 92, 144, 251
성 도마St. Thomas 82
성 프란시스St. Francis 75
세속주의자secularists 84, 91, 178-87, 248
〈세이브드Saved!〉 11, 67
세이어즈, 도로시Sayers, Dorothy 51
소셜 미디어social media 40-44, 65, 129
속량 메타포redemption metaphor 159-61, 267
순교자 유스티노Martyr, Justin 114
《순전한 기독교Mere Christianity》 55, 109
쉐퍼, 프란시스Schaeffer, Francis 64
스코비, 찰스Scobie, Charles 139
스페이시, 케빈Spacey, Kevin 44
시나트라, 프랭크Sinatra, Frank 200

ㅇ
아담과 하와Adam and Eve 142
아바Abba 235

알렉산드리아의 클레멘트Clement of Alexandria 114
양자됨 메타포adoption metaphor 159-61, 231-38, 267
에드워즈, 조나단Edwards, Jonathan 110
에우안겔리온euangelion 149
〈오피스Office, The〉 66
《외로워지는 사람들Alone Together》 41
요한슨, 스칼렛Johansson, Scarlett 199
위선hypocrisy 66-67, 201
유대교Judaism 95
이사야Isaiah 146-48
이슬람Islam 83, 88, 91-99, 217-21
이슬람의 다섯 기둥Five Pillars of Islam 93, 97
인생을 살아가는 두 가지 길Two Ways to Live 53, 262

ㅈ
자기 의self-righteousness 13, 56, 66-69, 74-76, 184
재커라이어스, 라비Zacharias, Ravi 114
전도 폭발Evangelism Explosion 25, 261
종교다원주의religious pluralism 91-106, 217-21, 263-64
지저스 캠프Jesus Camp 11
질렛, 펜Jillette, Penn 22, 103

ㅊㅋ
《초대교회의 복음전도Evangelism in the Early Church》 110
칭의 메타포justification metaphor 159-63, 182-86, 192, 197, 267
카슨, D. A.Carson, D. A. 86
카이사르Caesar 87-88
켈러, 팀Keller, Tim 51, 114
코란Koran 92

코에닉, 에즈라Koenig, Ezra 23
코크랜, 레슬리Cochran, Leslie 18
콕스, 하비Cox, Harvey 71
크레이그, 윌리엄 레인Craig, William Lane 114
킨케이드, 토머스Kincaid, Thomas 221

ㅌ ㅍ
타티아누스Tatian 114
터클, 셰리Turkle, Sherry 41
테르툴리아누스Tertullian 114
톨킨, J. R. R.Tolkien, J. R. R. 149
티미스, 스티브Timmis, Steve 246
《팀 켈러의 일과 영성Every Good Endeavor》51
파슨스, 버크Parsons, Burk 132
팔정도Eightfold Noble Path 93, 97, 216
퍼트넘, 로버트Putnam, Robert 40, 41

프레임, 존Frame, John 114
프로스트, 마이클Frost, Michael 60
프로테로, 스티븐Prothero, Stephen 93, 98
플랜팅가, 앨빈Plantinga, Alvin 114
피닉스, 호아킨Phoenix, Joaquin 199
피스, 리차드 V.Peace, Richard V. 239
〈필로미나의 기적Philomena〉11

ㅎ
헬러먼, 조지프Hellerman, Joseph 245
홀터, 휴Halter, Hugh 61
홈즈, 올리버 웬델Holmes, Oliver Wendell 135
《화이트 노이즈White Noise》128
환대hospitality 223, 247-49
회개repentance 169-71
힌두교Hinduism 83, 92-99

사단법인 기독교세계관학술동역회
사역 소개

기독교 세계관이란? 하나님이 세상을 창조하시고 지금도 살아 계셔서 역사를 주관하시며, 범죄한 인간을 예수 그리스도의 대속으로 용서하시고, 우리 삶을 성령께서 인도하신다는 성경의 가르침에 입각하여 인간, 자연, 역사를 보고, 성경적 관점으로 일관성 있게 살아가는 것입니다.
_ 이사장 신국원(총신대 명예교수)

기독교세계관학술동역회는 기독교 세계관 안에서 신앙과 학문, 그리고 삶이 하나 되는 비전을 추구하고 있습니다. 기독교 세계관에 비추어 학문을 연구하고, 우리 사회의 주요 문제에 대해 기독교적 해결방안을 제시하며, 삶과 학문의 모든 영역에서 하나님의 진리와 주권을 드러내고자 노력하고 있습니다.
_ 실행위원장 박동열(서울대 교수)

기독교세계관학술동역회 주요 사역 소개

1. **기독교학문연구회(KACS: Korea Association for Christian Scholarship)** 기독교적 학문 연구를 위한 학회로 각 학문분야별 신학과 학제 간의 연구를 진행하여 신앙과 학문의 통합을 추구합니다. 연 2회 학술대회(춘계, 추계)를 개최하고, 한국연구 재단 등재학지인 〈신앙과 학문〉을 연 4회 발행합니다.
2. **기독교세계관학술동역회 기관지 〈신앙과 삶〉 발행** 〈신앙과 삶〉은 "복음주의 기독교 & 동역회 소식지"라는 정체성으로 발간하는 기독교 세계관학술동역회 기관지입니다. 〈월드뷰〉와 분리 후, 2019년 7월 창간호(7~8월호, 통권 216호)를 시작으로 격월간지로 발행하고 있습니다.
3. **대학원생 세계관 연구회(정기모임)** 서울대, 카이스트, 성균관대 등에서 대학원생 모임을 진행하고 있으며, 신촌지역, 경북대 등에서도 기독교 세계관 스터디 모임을 준비 중입니다.
4. **세계관 교육과 유튜브 세계관 콘텐츠 기획 및 자료 제공** 지역 교회와 협력하여 세계관 학교를 개최하고 특강 강사를 지원하며, 북콘서트, 세미나, 소그룹 모임, 유

튜브 세계관 콘텐츠 제공 등 다양한 활동을 통해 기독교 세계관의 활성화를 모색하고 있습니다.

■ 더 자세한 사역 소개나 강의를 원하시는 교회나 단체는 기독교세계관학술동역회 사무국으로 연락해 주시면 친절히 안내해 드립니다.
www.worldview.or.kr | info@worldview.or.kr | 02-754-8004

기독교세계관학술동역회 협력/산하 기관

● **VIEW 밴쿠버기독교세계관대학원 (원장: 전성민)** 1998년 11월, 밴쿠버기독교세계관대학원(VIEW)은 캐나다 최고의 기독교대학인 Trinity Western University 대학의 신학대학원인 ACTS와 공동으로 기독교세계관 문학석사과정(MACS-Worldview Studies)을 개설했습니다. 현재 캐나다 밴쿠버에 기독교세계관 문학석사 과정, 디플로마(Diploma) 과정을 운영하고 있으며, 2020년 9월부터 세계관 및 목회학 석사과정(MDiv-WPS)을 개설, 운영하고 있습니다.
www.view.edu | 문의: 한국사무실 김성경 실장 010-5154-4088

● **CTC 기독교세계관교육센터 (대표: 유경상)** CTC(Christian Thinking Center)는 가정과 교회와 학교에 기독교 세계관 교육 콘텐츠를 제공함으로서 다음 세대 그리스도인들이 기독교 세계관으로 생각하고 살아가도록 돕는 것을 사명으로 하는 세계관 교육기관입니다.
cafe.naver.com/ctc21 | 문의: 안성희 팀장 010-2792-5691

● **도서출판 CUP** 바른 성경적 가치관 위에 실천적 삶을 살아가는 그리스도의 제자들을 세우며, 지성과 감성과 영성이 전인적으로 조화된 균형잡힌 도서를 출간하여 그리스도인다운 삶과 생각과 문화를 확장시키는 나눔터의 출판을 꿈꾸고 있습니다.
www.cupbooks.com | cupmanse@gmail.com | 02-745-7231